2019 年河北省社会科学基金重点资助项目“当代日本幼儿教育改革动向及其借鉴”
（项目编号：HB19JY001）最终研究成果

当代日本幼儿教育改革与实践

唐钰滢 郑艳飞 闫 琦 著

河北大学出版社
·保定·

当代日本幼儿教育改革与实践

出 版 人：朱文富
责任编辑：郝 健
装帧设计：杨艳霞
责任校对：姚萌萌
责任印制：常 凯

图书在版编目（CIP）数据

当代日本幼儿教育改革与实践 / 唐钰滢，郑艳飞，闫琦著. -- 保定 ：河北大学出版社，2023.12
ISBN 978-7-5666-2272-3

Ⅰ. ①当… Ⅱ. ①唐… ②郑… ③闫… Ⅲ. ①学前教育－教育改革－研究－日本 Ⅳ. ① G619.313

中国国家版本馆 CIP 数据核字 (2023) 第 232022 号

出版发行：河北大学出版社
地址：河北省保定市七一东路 2666 号 邮编：071000
电话：0312-5073019 0312-5073029
邮箱：hbdxcbs818@163.com 网址：www.hbdxcbs.com
印 刷：涿州市般润文化传播有限公司
幅面尺寸：170 mm × 240 mm
印 张：18
字 数：266 千字
版 次：2023 年 12 月第 1 版
印 次：2023 年 12 月第 1 次印刷
书 号：ISBN 978-7-5666-2272-3
定 价：72.00 元

如发现印装质量问题，影响阅读，请与本社联系。
电话：0312-5073023

本书系2019年河北省社会科学基金重点资助项目“当代日本幼儿教育改革动向及其借鉴”（项目编号：HB19JY001）最终研究成果。

时光荏苒，岁月如梭，课题调研恰逢新冠疫情，常有步履维艰之感。回想课题从选题申报到本书的成稿，无不浸透着师长们的关爱、鼓励、指导，与课题组成员的辛勤汗水。掩卷之际，百感交集，感恩之情澎湃于胸中。同时，也期望本书能成为“他山之石”，为我国幼儿教育的发展尽绵薄之力。

前　言

幼儿阶段是个体生长的初始，幼儿教育是终身教育的起点，更是个体教育生涯的根基，其重要性不言而喻。正如我国著名教育家陶行知先生所说："教人要从小教起。幼儿比如幼苗，必须培养得宜，方能发荣滋长。否则幼年受了损伤，即不夭折，也难成才。"[①]

21 世纪，我国幼儿教育迎来了新的历史性突破。国务院、教育部等相关政府决策部门陆续颁布了《中国儿童发展纲要（2001—2010 年）》（2001 年）、《幼儿园教育指导纲要（试行）》（2001 年）、《关于幼儿教育改革与发展的指导意见》（2003 年）、《国务院关于当前发展学前教育的若干意见》（2010 年）、《关于加大财政投入支持学前教育发展的通知》（2011 年）、《幼儿园教师专业标准（试行）》（2012 年）、《学前教育督导评估暂行办法》（2012 年）、《3—6 岁儿童学习与发展指南》（2012 年）、《幼儿园工作规程》（2016 年）、《托儿所、幼儿园建筑设计规范》（2016 年）等涉及办园体制改革与重建学前教育公共服务体系等的政策纲领性文件。[②] 特别是近几年来，我国政府进一步认识到学前教育的重要性，积极致力于大力发展学前教育、注重提高幼儿园办学质量。2017 年 10 月，党的十九大作出"幼有所育""办好学前教育"[③]

---

① 陶行知．中国教育改造［M］．北京：商务印书馆，2017：109.

② 参见奕阳教育．学前教育立法特刊［EB/OL］．（2023-06-05）［2023-10-15］．https://mp.weixin.qq.com/s/8On468VroqGNQNJaAo5pmA.

③ 决胜全面建成小康社会　夺取新时代中国特色社会主义伟大胜利——在中国共产党第十九次全国代表大会上的报告［EB/OL］．（2017-10-27）［2023-10-15］．https://www.gov.cn/zhuanti/2017—10/27/content_5234876.htm.

的重大决策部署。2018 年 7 月，教育部办公厅印发《关于开展幼儿园“小学化”专项治理工作的通知》。同年 11 月，《中共中央　国务院关于学前教育深化改革规范发展的若干意见》指出，学前教育“关系亿万儿童健康成长，关系社会和谐稳定，关系党和国家事业未来”①。2019 年 2 月，中共中央、国务院印发《中国教育现代化 2035》，将“普及有质量的学前教育”列为 2035 年第二大主要发展目标。② 2020 年 9 月，教育部发布《中华人民共和国学前教育法草案（征求意见稿）》，面向社会公开征求意见。2021 年 10 月，《中华人民共和国家庭教育促进法》公布，并于 2022 年 1 月 1 日施行。2021 年 12 月，教育部等九部门印发《“十四五”学前教育发展提升行动计划》，要求进一步提高幼儿园教育的普及普惠水平。③ 2022 年 2 月，教育部印发《幼儿园保育教育质量评估指南》，在办园方向、保育与安全、教育过程、环境创设、教师队伍五大方面，通过 15 项关键指标和 48 个考查要点，构建了幼儿园保育教育质量评估指标体系。④ 2023 年 6 月，国务院总理李强主持召开国务院常务会议，讨论并原则通过《中华人民共和国学前教育法（草案）》。自 2003 年全国人大教科文卫委员会将学前教育立法列入立法调研计划，历经 20 年，学前教育立法终于指日可待。

正如《中华人民共和国学前教育法草案（征求意见稿）》中所言：“学前教育是学校教育制度的起始阶段，是国民教育体系的重要组成部分，是重要

① 中共中央　国务院关于学前教育深化改革规范发展的若干意见［EB/OL］.（2018-11-15）［2023-10-15］. https://www.gov.cn/zhengce/2018—11/15/content_5340776.htm.

② 参见中共中央　国务院印发《中国教育现代化 2035》［EB/OL］.（2019-02-23）［2023-10-15］. http://www.xinhuanet.com/politics/2019—02/23/c_1124154392.htm.

③ 参见教育部基础教育司负责人就《“十四五”学前教育发展提升行动计划》答记者问［EB/OL］.（2021-12-16）［2023-10-15］. http://www.moe.gov.cn/jyb_xwfb/s271/202112/t20211216_587725.html.

④ 参见解读《幼儿园保育教育质量评估指南》［EB/OL］.（2022-02-15）［2023-10-15］. https://www.moe.gov.cn/jyb_xwfb/moe_2082/2022/2022_zl05/.

的社会公益事业。”①我国的学前教育随着经济的发展、综合国力的强大、教育整体的提升也日益完善，但我们不得不承认，学前教育在我国仍然是整个教育体系中的短板，出台的相关政策法规时效也尚待验证。在教学实践中，幼儿教师，甚至高校的学前教育专家学者，也往往停留在“理论丰满，现实骨感”的尴尬境地。我们追求的学前教育的最基本价值取向是什么，应当怎样实现，又应以何种教育课程与指导形式去实现？这些都成为我们急需解决的问题。

随着我国教育改革的深入，有关外国幼儿教育的研究日益增多，部分问题得到解决。然而这些研究成果多为研究欧美幼儿教育，如以皮亚杰认知心理学与结构主义为基础的拉瓦特里早期儿童教育、凯米和德沃里斯认知课程、柯蒂斯“学会学习”教育、奥尔夫音乐教育、华德福自然主义教育、瑞吉欧个性化教育等。这些西方幼儿教育思想模式大多有欧美宗教、哲学的理论背景，西方文化色彩浓重，具体教学内容和组织方式在中国本土化实践后，其效果往往逊色不少。日本是国际社会中较早关注幼儿教育价值重构的国家之一，半个世纪来，一直致力于探索幼儿教育质量提升的有效路径。日本的幼儿教育思想理论虽源于西方，但深层次、隐性的教育理念受中国的儒道文化价值取向影响痕迹明显，且与中国幼儿教育同样鲜有宗教色彩干预（日本私立宗教性质幼儿园除外）。

日本与中国一衣带水，两国自古以来便有友好的文化交流往来，近代以前的日本文化教育带有深深的中国传统文化烙印已是不争的事实。受历史文化、传统观念等东方思维模式影响，中日传统家庭教育观、幼儿教育理念中有诸多共性。我们研究现当代日本幼儿教育思想，同样不是完全照搬，而是希望能早日探求中国式本土化幼儿教育发展之路。本书以当代我国幼儿教育中所面临的迫在眉睫的问题为切入点，由前言、正文、附录、参考文献四部分组成。各章主要内容如下。

---

① 教育部关于《中华人民共和国学前教育法草案（征求意见稿）》公开征求意见的公告［EB/OL］.（2020-09-07）［2023-10-15］. https://www.gov.cn/xinwen/2020—09/07/content_5541349.htm.

第一章为近现代日本幼儿教育概述。主要包括对日本幼儿教育中的相关概念界定、日本幼儿教育机构的特征与区分、幼儿教育无偿化进行解说。

第二章为战后日本幼儿教育政策变迁。以日本幼儿教育纲领性文件——《幼儿园教育纲要》为主轴，概述了日本幼儿教育的发展史。特别重点论述了2017年《幼儿园教育纲要》修订的动因、构建、特征。

第三章为日本幼儿教育理念与目标。

第四章为日本幼儿园设施设备设计。该章相关数据、资料主要来源于日本文部科学省颁布的《幼儿园设置标准》《幼儿园设施整备指南》。《幼儿园设置标准》的出台与《幼儿园教育纲要》呼应补充，进一步保障了幼儿园的教育质量，标志着日本幼儿园实现体系化教学，进入幼儿教育新时代。该章案例来源于文部科学省官方网站发布的《今后的幼儿园设施》中的小幼一体化校园——东京中央区立丰海幼儿园。

第五章至第九章为日本幼儿教育实践内容中的教育课程、指导计划、教育评价、幼小衔接、特殊幼儿教育五大部分。这几章的相关数据、资料主要来源于日本文部科学省颁布的《幼儿园教育纲要》，以及文部科学省官方网站发布的《幼儿园教育纲要解说》《强化幼儿教育体制推进》《连接幼儿想法的指导计划制作与保育开展》《基于对幼儿理解的评价》《特殊支援学校幼儿部教育纲领》《特殊支援学校教育指南》《与障碍幼儿共同生活的理解与指导》《幼保小架桥计划》等文件。

第十章为日本幼儿教育的周边产业。对以幼儿园教育为中心的周边产业，包括服饰、日常用品、食品、文化教育、幼儿园庆祝活动等相关领域产业进行分别阐述。

第十一章为2021年日本幼儿教育时事调查。该章相关数据、资料主要来源于日本文部科学省最新（2021年）颁布的《幼儿教育时事调查》。

附录为日本幼儿教育相关法律、政策性文件的翻译。具体为《教育基本法》《学校教育法》两大基本法中的幼儿教育相关部分，《儿童基本法》《儿童与育儿支援法大纲》《幼儿园教育纲要》，以及《幼保一体型认定幼儿园教育与保育要领解说》中的《婴幼儿期特征及幼保一体型认定幼儿园教育保育的作用》（3 岁以上幼儿教育保育部分与《幼儿园教育纲要》重合度较高，故仅节选 3 岁以下婴幼儿部分）。

通过对上述问题的深入、系统研究，概括总结现当代日本幼儿教育政策导向、育儿理念、幼儿教育实践基本特征、幼儿教育动态发展趋势等，以期为我国学前教育工作者、研究者提供有益借鉴，助力中国幼儿教育发展。

目　　录

第一章 近现代日本幼儿教育概述

第一节 日本幼儿教育相关概念界定

一、幼儿教育、学前教育、早期教育

《幼儿教育百科辞典》将幼儿教育、学前教育、早期教育分别定义如下。

幼儿教育：旧称幼稚教育。对3—6岁儿童的教育。是社会主义教育事业的组成部分，国民教育的预备阶段。实施学前集体教育的机构是幼儿园。

学前教育：对出生至入小学前的儿童，运用适宜的方法，为发展身体、启迪智慧、培养能力、塑造人格所进行的教育。是人生基础教育的重要一环。1981年国际学前教育协商会议对学前教育概念解释为：能够激起出生直至进入小学的儿童（入学年龄因国家不同，有5—7岁之别）的学习愿望，给他们学习体验，且有助于他们整体发展的活动总和。

早期教育：对0—6岁（或8岁）儿童的教育。人具有发展各种心理能力的可能性，但发展并不等速，且有着不同的最佳期，适应最佳期的教育，将会使人的能力得到最充分的发展；错过最佳期，就会失去发展能力的机会。人的心理发展最佳期多处于儿童时期……学前教育机构应给儿童以科学的完善的早期教育。①

根据上述定义可以看出，《幼儿教育百科辞典》中三种教育之间存在时间

---

① 参见祝士媛，唐淑．幼儿教育百科辞典［K］．上海：上海教育出版社，1989：1—2.

重合部分，其主要区分在于教育目的的不同，然而不同的教育目的之间亦存在联系，它们的相同目标都是为儿童的基础教育做好准备，即都是我国学校教育及终身教育的重要组成部分，是基础教育的基础，其重要性不容忽视。

除了《幼儿教育百科辞典》对幼儿教育、学前教育、早期教育的定义之外，这三个学术用语往往因国家、时间、学术领域的不同而产生差异，同时，这三个概念既可泛指（广义），亦可特指（狭义），极易引起混乱和误解。“幼儿”泛指“幼小的儿童。一般指学龄前的儿童”①，或“一足岁到六、七岁的小儿”②，顾名思义，“幼儿教育”更强调年龄，指对幼小儿童的教育。学前教育更注重从学制的角度进行考查，即幼儿入学接受正规义务教育之前的教育。“早期教育”一词近几十年颇为流行，20 世纪 60 年代，人们在强调人生初期（尤其是 0—3 岁）教育的特殊性和独立性时，使用此词较多。三者既有不同之处亦有共同点，若按广义来讲，三者可以互换使用，通常泛指 0—6 岁儿童的教育。但若严格地讲，“幼儿教育”尚可与“早期教育”互换，但这两个概念不完全等同于“学前教育”。因为当代一些西欧发达国家已将义务教育的下限（入小学年龄）降至 5 岁，在此意义上，“学前教育”比“幼儿教育”的含义要狭窄一些。然而，从历史的角度去看，人们对幼儿期和学前年龄的划分也不尽一致。例如，就幼儿期的下限而言，卢梭定为 2 岁（也有不少人认为卢梭的本意是 5 岁或 12 岁）；欧文、夸美纽斯、福禄贝尔、蒙台梭利定为 6 岁；亚里士多德定为 7 岁；赫尔巴特、杜威、霍尔则定为 8 岁。③ 汉代典籍《礼记·内则》以 10 岁前为学前教育期；而《大戴礼记·保傅》云“古者年八岁而出就外舍”；《尚书大传》则视 13 岁以前为学前教育期。④

目前，在联合国及世界各国的官方正式文献中，已逐渐用“幼儿教育”

---

① 中国社会科学院语言研究所词典编辑室．现代汉语词典［K］.7 版．北京：商务印书馆，2016：1593.

② 辞海编辑委员会．辞海［K］．上海：上海辞书出版社，1990：1342.

③ 参见杨汉麟，周采．外国幼儿教育史［M］.2 版．南宁：广西教育出版社，1998：2.

④ 参见唐淑，钟昭华．中国学前教育史［M］.2 版．北京：人民教育出版社，1993：6.

这一概念来包括或取代“学前教育”和“早期教育”。一些西方国家也将 0—8 岁通归为幼儿教育阶段，其中包括小学低年级在内。另外，历史上有不少提出过重要教育思想的教育家，在他们的教育理论及教育实践中并没有提出“儿童教育”的精确年龄结点，其中既包括幼儿教育，也包括与此相邻的儿童年龄阶段的教育。研究幼儿教育，不可避免要论及与之相关的优生优育、妇女儿童保护、儿童福利、儿童权益等相关问题。严格拘泥于现在关于幼儿期的定义去对史料进行取舍是不可行的，也是不妥当、不科学的。

综上所述，本书采用外延较宽泛的“幼儿教育”一词来代替“学前教育”和“早期教育”，对日本为 6 岁以下学龄前幼儿开展教育的机构，包括幼儿园、保育所、认定幼儿园等进行调查研究，同时也涵盖部分幼儿家庭教育、社会对幼儿教育的支持以及教育相关的儿童福利支援等问题。

二、保育

在“幼儿教育”“学前教育”“早期教育”之外，“保育”一词在我国的民国时期也经常被使用，“指成人（家长或保育人员）为 0—6 岁儿童提供生存与发展所必须的环境和物质条件，并给予精心的照顾和培养，以帮助幼小儿童获得良好发育，逐渐增进其独立生活的能力”①。在日本，直到现今，依然经常使用“保育”一词替代“幼儿教育”。海后宗臣在《教育学事典》中将“保育”一词定义为“保护、养育之意”②。但随着日本幼儿教育事业的发展，“保育”一词在现当代还包含了对幼儿的教养与教育的含义。1947 年，日本颁布《学校教育法》《教育基本法》两大教育基本法。根据美国教育顾问赫弗南的建议，日本将幼儿园教育列为学校教育体制的起始。在“教育”的语境下，通常会使用“幼儿教育”代替“保育”一词。但相较于“幼儿教育”，“保育”一词更突出了幼儿教育的独特性，在日常生活中也更为广泛地被接受和使用。同时，相关政策、文件、学术著作中也常会出现“保育”一词，其词义基本等同于“幼儿教育”，有时也泛指幼儿园教育与保育所教育的统合，如《家庭

---

① 祝士媛，唐淑．幼儿教育百科辞典［K］．上海：上海教育出版社，1989：3.

② 海後宗臣，など．教育学事典　5［K］．東京：平凡社，1954：226.

保育事业运营相关标准》《保育年报》《保育白皮书》《保育原理》等，此类文件、著作均有“保育”“幼儿教育”的相关论述。故此，本书也将根据语境、场景、时间等客观因素，进行“保育”“幼儿教育”等对应翻译与论述。

从近代到现当代，日本幼儿教育课程主要经历了科目、项目、领域三大阶段的演进变化。1876 年，日本第一所幼儿园——东京高等女子专科学校附属幼儿园诞生。当时的幼儿教育内容与方法主要受德国教育家福禄贝尔的幼儿教育思想影响，以“恩物”为主要教育内容设定了“物品科”“美丽科”“知识科”三个保育科目，几乎是在全盘模仿福禄贝尔的 20 种恩物游戏。1899 年，《幼儿园保育及设备规程》的公布使日本幼儿教育进入“项目时代”。项目包括游嬉、唱歌、谈话、手技，并把之前保育的核心“恩物”归入“手技”之中，日本开始逐渐寻求适合本土国情的幼儿教育。二战后，由日本文部省组织，赫弗南与仓桥惣三（日本近现代幼儿教育家，被后世尊为“日本幼儿教育之父”）联手，共同组织编撰了日本战后第一部幼儿教育大纲——《保育大纲》(1948 年)，完成了战前“以儿童为中心”的日本近代幼儿教育使命。《保育大纲》明确指出了幼儿自发活动与游戏的价值，区别于体制内其他教育的课堂教学指导行为，保育实践通过环境设计来引导、诱导、指导幼儿的活动，进而实现助力幼儿身心成长发育的目标。1956 年 3 月，日本文部省在《保育大纲》的基础上修订并颁布了《幼儿园教育纲要》，保育内容也从“项目时代”过渡到“领域时代”，标志着日本幼儿教育进入一个崭新的时期。《幼儿园教育纲要》虽然没有使用“保育”一词，但同样强调幼儿园教育理念与中小学的区别，同时也从学校体制的角度正式确立了幼儿园以游戏为中心的课程理念，并设定了相关课程标准。

第二节　日本幼儿教育机构

自近代日本设立学制以来，幼儿教育机构一直是二元制，即隶属于文部科学省的幼儿园机构与隶属于厚生劳动省的保育所机构并存。2006 年，日本政府推行“幼保一元化”政策，文部科学省与厚生劳动省联合设置认定幼儿园。以下对日本三大幼儿教育机构进行概述与比较。

一、幼儿园

（一）近代日本幼儿园的起源与发展

1872 年，明治政府颁布《学制》，仿照欧美设立近代教育体制。在《学制》中，设定幼儿园作为教育体系的开端，招收 6 岁以内的幼儿，此为幼儿园筹划开办之始。1876 年 9 月，日本的第一所幼儿园——东京高等女子专科学校（现为日本国立御茶水女子大学，有“女子东大”的美称）附属幼儿园始建于东京，为西式建筑。1877 年 11 月，皇后、太子妃列席参加了该幼儿园的开园仪式，引起当时社会不小的轰动。翌年，日本各地纷纷效法东京设立幼儿园，其中规模较大的有：1879 年 4 月成立的鹿儿岛女子师范学校附属幼儿园；同年 5 月成立的大阪府府立模范幼儿园；翌年 5 月成立的爱珠幼儿园；等等。1880 年开始，一些欧美旅日人士为布道传教，开始陆续设立带有宗教性质的幼儿园，如樱井女校附属幼儿园、英和幼儿园等。与此同时，日本私立幼儿园也逐渐兴起。

在当时的日本社会，幼儿园基本上是为家境殷实的中上层阶层服务的，幼儿教育内容与方法主要受西方幼儿教育思想影响，设定以“恩物”为主要教育内容的三个保育科目，共包含 25 个子项目。1899 年，《幼儿园保育及设备规程》的公布使日本幼儿教育进入“项目时代”。项目包括游嬉、唱歌、谈话、手技，并把之前保育的核心“恩物”归入“手技”之中，同时摆脱以往只在室内进行游戏的做法。1906 年，日本幼儿园联盟成立。

在此期间，正值仓桥惣三等幼儿教育家游学欧美归国，他们将欧美的进步教育思想带回日本并进行本土化推广，日本开始逐渐寻求适合本土国情的幼儿教育。1926 年 6 月，日本文部省颁布第一部独立且完整的幼儿教育文件——《幼儿园令》。虽然产生于二战期间的《幼儿园令》饱受争议，被诸多学者斥责其教育内容不完善且有一定的军国主义色彩，但它是日本幼儿教育进入制度化发展的里程碑，它的颁布标志着学前教育作为学校教育的一部分进入大规模发展时代。①

(二) 现代幼儿园概况

二战后，在美国教育使节团的协助与监督下，日本出台《教育基本法》与《学校教育法》两项教育法令，在此基础上，1948 年 3 月，文部省发行《保育大纲》。《保育大纲》虽然没有以国家法令形式公布，不具备法律约束力，但它作为日本第一部由国家组织编撰的学前教育大纲，几乎所有幼儿园都以其为基准制订幼儿园课程计划指导方案。至此，日本幼儿园进入现代教育体系。

20 世纪 50 年代中期，日本逐渐走出社会经济困境，战败萎靡思想也随之消退。针对幼儿教育中过于浓厚的美国经验主义与自由主义思想，1956 年 3 月，文部省大幅度修改《保育大纲》，并正式将之更名为《幼儿园教育纲要》。幼儿园课程内容以《幼儿园教育纲要》为基准，编排健康、人际关系、环境、语言、表现五个领域。费用由各个幼儿园自行决定。在园时间为每年 39 周、每天 4 小时以上，且有寒假、春假、暑假。至此，日本幼儿教育走向制度化与独立化。1964 年 3 月，文部省明确幼儿教育的独特性，将《幼儿园教育纲要》提升至国家设定标准性质，且具有法律效力。幼儿园作为学校教育体制的一部分，其法律依据为日本《学校教育法》，根据该法律，幼儿园教育的目的为保育幼儿，赋予其适宜的生长环境，以帮助其身心发展（日本《学校教育法》第 77 条）。80 年代，日本经济高速发展，欲从“经济大国”走向“政治大国”，在此期间，文部省对幼儿教育提出“重视作为一个公民所必需的基础知识的教育”，强调“加深学生对国际问题理解的同时，培养他们尊重本国文化和传统的态度”。② 90 年代，“平成萧条”与“泡沫危机”促使日本社会全面反思，教育界意识到，在瞬息万变的世界格局中，幼儿园除了作为“心灵养育所”，还应“为幼儿发展的生存能力打下基础”“培养其开拓时代的斗

---

① 参见唐铥滢，刘文静．日本幼儿园的潜在课程及其启示［J］．河北大学学报（哲学社会科学版），2016，41（2）：49.

② 参见林钢．日本的幼儿园教育要领［J］．外国中小学教育，1993（5）：30.

志”，文部省提出基于“生存力培养”的幼儿教育改革。① 21 世纪初，日本先后修订了《教育基本法》《学校教育法》，两大教育基本法基于全民教育的视角，重申强调建立终身教育学习体系，并突出幼儿教育在终身教育中的起始地位，提出重视幼儿教育课程的统合性与教育整体的连续性，要求幼儿教育为终身教育奠定基础。

二、保育所

（一）近代日本保育所的起源与发展

相对于幼儿园，近代日本保育所承担着养育、保护贫民家幼儿的任务。日本第一所保育所始建于 1890 年 6 月的新潟，由慈善人士赤泽钟美夫妇建立，该保育所既无学费，也无其他形式的费用。受其影响，1894 年，日本纺织公司在其工厂附近开设保育所，以解决女工工作时无人照管孩童的问题。19 世纪末 20 世纪初，因当时日本社会经济急速发展，大量日本妇女摆脱主妇身份进入工厂，导致多起幼童因无人照看而发生意外甚至死亡的事件，在此情况下，保育所（当时部分地区也称为“托儿所”）作为缓和社会阶级矛盾的工具逐渐发展壮大起来，其作用主要是照管贫困家庭中无人看管的孩童，旨在“帮助母亲”与“保护孩童”。此外，还有乡镇开办的农忙保育所，照顾那些农忙时得不到家人照顾的低级阶层孩童。也就是说，保育所最初的定位是帮助那些低收入家庭、困难家庭的福利慈善机构，其初期职能只是单纯地保护、照顾婴幼儿，与初期幼儿园高额的学费、精致的教育环境与设施设备形成鲜明对比。

战败初期，日本大量孤儿以及单亲家庭、贫困家庭的孩童流浪街头。1946 年 9 月，日本政府颁布《流浪儿保护纲要》，对上述弱势儿童提供援助。1947 年 12 月，日本政府颁布《儿童福利法》，通过法律形式加大对弱势儿童的教育与资助，并设立保育所。保育所区别于幼儿园的最大之处在于其接收 0—3 岁的婴幼儿，并提供长时间看护，“保育”也意为代替家庭保护养育婴幼

① 参见中村三緒子．幼稚園教育要領・教育課程の変遷と課題［J］．淑徳大学短期大学部研究紀要第 56 号，2017（2）：104．

儿，培养他们的饮食、排便、睡眠等基本生活习惯。《儿童福利法》明确规定了保育所的设置目的、保育员资格、经费负担、使用情况等，归日本厚生劳动省管辖，是福利机构的一部分，同时担当幼儿教育职能。

（二）现代保育所概况

二战后，借助于《儿童福利法》的颁布，保育所通过制度化与法制化的构建，很快实现了体系化发展。但鉴于以往经验，人们往往认为保育所以照顾婴幼儿为主，幼儿教育的课程内容设计、师资、设施设备等要远远逊色于幼儿园。1956年，文部省颁布《幼儿园教育纲要》之际，民间福利组织提出，要求仿照《幼儿园教育纲要》出台《保育所保育大纲》；同年，厚生劳动省颁布《保育所保育指南》。《保育所保育指南》不同于《幼儿园教育纲要》，并没有法律效力，仅对保育所的保育内容提供参考。20世纪60年代，随着日本社会经济的好转，作为具有福利性质的保育所受到各地行政部门重视，特别是公立保育所的数量迅速增加，保育所自身也加大保教共举力度，按照《保育所保育指南》中的保育内容与方法，实施有计划的幼儿教育，其教育相关指标渐渐追平幼儿园。20世纪80年代，日本经济逐渐进入泡沫期，特别是1986年日本政府颁布《男女雇佣机会均等法》，再次将日本女性推向职场。相比于幼儿园，保育所以招收0—6岁缺乏家庭保育条件的婴幼儿、全年可以随时入学、每天保育时间8小时以上、保育费用相对低廉、地方根据家庭收入对保育费用进行补贴等诸多优势，招收名额常年供不应求。因此，入所之前往往需要通过市镇区役所登记、鉴定家庭情况之后（大多数保育所都会要求家长提供父母在职证明），婴幼儿才可按报名顺序排队进入保育所托管。

（三）幼儿园和保育所的比较

幼儿园和保育所在现当代日本是截然不同的两类机构，《幼儿教育百科辞典》将现当代日本的幼儿园与保育所进行了简单区分。幼儿园为“日本文部省所属的儿童教育机构。收3—5岁幼儿。一般为半日制。有国立、公立、私立三种，其中私立园为主体，国立园最少”①。此外，相对于保育所，幼儿入

① 祝士媛，唐淑．幼儿教育百科辞典［K］．上海：上海教育出版社，1989：337.

园条件宽松。保育所为“日本厚生省所属儿童教育机构。主要收保护人因病或工作而无人照看的1—5岁婴幼儿。一般为公立全日制”①。厚生劳动省要求各地保育所的设备、师资、教学内容必须与幼儿园基本相同，所以，现当代日本的幼儿园和保育所虽然仍有不同的功能作用，但其教育目标、设施与设备、教育内容与方法、师资力量等几乎一致。但受传统观念影响，人们往往认为幼儿园侧重于幼儿的学习潜力培养，保育所侧重于对幼儿的保教。

表1-1　日本现当代幼儿园和保育所比较②

园所名称	幼儿园	保育所
分属机构	文部科学省	厚生劳动省
法律依据	《教育基本法》	《儿童福利法》
目的	保育幼儿，为其准备适当的环境，帮助其身心发展	每天接受家长的委托，对其缺乏保育条件的婴儿或幼儿进行保育
招生对象	3—6岁的幼儿	0—6岁缺乏保育条件的婴幼儿
教育内容	以《幼儿园教育纲要》为基准	以《保育所保育指南》为基准
教师称呼	教谕	保姆
保育时间	4小时/天（可延长）	8小时/天（可延长）
入学时间	实行学年制，有寒、春、暑假	随时可以入学，无寒、春、暑假
费用	由幼儿园管理者规定	由每个市町村考虑家庭收入等情况作出规定

2005年，文部科学省初等中等教育局幼儿教育科颁布《幼儿教育振兴行动计划》，要求“促进保育所与幼儿园一体化教育体系的建立，使保育所与幼

① 祝士媛，唐淑．幼儿教育百科辞典［K］．上海：上海教育出版社，1989：337.

② 参见教育制度研究会．要説教育制度［M］．新訂第二版．東京：学術図書出版社，2008：63.

儿园无明显差别，共同成为小学前支持孩子成长的教育体制”①。经过近 20 年的努力振兴，日本幼儿教育内部一体化构建体系取得长足发展。

三、认定幼儿园

20 世纪 90 年代，日本受“金权政治”与“泡沫经济”双重打击，以及由此引发的教育、医疗、福利等一系列民生问题，在一定程度上引起社会恐慌，日本社会进入“失去的十年”。在此大环境下，企业被迫放弃年功序列制（由工龄决定工资、地位）和终身雇佣制。随着企业的“家”文化瓦解，日本“男主外、女主内”的家庭观也逐渐瓦解，越来越多的女性在婚后、产后选择回归继续工作。由此，区别于以前因家境而选择不同的保育机构，当代家长呼吁让幼儿都可以享受到均等的保育条件。2006 年，日本“认定幼儿园”应运而生。

认定幼儿园基于“幼保一元化”的幼儿教育理念，旨在逐步解决日本长期存在的“幼保双轨制”问题，在育儿援助扶持政策助力于新型社会经济发展的同时，确保幼儿教育的均衡发展。认定幼儿园由文部科学省与厚生劳动省联合设置及管理，保育对象、保育时间、教育内容与方法等兼顾幼儿园与保育所的长处，兼具幼儿园和保育所两者优点于一身：招收 0—6 岁幼儿，不再限定家长是否是双职工，入园时间根据幼儿个体年龄、家庭状况等因素而定，相关费用根据幼儿在园时间而定，保育内容与方法同时参照《幼儿园教育纲要》《保育所保育指南》两大文件，年中放假天数可由认定幼儿园自行决定。此外，认定幼儿园大多还兼有所在区域的育儿咨询中心的职责，提供家长互相交流的场所，帮助包括未入园儿童在内的家长们解决育儿中的困惑。

认定幼儿园中的“认定”指幼儿准备入园之前，家长需要提供所在居住地的相关认定，包括家长的兼职情况、身体状况、求职活动（包括创业准备）、就学、家庭暴力等市町村认定的需援助状态。认定幼儿园的入园申请手续根据家庭情况认定的不同级别而有所区分，其中，3—5 岁幼儿的入园条件

---

① 文部科学省. 幼児教育振興アクションプログラム［EB/OL］.（2006-10-04）［2023-10-15］. https://www.mext.go.jp/a_menu/shotou/youchien/07121721/001.htm.

与家长的工作、就学等状况无关，无特殊状况证明也可申请入园，入园后可以插入现有保育班级一起接受保教。同时，入园之后，即使家长的工作、生活状况发生改变，幼儿也可以继续留在原认定幼儿园里。此外，幼儿在得到认定幼儿园的入园名额后，也可继续排队等待其他幼儿园和保育所的入园机会。

认定幼儿园主要有以下四大类型，家长可以根据所在区域以及自身的实际情况和需求进行选择。

幼保合作型：此类型认定幼儿园由认定幼儿园与认定保育所联合开展幼儿教育，是兼备幼儿园功能和保育所功能的单一教育机构。同时，申请到名额的幼儿还可以享受到政府对认定幼儿园与认定保育所的双重育儿援助。

幼儿园型：此类型认定幼儿园在幼儿园教育的基础上，为需要保育的幼儿提供延长在园时间等服务，兼备保育所的功能，为未能申请到保育所名额的幼儿提供保育场所，减少“待入儿童”。

保育所型：此类型认定幼儿园在接收需要保育的幼儿之外，还具备幼儿园的功能。额外接收 3 岁以上可正常入园孩童，且此类幼儿家长不再需要特殊认定。此类认定幼儿园享有保育所原有的政府资助政策。

地方审定型：此类型认定幼儿园源于 2014 年 4 月内阁府发布的《儿童与育儿支援新制度》，旨在没有任何认定幼儿园、保育所地区的幼儿保教场所，由地方政府出资，且自定办园标准，作为认定幼儿园，发挥幼儿保教功能。保育对象一般为 2 岁以下幼儿。主要有小规模保育、家庭保育、区役所内保育、家庭访问型保育等。

除上述四类认定幼儿园外，受日本企业的“家文化”影响，还有企业主导的保育机构。该类型保育机构一般由大企业主导开办，也可由若干企业联合开办，在运营费、维修费等方面享受与认定幼儿园同等的国家补助。保育的主要对象为企业内员工子女。在额定人数未满的情况下，通常也接收所在地区的其他幼儿。申请进入该类型保育机构一般不需要市镇村的相关认定，也没有幼儿年龄限制，且保育时间相对灵活（可根据员工需求，进行延时保育、夜间保育、节假日保育、短期保育、特定时间保育等）。

第三节 日本幼儿教育无偿化

借助幼儿教育无偿化解决三十余年的高龄少子化社会问题，是日本 2019 年 10 月起全面推行幼儿教育无偿化的最大动因，在此无须累述。2015 年，文部科学省委托国立教育政策研究所对欧美发达国家幼儿教育现状进行调研，调研结果显示，欧美发达国家的幼儿教育皆为免费教育制度，此为日本推行幼儿教育无偿化的原因之二。进入 21 世纪，日本国家层面建设的两大课题为经济再生与教育再生，且将教育再生课题纳入经济再生课题中，期望通过培养创造性人才来实现国家建设发展。2017 年的《新经济政策包》提出“人才培养革命”，提出加大人才培养投入，打造高质量教育环境，构建人人都能发挥自己能力、感受生命与生活意义的社会的系列构想。幼儿教育是教育的起点与终身教育的根基，幼儿教育无偿化与高等教育、私立高中教育无偿化成为“人才培养革命”的共同抓手。故此，让所有孩子都接受高质量的教育是日本幼儿教育无偿化的理想愿景。

2013—2017 年间，日本共召开六次“有关幼儿教育无偿化内阁与执政党联络会议”，以弱势群体儿童为优先保障对象，且主要减免最基本的入园费和保育费。此后，经 2017 年年底《新经济政策包》中“人才培养革命”的推动，明确幼儿教育无偿化的实施；2018 年 6 月，国会通过《2018 经济财政运营和改革的基本方针》，进一步细化相关执行方案；2019 年 10 月，日本全国范围内全面推行幼儿教育无偿化。

表 1-2　2014 年之后日本幼儿教育减免政策①

等级区分	第 1 个孩子	第 2 个孩子	3 个孩子以上（含）
一等：低保家庭	免费		
二等：非纳税家庭	部分减免	免费	免费
单亲家庭	免费		
三等：年收入低于 360 万日元的家庭	部分减免	部分减免	免费
单亲家庭	部分减免	免费	
四等：年收入 360 万—680 万日元的家庭	部分减免	部分减免	免费
五等：年收入 680 万日元以上的家庭	无减免	部分减免	免费

幼儿教育无偿化的经济来源主要为国家和地方财政，国家负担二分之一，都道府与市镇村各负担四分之一。为确保教育财政支出的平衡（主要为幼儿教育无偿化与高等教育、私立高中教育无偿化的支出），2019 年，日本政府将国民消费税的增值税税率由 8%上调到 10%。幼儿教育无偿化惠及 0—2 岁非纳税家庭幼儿和所有 3—5 岁幼儿。免除幼儿 3 周岁后至幼儿园毕业期间的入园费；年收入在 360 万日元以下的低收入家庭的幼儿同时还享有免除其餐饮费政策；多子家庭或单亲家庭等特殊家庭享受 0—2 岁二胎幼儿保育费减半、三胎全免的政策；障碍幼儿除在幼儿园、保育所等正常保育机构外，在儿童发展支援机构、福祉型障碍儿童机构、医疗型障碍儿童机构等同样免除相关费用。

① 参见孙雪荧，李玲．日本学前教育免费制度：背景、架构与问题［J］．外国教育研究，2021，48（7）：106.

第二章　战后日本幼儿教育政策变迁

如上章所述，从1876年东京高等女子专科学校附属幼儿园建立以来，日本幼儿教育已有近150年历程，其间历经两次世界大战、三次教育大变革、数次社会经济转型，日本幼儿教育随着世界潮流与社会变迁不断地改革和完善。

第一节　日本幼儿教育风向标——《幼儿园教育纲要》

日本学者根据时代、社会形态、事件结点等不同维度划分日本幼儿教育发展阶段。本书以日本《幼儿园教育纲要》（本章简称《纲要》）的制定与修订为主轴，陈述战后日本幼儿教育改革的发展历程。

《纲要》由文部科学省制定并公示，是幼儿教育课程设置基准的纲领性文件，具有法律效力。《教育用语词典》将其解释为："依照《学校教育法》所设定的幼儿教育课程相关基准，由文部科学省依据《学校教育法》（第77条）及同步实施规则（第76条）规定设置并公示，与其具有同等法律效力。《纲要》1956年出台……1964年修订……1989年，针对幼儿所处环境巨变进行大幅度修订……1998年修订，以培养幼儿在闲适环境中的生存力为主题进行再修订，重申幼小衔接，并明文提出幼儿园对家庭进行育儿援助的必要性。"① 随着幼儿周遭环境的改变以及人们对幼儿教育认知的不断加深，日本幼儿教育所呈现出亟待解决的核心问题也不尽相同，《纲要》中的政策导向随之不断

---

① 山崎秀则，片上宗二．教育用語辞典［K］．京都：ミネルヴァ書房，2011：521—522.

修订，为各个时期的幼儿教育改革指明方向，以求有效保证幼儿园教育实践内容紧跟时代步伐，满足社会变迁与个人成长双向需求。

教育事业的可持续发展离不开国家强有力的法律保障。以国家立法形式引导教育发展方向是日本二战后教育的最大特色之一。文部科学省制定、修订《纲要》始终紧跟《教育基本法》《学校教育法》两大教育基本法，同时《纲要》自身也同样具有法律约束力与强制力。如《纲要》开篇所示："根据《教育基本法》所示的目的及目标，分为幼儿园、小学、中学等学习阶段进行教育。在各个阶段的学校中，根据《学校教育法》，以与各个学校特性相应的目的和目标来实现。关于幼儿园，根据《学校教育法》第 22 条以及第 23 条明确了幼儿园教育的目的以及目标。为了实现这些目的以及目标，《幼儿园教育纲要》根据《学校教育法》第 25 条以及《学校教育法实施规则》第 38 条，提出了幼儿园的教育课程以及其他保育内容的标准。"① 分析日本《纲要》制定、修订的社会背景及内容，在其历史语境下分析《纲要》变动轨迹，有助于我们更深刻地解读当代日本幼儿教育的特征与发展走向，把握日本新世纪幼儿教育改革的动态，剖析其改革实质，借鉴其改革精髓。

第二节　战后日本幼儿教育改革历程

一、《保育大纲》的出台

以 1946 年颁布的《日本宪法》、1947 年颁布的《教育基本法》与《学校教育法》为标志，在美国占领军的干预下，日本进行了第二次教育改革，建立了法制体系的民主教育制度。特别是两大教育基本法中确立的新学制，将幼儿园从法律层面纳入学校体系中，与小学、中学、大学等教育机构统称为学校。但因幼儿园教育的特殊性质，使幼儿园成为学校体系中的特殊存在，并引起了日本幼儿教育专家代表仓桥惣三与美国教育顾问赫弗南的意见分歧。

---

① 全国保育団体連絡会，保育研究所，編．保育白書 2018 年版［M］．東京：草土文化，2017：203.

仓桥惣三认为，日本幼儿教育改革首先应该解决的是确立幼儿园教育的独立位置，而不是将其放入学校体系的内部，但仓桥惣三最后又因顾虑到日本在战败后经济衰败，如果过于强调幼儿园教育的特殊性，很容易将其边缘化，进而与公共教育制度分离而碍于幼儿教育的发展与推广等，即转而支持幼儿教育纳入学校系统。仓桥惣三坚信幼儿教育必须以幼儿为中心，教育核心内容应围绕幼儿自身的活动及真实的生活状态展开。

《保育大纲》突出“保育育儿”，强调幼儿自发生活与游戏的价值，将幼儿园保育计划的制订、施行与幼儿教育原理、原则、活动特色、方法特性等围绕幼儿自发活动有机地结合起来。《保育大纲》将保育内容划分为“韵律”“自由游戏”“谈话”“绘画”“观察自然”“健康保育”等十二个项目，欲借此赋予幼儿愉悦生活、活动的经验。主要由以下七大部分组成。

1. 幼儿教育的意义。

2. 幼儿的发育阶段性。

3. 幼儿教育的指导。

4. 幼儿园环境建设。

5. 幼儿活动设计（一天活动的实践案例）。

6. 幼儿保育内容具体十二个项目活动（参观、韵律、休息、自由游戏、音乐、谈话、绘画、制作、观察自然、计划游戏、健康保育、节日活动）。

7. 家园合育及幼小互动。

《保育大纲》作为日本第一部由国家组织编撰的幼儿教育大纲，日本学者多将其视为《幼儿园教育纲要》的雏形。其不单是幼儿园课程设计的指导方针，也是当时众多保育所和地区家庭教育援助的参考指南。

二、《幼儿园教育纲要》的正式出台

二战后日本经济迅速恢复，并于 20 世纪 50 年代中期进入经济高速发展期。日本政府在加大教育投入的同时也对人才培养提出了新的要求，希望学校加强专业知识与专业技能训练，在基础教育方面则体现为重视学生的学业与学力。为了与当时的中小学基础教育改革同步，同时也意欲消减美国使节团干涉下的幼儿园教育中存在过于浓厚的经验主义和自由主义等问题，文部省于 1956 年 3 月大幅度修改《保育大纲》，并将此纲要正式更名为《幼儿园教育纲要》。此次《纲要》提出幼儿园教育内容需与小学保持一致，突出“教育”主导的作用，明确指出幼儿园是学校教育系统中的一部分，并将保育活动中的十二个项目内容调整为与小学学科内容对应的“健康”“社会”“自然”“语言”“绘画制作”“音乐节奏”六大领域。①《纲要》的提出使幼儿园课程内容由零散趋于集中，幼儿教育目标由笼统到具体（共十一项目标），除了注重教育的整体性、统合性及幼儿在活动中的个体活动经验外，还规定了知识和技能学习内容。《纲要》将《保育大纲》中的七大部分凝练出三大章节，分别为：

1. 幼儿园教育的理想状态。

2. 幼儿园教育内容。

3. 幼儿园教育的指导计划及经营管理。

在“幼儿园教育内容”中明确规定“让幼儿能听懂 1000—3000 个日常词汇”“能正确使用表示数量、形状、位置和速度等简单的日常用语，根据日常经验能用言语表达数量、长度、宽度、高度、重量和形状”等具体学习的内容。在“指导计划”部分提出，“幼儿园的教育是为了与小学教育进行衔接，幼儿园教师要对小学低年级的课程有充分理解”②。在此《纲要》导向下，幼儿园被视为小学的预备阶段，在实际教育活动中，开展读、写、算学科教学的现象比较普遍。③

同年 12 月，文部省颁布《幼儿园设置标准》，进一步明确了对幼儿园的编制、设备、设施等的要求。《纲要》与《幼儿园设置标准》呼应补充，至

---

① 参见文部省．幼稚園教育百年史［M］．東京：ひかりのくに，1979：306.

② 文部省．幼稚園教育要領（昭和 31 年度）［EB/OL］．［2023-10-15］．https://erid.nier.go.jp/files/COFS/s31k/index.htm.

③ 参见秦东兴．日本学力观的变迁对幼儿教育改革的影响研究［J］．外国教育研究，2023，50（6）：20.

此，日本幼儿教育由“项目保育时代”迈入“领域教育时代”。《纲要》的颁布标志着日本幼儿园实现体系化，进入一个面目一新的时代。①

三、《幼儿园教育纲要》第一次修订

1964 年 3 月，日本文部省以公告形式颁布《纲要》的第一次修订，将《纲要》提升至国家设定标准性质，具有法律效力，并彻底完成从近代到现代幼儿教育内容的三大转变——科目、项目、领域三大阶段的演进变化。在幼儿教育内容方面，此次修订主要针对以往《纲要》对“自由教育”的矫枉过正，以及社会对幼小衔接的错误解读——认为“幼儿园是学校的预备阶段”②。当时众多幼儿园过于强调幼儿园的领域课程与小学的学科对应，而忽视了幼儿教育独特的整体性、统合性。《纲要》指出，幼儿园要“赋予幼儿适宜的环境，并根据其生活经验去进行综合指导”，同时还强调幼儿园应该组织有特色的集体教学，呈现出“活动主义”倾向。③ 此外，将之前《纲要》中所提出的“教育理想状态经验”模糊性定义具体化，提出“教育目标要求”——六大领域共计 137 条具体活动要求目标，要求教师帮助幼儿通过“具体的、综合的经验活动去实现目标达成”。④ 同年，文部省首次颁布《幼儿园教育振兴计划》，规定政府按照一定的比例为私立幼儿园提供相关的设备、设施补贴费用。此外，《纲要》颁布后，文部省再次调集高校教育学教授、幼儿园一线优秀教师等研究人员组成编委会，编写《幼儿园教育指南》，对《纲要》进行详细解说，特别是对幼儿教育课程和指导计划编写部分进行具体、典型的案例分析说明，为幼儿园的日常实践活动提供可行性参考。

此阶段，虽然政府出台政策对幼儿教育小学化现象进行更正，但基于国民生活水平的大幅提高、社会对劳动力素养提升的整体趋势要求，幼儿教育

---

① 参见李永连．日本学前教育［M］．北京：人民教育出版社，1991：119.

② 早瀬眞喜子，山本弥栄子．幼稚園教育要領・保育所保育指針の変遷と保育要領を読み解く［J］．プール学院大学研究紀要，2016（57）：365—380.

③ 参见余公敏子，小田豊．教育・保育の原理——幼稚園・保育所・認定こども園の文化をはぐくむために［M］．東京：光生館，2017：45，48.

④ 参见文部省．幼稚園教育百年史［M］．東京：ひかりのくに，1979：337.

中过度重视知识习得的现象仍较为普遍。此外，20 世纪 70 年代，早期教育、智力开发盛行，如大久保爱等人提出的“文字教育”、细谷纯等人提出的“数学教育”、铃木慎一提出的“音乐教育”等，“英才教育研究所”“天才开发中心”等早教机构较为流行。过度强调、鼓励竞争造成孩童身心诸多负面影响，“考试炼狱”及校园霸凌、逃学厌学等“教育病”日益严重，一直持续到 20 世纪 70 年代末“宽松教育”的提出。

四、《幼儿园教育纲要》第二次修订

20 世纪 80 年代，幼儿教育专家森上史朗对 70 年代的幼儿教育进行反思、批判，指出：“如今孩子们的生活中，已经没有他们可以自己去探索其生存的世界从而获得成长的场所了。游戏场地丧失、游戏伙伴减少……教育竞争加剧等，孩子们被禁锢在室内……最近，保育设施被批判为‘幼儿白天的受刑房’。”①

时隔 25 年，文部省于 1989 年第二次修订《纲要》，并于翌年 4 月 1 日正式实施。此次幼儿教育改革源于 1986 年《纲要》调查研究者合作组织提交的《幼儿园教育的存在方式的报告》、1987 年教育课程审议会提交文部省的《关于幼儿园、小学、初高中的教育课程基准改善》咨询报告。后者提出，“学校教育应注意培养学生作为社会一员所必需的素质”，具体包括个人能力培养、个人与社会关系、个性发展教育、传统文化传承与国际视野接轨四大方面。特别是“传统文化传承”方面，80 年代，日本经济取得高速发展，政府欲从“经济大国”走向“政治大国”，故在《纲要》修订方案中强调“在加深学生对国际问题理解的同时，培养他们尊重本国文化和传统的态度”②。《纲要》修订结合当时幼儿园实态，将幼儿教育中的六大领域更改为“健康”“人际关系”“环境”“语言”“表现”五个领域。“健康”，即培养幼儿身心健康的基础及基本习惯养成；“人际关系”，即培养幼儿自立、与他人的合作交流能力及道德的萌芽；“环境”，即培养幼儿对自然及周围环境的兴趣，以及相关思考

---

① 森上史郎．児童中心主義の保育［M］．東京：教育出版，1984：序言．

② 林钢．日本的幼儿园教育要领［J］．外国中小学教育，1993（5）：30.

的萌芽；“语言”，即培养幼儿在日常生活中对自己和他人使用语言的感觉、态度；“表现”，即培养幼儿通过音乐、绘画、表演等体验提升创造力与艺术感知力等。[①]《纲要》强调教师应通过“领域”观察每个幼儿发育程度并提出相应课程设计指导，课程设计指导的根本特征是通过环境进行教育，弱化教师的主导作用，强化教师“别有用心”去创建有益于幼儿自发、自主、互动的活动环境，且不能将幼儿的活动时间与空间割裂。[②] 此外，此次《纲要》修订基于终身教育理念还强调“幼儿期是人类终身发展的奠基时期”，以此为基点提出“重视作为一个公民所必需的基础知识的教育”[③]。

五、《幼儿园教育纲要》第三次修订

始于 20 世纪八九十年代的少子化问题是日本诸多社会危机的起源之一，却很难得到有效解决，由于少子化引发的劳动力不足、社会老龄化、消费力低等社会问题也呈愈演愈烈趋势。为应对少子化等系列社会问题，文部省于 1998 年颁布第三次《纲要》修订文本，并要求日本幼儿园从 2000 年开始正式全面实施。此外，90 年代的“平成萧条”与“泡沫危机”促使日本社会全面反思，教育界意识到，在瞬息万变的世界格局中，幼儿园除了作为“心灵养育所”，还应“为幼儿发展其生存能力打下基础”“培养其开拓时代的斗志”。此次《纲要》修订的提出是基于“生存力培养”的幼儿教育改革，是日本幼儿、小学、中学、特殊教育整体改革中的有机组成部分。《纲要》指出，“幼儿园教育关系着为小学以及小学后的生活、学习奠定基础”，是终身教育的起始，“为幼儿发展其生存能力打下基础”，同时强调幼儿园教育应“通过与家庭的合作为人的终身发展奠基”。[④] 此次《纲要》重大改革内容有以下五点。

1. 多次强调《学校教育法》中幼儿教育相关部分，突出以法治教、依法

---

① 参见王幡，刘在良．论日本幼儿园教育内容之演变历程［J］．外国教育研究，2018，45(8)：119.

② 文部省．幼稚園教育指導書［M］．増補版．東京：フレーベル館，1989：21—28.

③ 林钢．日本的幼儿园教育要领［J］．外国中小学教育，1993 (5)：30.

④ 参见李季湄．从日本幼儿园教育大纲的修订看日本幼教的发展趋势［J］．学前教育研究，2000 (5)：69，72.

办园理念。

2. 提出幼儿期家庭教育的重要性，提倡家庭、园所、社区三方合育。

3. 修改原有“游戏”相关条目，将“游戏”放在句首，进一步强调游戏在幼儿教育中的中心地位。同时要求教师确保幼儿在游戏、活动中的主体性，将教师定位于“理解者、共同活动者等多种角色”。

4. 再次提出幼小衔接问题，但此次修订更侧重于“与幼儿期相适应的生活”，观点转向幼儿生活态度、习惯等生存能力培养。

5. 提倡幼儿园教育加入“临时保育”（应幼儿监护人要求，在幼儿放学时间后，组织有延时保育需求的幼儿进行相关保育教育活动）环节。①

六、《幼儿园教育纲要》第四次修订

2002 年，文部科学省颁布《为提升“切实的学力”的“劝学”》文件，提出：“‘心灵教育’的充实和‘切实的学力’的提升是教育改革的重点，是当前学校教育的重大问题。”② 针对“切实的学力”在幼儿教育中的体现方式，2005 年，中央教育审议会在《根据幼儿所处环境的变化而转变的幼儿教育存在方式》的报告中明确提出：“作为学校教育起点的幼儿教育，要承担培养生存能力的基础的作用，这种生存能力包括由知识和技能以及思维能力、判断能力、表现力等组成的‘切实的学力’‘丰富的人性’以及‘健康和体力’。”③

2006 年 12 月至 2007 年 6 月，日本进行了二战后最大规模的教育改革调整，先后修订了《教育基本法》《学校教育法》两大教育基本法。两法均对幼儿教育部分提出修改，《教育基本法》明文指出“幼儿教育对于人格形成的基

---

① 参见李季湄．从日本幼儿园教育大纲的修订看日本幼教的发展趋势［J］．学前教育研究，2000（5）：69—72.

② 亀井浩明．確かな学力と生涯学習の基礎（平成 19 年 3 月 3 日）［EB/OL］．（2007-03-03）［2023-10-15］．https://ejiten.javea.or.jp/contentbdd6.html.

③ 中央教育審議会．子どもを取り巻く環境の変化を踏まえた今後の幼児教育の在り方について（答申）（平成 17 年 1 月 28 日）［EB/OL］．（2005-01-28）［2023-10-15］．https://www.mext.go.jp/b_menu/shingi/chukyo/chukyo0/toushin/05013102.htm.

础培养具有重要作用"①；《学校教育法》则将之前"以小学为首……以及幼儿园"的学校排序变更为"幼儿园、小学……"②。幼儿教育正式通过国家教育基本法的修订成为终身教育的起始部分。在此背景下，2008年，文部科学省出台第四次《纲要》修订。此次《纲要》修订重点如下。

1. 以新《教育基本法》《学校教育法》为指导方向，幼儿教育的目标是为终身教育奠定基础。

2. 重视幼儿身心发展的连续性，侧重开发幼儿终身学习能力与持续发展能力的萌芽，如思考力、理解力、学习意愿、良好习惯、丰富的内心情感等。

3. 全面推进"临时保育""委托保教"等幼儿园教育时间外的育儿援助计划，并将其纳入幼儿园教育管理中。

4. 要求保证幼儿成长发育连续性，保证幼儿园教育和家庭教育有效衔接，同时强调要培养幼儿的规范意识。

5. 培养幼儿将来适应小学生活和学习的能力，要通过与幼儿期相适应的生活培养幼儿创造性思维和自主生活态度的基础。

6. 幼儿园教育要与小学教育顺畅衔接，创造幼儿与小学生交流的机会，幼儿教师要与小学教师交流意见、开展合作研究，促进幼小衔接。③

文部科学省对《纲要》的制定与修订始终以幼儿成长环境的改变为切入点，围绕幼儿教育中的矛盾变化，聚焦于幼儿成长需求，基于幼儿个体能力发展与社会协调能力发展，构建幼儿教育课程体系，为时代变迁中的日本幼儿教育改革提供必要理论依据与实践指导。

第三节 2017年《幼儿园教育纲要》修订的动因、构建与特征

2016年12月，日本中央教育审议会发布《幼儿园、小学、初中、高中及

---

① 教育基本法（平成18年法律第百二十号）[L]. 2006-12-22.

② 学校教育法（平成19年法律第九八号）[L]. 2007-06-27.

③ 参见無藤隆，柴崎正行．新幼稚園教育要領・新保育所保育指針のすべて [M]．京都：ミネルヴァ書房，2009：9.

特殊学校学习指导要领的改善及对策》咨询报告。依据该报告精神，2017 年 3 月，文部科学省第五次修订《纲要》，《纲要》要求幼儿园结合时代需求设定国家标准性质幼儿教育课程，并于 2018 年 4 月在全日本范围内推行。

一、2017 年《幼儿园教育纲要》修订的动因

新世纪的日本，高速发展的社会节奏使人们的人生观、价值观发生转变，晚婚晚育、只婚不育、不婚不育的家庭婚姻观使日本少子化、老龄化问题日益严峻，持续 40 年左右的少子化问题反作用于社会，进一步加剧了当代日本父母的育儿困境，使其上升成为“动摇日本社会经济根基”的危机。①

第一，父母育儿无力。20 世纪八九十年代出生的年轻父母大多生于“核心家庭”（四位老人—父母—独生子女），他们是少子化初现的第一代。家长自身与亲朋友邻关系疏远、同辈手足少，历经“考试炼狱”，部分人在儿童期长期沉溺于电子产品，诸如此类原因，导致部分 80 年代后出生的人不善沟通。当他们为人父母后，面对育儿问题孤立无援，甚至因无法克服育儿困难而产生心理障碍，自杀、虐待孩童等恶性事件时有发生。

第二，职业女性育儿、工作难两立。日本传统观念中的“相夫教子”在经济全球化的冲击下逐渐淡化，双职工家庭逐年增多。同样接受过高等教育的女性，面临育儿后难返职场，或重返职场后无法保证孕前的高薪高职工作等难题。2015 年 8 月，日本政府出台《女性活跃促进法》，时任首相安倍晋三力图通过“女性经济”恢复日本经济，提出系列“创造让女性绽放光彩的社会”政策，日本一些专家认为育儿问题能否有效解决是该政策推行的成败所在。②

第三，幼儿成长环境持续恶化。社会都市化、家庭核心化、周遭环境安全性欠佳、电子产品流行、“过度教育妈妈”等问题，导致幼儿室外游戏、同

---

① 参见内阁府．少子化社会対策大綱［EB/OL］．（2004-06）［2023-10-15］．https://www8.cao.go.jp/shoushi/shoushika/law/pdf/shoushika_taikou.pdf.

② 参见王国华．日本女性劳动就业支持政策及影响分析［J］．长春大学学报，2017，27（9）：18.

伴间游戏时间骤减，幼儿缺少体验发展构筑人际关系技能的环境。基于游戏的生活体验与经验不足影响孩童的正常身心成长，为其长大后的厌学、校园欺凌等诸多问题留下隐患。

第四，社会大发展中的“人间失格”。在全球经济大发展下，物质极大丰富、机器代替人力、智能产品更迭频繁……但这些外在环境上的便利并未使人类幸福感、安全感上升，相反，人们的心理问题、人际关系问题日渐突出。在物质生活极度闲适的环境中，丰富幼儿的生活体验、促进幼儿身心健康发展的同时，使其具备健全的人格，以应对未来不可预期的生活挑战，这种生存发展能力的培养是未来幼儿教育的核心所在①，也是第五次《纲要》修订的最大动因。

第五，基于近年发达国家的教育现代化改革浪潮，以及相关国际教育组织对儿童的社会性、情绪性等非认知能力的调研与肯定，此次《纲要》修订在课程培养目标与内容中特别强调对幼儿自控力、抗挫力、求知欲、思考力、创造力等非认知能力的提升。②

二、2017年《幼儿园教育纲要》修订的构建

日本文部科学省在第五次《纲要》修订中秉承“理解并接受作为主体的每一个孩子”、发挥“幼儿主体力量”、促进“幼儿的自发性活动”、引导幼儿“自我表现”、进行“综合性指导活动”的幼儿教育理念，创新性地提出基于生存力潜质的“幼儿园教育应培养的能力素质”（以下简称“三大能力支柱”）和与此相应的“幼儿期结束后的理想状态”（以下简称“十项理想状

---

① 参见無藤隆，汐見稔幸，砂上史子．幼稚園・保育所・認定こども園3法令ガイドブック——新しい『幼稚園教育要領』『保育所保育指針』『幼保連携型認定こども園教育保育要領』の理解のために［M］．東京：フレーベル館，2017：58.

② 参见中央教育審議会幼児教育部会．幼児教育部会における審議の取りまとめ［EB/OL］．(2016-08-26)［2023-10-15］．https://www.mext.go.jp/b_menu/shingi/chukyo/chukyo3/057/sonota/__icsFiles/afieldfile/2016/09/12/1377007_01_4.pdf.

态”）。[①]

2017年《纲要》添加“前言”部分，指向培养幼儿应对未来未知社会的能力，使其具备成为建设和平、民主国家的社会公民应具备的基本素养。“前言”阐述该次《纲要》修订基于“更优质的学校教育创造出更美好的社会”的教育理念，以幼儿园教育为切入点，整合社会多方教育资源，从全民教育角度出发，构建全方位立体化幼儿教育，让“每一个幼儿在今后的人生中都能看见自已更美好的未来，同时也尊重他人的存在价值，既能与不同的对象合作，也能适应各种社会变化，具有开拓丰富的人生、创造可持续发展社会的能力”。[②] 2017年《纲要》的“总则”部分细化课程实践内容，在“幼儿园教育的本质”“教育课程编写”“教育课程结束后相关教育活动”三项原有内容基础上，新增了“幼儿园教育应培养的能力素质与幼儿期结束后的理想状态”“指导计划的制订与基于对幼儿理解的评价”“需特殊关照幼儿的指导”“幼儿园运营注意事项”四项内容。2017年《纲要》将“指导计划”从原“教育课程编写”中单独列出，并对“教育课程”的作用进行解释说明。区分“教育课程”与“指导计划”的目的，在于突出“以幼儿为中心”的保育实践，以对幼儿自发性游戏活动的观察为切入点，参照幼儿成长的“十项理想状态”，用“教育课程”统合五大领域，制订符合幼儿个性化发展的“指导计划”。“五大领域要求达成目标”的具体内容中添加了对幼儿社会性、情绪性等非认知能力的培养要求与达成标准。“注意事项”部分要求幼儿园激活、整合地方区域中的教育资源，除了充分利用区域环境、空间、物质资源之外，还要扩大幼儿园对社会区域的教育影响，有效整合区域内的人力、人才资源，并对幼儿园提出开设“面向社会开放的幼儿教育课程”的要求。[③] 此外，2017

① 参见全国保育団体連絡会，保育研究所，編．保育白書2018年版［M］．東京：草土文化，2017：203—204.

② 参见全国保育団体連絡会，保育研究所，編．保育白書2018年版［M］．東京：草土文化，2017：203.

③ 参见全国保育団体連絡会，保育研究所，編．保育白書2018年版［M］．東京：草土文化，2017：203—207.

年《纲要》突出强调幼儿园对家庭育儿、家庭教育的指导责任，加大幼儿园对家庭教育援助实施的力度，将幼儿园与社区联合助力家庭教育、援助育儿家庭纳入文部科学省对幼儿园考核评价的体系中。

新《纲要》的框架结构如下。①

《幼儿园教育纲要》

前言※

第一章　总则

1. 幼儿园教育的本质

2. 幼儿园教育应培养的能力素质与幼儿期结束后的理想状态※

3. 教育课程的作用※与编写

4. 指导计划的制订与基于对幼儿理解的评价※

5. 需特殊关照幼儿的指导※

6. 幼儿园运营注意事项※

7. 教育课程结束后相关教育活动

第二章　五大领域要求达成目标

1. 健康　2. 人际关系　3. 环境　4. 语言　5. 表现

第三章　教育课程结束后相关教育活动等注意事项

……

三、2017 年《幼儿园教育纲要》修订的特征

帮助幼儿适应高速发展的社会节奏，培养儿童迎接未来未知世界挑战的能力，是新一轮幼儿教育改革探索的主旨。2017 年《纲要》将幼儿教育作为终身教育、全民教育的基石，倡导幼儿园整合社会教育、家庭教育，实现三方协同改善幼儿生存发展环境，共创最优教育课程，提高幼儿教育质量。故此，2017 年《纲要》呈现出以下五大特征。

---

① 参见全国保育团体連絡会，保育研究所，编．保育白書 2018 年版［M］．東京：草土文化，2017：203—207. ※部分为与原《纲要》不同处。

（一）潜质培养：提出“三大能力支柱”与“十项理想状态”

日本此次《纲要》修订的最大亮点是提出支撑幼儿未来生存发展的“三大能力支柱”与幼儿园毕业时应达到的“十项理想状态”。“三大能力支柱”与《小学学习指导纲要》中培养目标所涵盖的三大核心素养相呼应，旨在激发幼儿“健康与体力”“学习力”“丰富的情感”等生命力的潜质。2017 年《纲要》明确要求幼儿园“与小学及小学以后的终身教育具有紧密的衔接”，指导幼儿活动应注重培养幼儿生存能力的基础，而非单纯定睛于幼儿知识和技能的习得。“三大能力支柱”从终身教育角度出发，对幼儿应对未来未知社会的基本能力进行启蒙。

1. 在丰富的生活体验中，感知、关注、理解、掌握“知识及技能的启蒙”。

2. 在知识及技能习得过程中，解决问题及与他人合作所需的“思考力、判断力、表达力等的启蒙”。

3. 在情绪、意愿、态度养成过程中，实现更优质生活所需的“学习能力、人格涵养等的启蒙”。

“三大能力支柱”的达成效果体现于幼儿个体发展阶段中应具备的“十项理想状态”：

1. 健康的身心。

2. 自立意识。

3. 合作能力。

4. 道德、规范意识的萌芽。

5. 社会生活的融入。

6. 思考能力的萌芽。

7. 与自然的连接及对生命的尊重。

8. 对数量、图形、标识、文字等的兴趣与感知。

9. 语言表达与交流。

10. 丰富的情感和表达能力。

（二）一体两翼：区分“教育课程”与“指导计划”

在2008年版《纲要》中，“指导计划的制订”下置在“教育课程结束后相关教育活动”部分，有日本幼儿教育专家指出其存在“在部分幼儿园长期教育课程与指导计划混同”“教育课程与时代脱节”的问题。① 针对此类问题，2017年《纲要》将“指导计划的制订与基于对幼儿理解的评价”部分单独列出，要求幼儿园将“指导计划”作为与“教育课程”平行的部分进行编写，并在此基础上进行“基于对幼儿理解的评价”。2017年《纲要》在“教育课程的作用与编写”开篇部分提出，“幼儿园以《教育基本法》《学校教育法》等相关法令为依据，编写可以启发幼儿创新意识、符合其身心发展、与所在地域相适宜的教育课程”。“指导计划的制订”应“以教育课程为基础”，创建活动环境等具体课程内容应“兼顾每个幼儿的兴趣与需求，并提供恰当的助力”，强调要有“符合幼儿生活节奏的周、日短期指导计划”，突出“与每个幼儿的个人体验相关联”，与前言中“让每一个幼儿在今后的人生中都能看见自己更美好的未来”相呼应。对于“教育课程编写”与“指导计划制订”两大主体部分，幼儿园有相对灵活的自主决定权，可根据所在地域环境优势、幼儿园人文文化等条件自主编撰，但应兼顾幼儿集体社会性与个性的融合发展，切实符合幼儿教育目标中的“三大能力支柱”与“十项理想状态”的目标达成，开发幼儿的终身学习能力与发展潜力。

（三）游戏中心：构建幼儿主体、教师主导的综合性活动

《纲要》的制定、修订历经“生活主义—学科主义—教师主导活动主义—幼儿主体活动主义”的演变，但“游戏”作为五大领域的主要载体，始终是日本幼儿教育活动实践的主体，被视为开发幼儿潜能的最佳途径。早在1989年《纲要》中就已经指出，“幼儿园教育不是成年人教给幼儿什么，而是帮助幼儿增加生活体验”②。2017年《纲要》在包含“游戏”的相关条目中均将

---

① 参见中村三緒子．幼稚園教育要領・教育課程の変遷と課題［J］．淑徳大学短期大学部研究紀要第56号，2017（2）：105.

② 文部省．幼稚園教育指導書［M］．増補版．東京：フレーベル館，1989：21—28.

“游戏”放在句首，进一步强调游戏在幼儿教育中的首要地位。2017年《纲要》要求幼儿园根据幼儿的资质与能力，“提供给每个幼儿可诱发游戏与自发性活动的适宜环境”，要求教师确保幼儿在游戏活动中的主体性，将教师定位于“游戏环境建造者”“理解者、共同活动者”“观察者”等多种角色。在2017年《纲要》第二章解说部分特别强调游戏的综合指导教育价值，“各领域所设定的预期目标是通过幼儿在园的全部相互关联的活动内容完成”，“必须留意通过环境促进幼儿展开的具体活动，并对此进行综合性指导”，突出幼儿园创设幼儿游戏环境应基于“幼儿活动整体”进行综合性指导，以幼儿的品格塑造与社会性发展为着眼点，最大程度解决智能时代给幼儿带来的社会性发展欠缺问题，帮助幼儿在以游戏为中心的生活体验中健康、愉悦地成长，并在此过程中养成受益终身的行为习惯与能力拓展基础。

（四）三方育人：提供益于幼儿终身学习的有效支援

近30年，家庭核心化、邻里地缘关系淡漠、女性返回职场等诸多社会因素导致日本的育儿无力家庭逐年增多。1998年，《纲要》首次提出倡导地方社区援助家庭育儿。2008年《纲要》第三章第8项诠释了“三方合育”：“幼儿生活以家庭为基础，通过社区逐渐扩展，幼儿园应加强与家庭联手，使幼儿在园生活成为家庭、社区生活的延续与扩展。”① 2017年《纲要》在“前言”部分论述了加强幼儿园与家庭、地方区域有效衔接的重要性与必要性，要求三方合力育人，开发独具特色的幼儿教育课程。第二章“五大领域要求达成目标”中，五大领域均涵盖家庭、地方区域中以幼儿生活经验为中心的目标达成计划。第三章第3、4项重点强调三方共育过程中的注意事项，即以幼儿园教育为衔接，形成三方合力，全面整合幼儿园优势资源，充分挖掘地域性教育资源，使幼儿获得丰富的生活体验；制订特色鲜明的课程内容与指导计划，保证幼儿生活、学习的统合性与连续性，让幼儿园课程更贴近幼儿的生活，促进幼儿教育生活化与生活教育化。同时，2017年《纲要》对幼儿园提

① 湯川秀樹．家庭や地域との連続性を踏まえた幼稚園生活の充実［J］．初等教育資料，2012（3）：87.

出“面向社会开放的幼儿教育课程”的要求，除“临时保育”“委托保教”等规定外，幼儿园还需“提供指导亲子活动并提供活动场所”“提供育儿咨询”“提供育儿中心相关信息”“提供妊娠服务咨询”“开展父母经验交流会”等相关育儿服务，并将此作为对幼儿园的整体考核部分，以加大落实幼儿园对家庭教育援助的力度。

（五）融合保育：改善特殊儿童不利处境

日本将特殊学前儿童的教育分为“特殊学校幼儿教育”与“统合保育”两大类型。我国学者将“统合保育”归为“融合教育”，即让有发展障碍的儿童与正常幼儿一同入园，最大程度兼顾正常儿童与特殊儿童成长的不同个体需求。20 世纪 70 年代，日本试行融合保育，并对接收特殊儿童的教育机构及相关工作人员提供相应的补助。2017 年《纲要》在承袭以往融合教育理念的基础上，进一步强调幼儿园负责策划与家庭、地方区域医疗保健机构、福利机构的长期密切合作，从幼儿终身发展的角度共同制订特殊教育支援计划。据文部科学省《第三次幼儿教育、保育基本调查》数据显示，截至 2019 年 11 月 5 日，90％以上的公立幼保机构与 80％以上的私立幼保机构均接收有轻度障碍的特殊学前儿童，并提供有针对性的教育课程指导及相关辅助治疗。①

此外，2017 年《纲要》回应全球化时代，首次提出对于海外归国且存在基本生活用语学习障碍的幼儿进行援助指导，将“需特殊关照幼儿”分为“有身心障碍的幼儿”和“海外归国且存在基本生活用语学习障碍的幼儿”两大类。要求幼儿园保障此类幼儿安定平和的心情，在此基础上，发挥幼儿自我优势，根据幼儿表现的不同情况展开相应的保教活动，特别强调幼儿园携手社区心理保健方面的专门人才与富有育儿经验的人员，充分活用各方资源，为每一个儿童的身心健康发展共同努力。

---

① 参见ベネッセ教育総合研究所 . 2019 第 3 回幼児教育・保育についての基本調査報［EB/OL］.（2019-11-5）［2023-10-15］. https://berd. benesse. jp/up_images/research/All_web. pdf.

第三章　日本幼儿教育理念与目标

日本幼儿教育之父仓桥惣三曾说："幼儿保育究竟应该如何贯彻实施？对此，各派意见一直众说纷纭。各种不同的观念究竟是受什么影响形成的呢？我认为，人们不同的人生观是最深层的影响因素。众所周知，教育是不可能脱离教育者的人生观的。"① 同样，日本政府在制定与修订幼儿教育政策所包含的各种教育理念时，虽受时代、社会、传统文化等客观因素影响，但更离不开国民对幼儿期的特征、意义、教育与幼儿发展等基本问题的理解，以及基于这些理解的幼儿教育目标设定。

第一节　日本幼儿教育理念

一、基于对幼儿发育特征的理解

第一，幼儿的发育具有阶段性。幼儿期是人类成长阶段的第一次觉醒，无论是身体发展还是心理需求都会发生大幅度的转变。近现代教育家如卢梭、杜威、蒙台梭利等的教育思想中，均将儿童的成长发育根据年龄进行阶段性划分。虽然具体年龄段因时代、社会、个人教育理念等的不同而略有差异，但教育家们一致认为儿童的阶段发育虽然重心不同，但具有连贯性。有时幼儿的状态会看起来停滞不前，有时也会飞跃性地发展，这就需要幼儿教师敏锐地观察与恰当地干涉，考虑什么时期、用什么样的方法去激发、促进幼儿

① 仓桥物三．幼儿园真谛［M］．李季湄，译．上海：华东师范大学出版社，2014：3.

理想发育的潜能。幼儿如果错过发育特定时期，后期往往很难补救，且通常前一阶段发育完成的结果恰是后一阶段发育形成所需的基础条件。故此，当代日本幼儿教育提出“幼儿期结束后的理想状态”，并将对幼儿的评价在此基础上展开。

第二，对更大生活空间的需求。幼儿在 2—3 岁后，身体显著发育的同时，运动机能也随之急速发展，通过自己努力可以完成的事情变多，活动热情高涨，时常会沉浸在忘我的活动中，主观能动性高涨，幼儿的行动范围需求也随之扩大。幼儿保育机构对于大多数幼儿来说，是除家庭之外接触最多的生活场所，也是幼儿在当今“核心家庭”大环境下首次长时间的集体生活。幼儿保育机构作为一个怎样的空间存在，对幼儿成长发育至关重要。

第三，好奇心与求知欲的增加。随着生活空间的扩大，幼儿的自我意识逐渐觉醒，幼儿的关心对象在生活中各个方面都有所增多。此时期的幼儿开始热切地关注外界，表现为更广泛的兴趣、探索更开阔的场所、关注与他人的互动关系等，特别对于感兴趣的事物，幼儿会主动去了解、认知。幼儿在行动上也从对家人的依赖走向自我意识的觉醒，表现为对不同地点、人物、事物的尝试性接触。因此，预备能有效激发幼儿主观能动性的地点、人物、事物等环境，是幼儿教育成功的关键，特别是接受、认可、鼓励幼儿探知活动的监护人尤为重要。

第四，在与环境互动中成长。幼儿期的发展受到生活环境的影响很大，这里的环境不仅指地理环境，也指包括人、物在内的幼儿周围所有环境。随着身心自然的成长，幼儿对周围环境主动推动的力量也随之增长，在发挥与环境相关联的主观能动性过程中，幼儿不仅活动性显著提高，其他身心各方面也会得到相应发展。此时期的幼儿通过与环境相互作用，积累成长所需的各种经验，进而能力得到提升。因此，幼儿教育课程设计过程中还应思考如何开发适应幼儿发展的环境。

第五，对安全感的需求。幼儿期的自我意识觉醒之际还存在对亲人、师长等大人的强烈依赖感。如幼儿喜欢模仿家长、教师等成年人，特别是自己喜爱、信赖或具有一定权威性人物的言行举止，并将其照搬到自己的生活行动中。幼儿自身的存在能够被认可、能够得到适当的援助，以及得到以此为基础的安全感，才会更全心地投入各种活动中。同时，幼儿学会根据师长的建议与意见，理解自身行动是否被许可，进而学习正确的行动规范。即我们可以说，幼儿是以大人提供的安全感为基础，根据自己的生活经验逐步形成自我意识，并以此走向自立发展的。

第六，对社会性的需求。幼儿对社会性的需求除了与家人、师长的亲密接触外，还表现于他们在同龄人中寻求朋友和玩伴的行为，这也是建立幼儿教育机构的必要性之一。幼儿在集体游戏过程中，对事物的理解、表达有所不同，在与他人的交涉中，通过各种矛盾学会判断、区分善恶好坏，反复地积累协商、说服与妥协等经验，并意识到规则的必要性等，借此互相沟通交流，逐渐展开集体活动。这种幼儿的社会性发展对于其人格发育、生活习惯养成、学习能力提高等生命力潜质的基础培养至关重要。

二、基于传统价值观的儿童福利保障

日本是受我国儒家文化影响较深的国家之一，其传统价值观中的女性观、育儿观、家庭观以及企业的“家文化”等均对日本幼儿教育理念，特别是幼儿福利保障相关政策产生了深远的影响。

早在一战时期，为了照顾、保护在战争中处于不利地位的儿童，日本政府相继制定并颁布了系列政策法规，如《儿童保护法案》《儿童扶助法案》《儿童虐待防止法》《母子保护法》《保健法》《感化教育法》等，其中，《儿童保护法案》为当代日本基本法《儿童福利法》的前身。二战之后，为了安置因战乱而无家可归的儿童，日本政府先后制定了《战争灾害中孤儿等保护对策纲要》（1945 年）、《生活保护法》（1946 年）等政策法规，对流浪儿童与贫困儿童实行紧急保护措施。1947 年，日本政府颁布《儿童福利法》，由总则、福利保障、养育养母和领养养母及相关问题、费用、国民健康保险团体联合会儿童福利法工作、审查请求、杂则、罚则八部分组成，该法是日本第一部儿童福利相关的基本法，也是具有法律普及意义上的儿童福利政策的开始。1951 年，日本政府颁布《儿童宪章》，明确父母和社会对儿童成长所应尽的责任与义务，此后陆续颁布《儿童抚养津贴法》《母子福利法》《母子保健法》《母子与寡妇福利法》等相关法律法规。因日本长期以来的“夫唱妇随”“男主外、女主内”等家庭意识，日本相关福利政策将父亲缺失家庭与身心残疾儿童一同划分为特殊儿童，并在教育、医疗、住房等方面给予一定的政策帮扶与资金援助。总体来说，日本的儿童福利政策是以家庭为单位进行救助。自 1973 年始，日本社会基本解决了社会层面的贫困问题，进入福利元年，同时高速发展的经济也使企业的“家文化”氛围日益浓厚，许多大型民间企业采用年功序列制和终身雇佣制度。为了使员工对企业有更多的依附感和忠诚度，企业加大了包括职工家属在内的相关福利，其中包括儿童保育教育津贴、育儿休假、被抚养者优待政策等“日式”儿童福利。20 世纪 90 年代始，日本高龄少子化问题日益严重。同时，日本政府也意识到，儿童福利政策若继续停留在仅对弱势儿童提供福祉的单方面补助，将很难继续推动幼儿教育改革。故此，当代日本福利政策更多地转向一般正常家庭，面向全国儿童展开“育儿支援”，如提供良好的育儿环境，帮助女性协调生活、育儿、工作，解决幼儿入园难、入保难等问题，设立社区育儿咨询支援中心等全国范围措施。但即使是从“补缺型”走向“普惠型”的育儿环境，在日本，无论是政府还是学者，更普遍地认为家庭才是教养孩童的第一责任人，特别是作为母亲的女性必须承担起生养与教育孩童的重任。

三、基于对当代社会发展的预测

21 世纪是经济全球化、高度信息化的时代，是人们视野开阔、文化多元的前所未有的时代。资源、资本、劳动力、金融、信息等的高速流动带来了世界范围的更强劲竞争，科学技术的显著发展超越以往既成的知识体系框架，形成新的知识范式体系，知识、信息、数字化的爆炸对涉及培养广义上的“知”的教育领域产生了很大的影响，“创新”成为教育目的与目标的重点部分。

在“经济优先”“效率优先”的时代潮流下，2016 年 1 月，日本政府基于人类社会发展的整体趋势，将人类社会发展阶段归纳为狩猎社会（Society

1.0)、农耕社会（Society 2.0)、工业社会（Society 3.0)、信息社会（Society 4.0)，并预见性地提出第五阶段社会形态为“超智能社会”（Society 5.0)。日本内阁府也在积极策划、创建“超智能社会”，试图通过“超智能”解决现实社会中的少子化、老龄化等诸多问题。“超智能社会”是一个变化迅速且难以预测的社会，特别是在教育体系中，儿童周遭环境的变化过快使教育系统面临复杂且难以应对的困难局面。儿童在面对各种变化时，如何通过与他人合作解决问题、如何在各种纷乱的信息中辨别真伪的同时整合信息、如何有效连接到新的价值理念、如何在复杂的外界变化中实现自我重建等，这些新问题是“超智能社会”中儿童教育成长的要旨。对于幼儿能力的培养仅仅依靠幼儿园、保育所等幼教机构已经成为历史，加强家庭教育、提升区域社会教育能力，并促进三者有机融合的教育大变革势在必行。

2014 年 11 月，文部科学省大臣就“适合新时代的学习指导要领”问题向中央教育审议会进行了咨询。中央教育审议会历经 2 年多的调查统合研究，于 2016 年 12 月以“关于幼儿园、小学、中学、高等学校及特殊学校的学习指导要领相关问题改善及方案”为题进行了回复。在中央教育审议会的答复报告中，要求学校、家庭、地区以法令性、纲领性文件为指导，共同携手“通过更好的学校教育创造更好的社会”，助力儿童健康成长；同时也要求各层次学校教育课程的改善、学校教育现状的变革、以良性循环课程管理打造“面向社会开放的幼儿教育课程”，实现新时代儿童成长所需求的素质、能力等的培养。具体体现在解决以下六大儿童成长问题：

1. “将来能成为什么?”即明确培养目标，培养具备怎样素质与能力的儿童。

2. “学习什么?”即根据不同的学科意义、不同的学习阶段，找出其中的联系，编制教育课程。

3. “如何学习?”即各科目指导计划的制订、实施，改善与充实对儿童学习的指导。

4. “如何支援每个孩子的发展?”即根据儿童的个人发展情况进行指导。

5. “掌握了什么知识、本领?”即完善儿童的学习评价。

6. “为了更好地实施相关教育理念需要做什么准备?”即实现《学习指导要领》等纲领性文件中理念所需提出的有效方案。

以此为基础，2017 年 3 月 31 日，文部科学省修改《学校教育法实施规则》，且同步公布了《幼儿园教育纲要》《小学学习指导纲要》《中学学习指导纲要》基础教育三大阶段要领。《幼儿园教育纲要》作为日本幼儿教育的纲领性文件，为今后幼儿教育的发展指明了方向。

四、基于终身教育理念

1965 年 12 月，联合国教科文组织主持召开成人教育促进国际委员大会，会议期间，联合国教科文组织成人教育局局长保罗・朗格朗（Paul Lengrand）提出“终身教育”提案。日本参加该次会议的是御茶水大学名誉教授波多野完治，他十分赞同“终身教育”思想理念，回国后将此提案以《社会教育的新动向》为名翻译出版。1971 年，波多野完治翻译出版保罗・朗格朗的著作《终身教育入门》。此后，终身教育在日本历经初创期、发展期、立法期三大阶段，逐渐完善。20 世纪 70 年代，有学者提出：“打破历来划一的学校教育，支持自我启发式的终身学习，必须通过家庭、地区社会、学校、企业等共同提供这种学习机会，迅速完善人们学习成长的环境条件。”① 1977 年 6 月，中央教育审议会在《关于为适应当前文教课题的措施问题》咨询时，将“终身教育”作为议题的一部分提出。1978 年 9 月，中央教育审议会下设“终身教育小委员会”，专门研究终身教育问题。1981 年，中央教育审议会向文部大臣提交《终身教育咨询报告》，该报告将终身教育定位为“确立整个教育制度的基本理念”②，在总结日本实施终身教育情况的基础上，提出日本今后终身教育的发展方向：将教育按人类的生命过程划分为成人期前、成人期、高龄期三大阶段，按照每个阶段教育的不同特点，将学校教育与社会教育、家庭教育等各种教育有机结合，以实现全体国民终身学习的社会愿景。终身教育理

---

① 寺崎昌男，编．战后教育改革构想［M］．東京：日本図書センター，2001：序言．

② 战后日本教育史料集成編集委员会，编．战后日本教育史料集成［M］．東京：三一書房，1983：107.

念扩大了教育范围，教育由狭义的“学校内教育”过渡到广义的“社会大教育”，建立终身教育学习体系成为 80 年代日本第三次教育改革的主题。90 年代，“学历主义”下的“考试炼狱”“教育荒废”及校园欺凌等现象日益严重，终身教育作为缓解学历社会激烈竞争的路径之一，被作为教育体系之一进行构建。1990 年，日本政府通过颁布《终身学习振兴法》，将终身教育纳入国民教育体系，以“生涯学习与社会教育”为主旨，由文部省和总务省联合推进。在这一教育理念的影响下，幼儿教育作为终身教育的起始部分，将幼儿园教育与小学及以后的教育、终身学习联系起来，其重要性不言而喻。

日本新一轮幼儿教育改革对“培养终身人格发展的基础”提出挑战。幼儿期教育作为基础教育的起始，同样是为了达到《学校教育法》规定的教育目的和目标。根据幼儿期的特性，区别于以往学历社会，终身教育理念下的基础教育突出能力与素质培养，更加重视培养幼儿未来终身学习的能力，即通过环境进行基本教育，重视培养幼儿今后学习的“后劲儿”（あと伸びする力）。①

五、基于个性化教育理念

20 世纪 90 年代，日本文部省在逐步完善终身教育体系之后，再次将“个性化教育”进行体系化构建。终身教育与个性化教育相辅相成，成为 21 世纪日本教育界的改革主旨。

个性化教育理念始于欧美，也是当代国际教育的主流思潮，主张以人为本，强调因材施教。日本的个性化教育也是新自由主义在教育领域中的政策体现。早在 1947 年《教育基本法》中就提出“期望培养尊重个人尊严、追求真理与和平的人才”“尊重个人的价值”等教育理念；20 世纪七八十年代，几乎每隔几年中央教育审议会、临时教育审议会都会提出“尊重个性”“发展丰

---

① 参见初等中等教育局幼児教育課．子どもを取り巻く環境の変化を踏まえた今後の幼児教育の在り方につて（第 1 章）子どもを取り巻く環境の変化を踏まえた今後の幼児教育の方向性［EB/OL］．［2023-10-15］．https：//www. mext. go. jp/b _ menu/shingi/chukyo/chukyo0/toushin/attach/1420140. htm.

富的个性”等相关类似报告建议。但源于日本传统思想中根深蒂固的社会性观念，与此同时日本政府主推终身教育体系构建，当时“个性化教育”并没有得到社会范围内的充分认可与政府的大力推广。直至进入20世纪末，终身教育体系构建完善之后，教育改革才将“个性发展”“个性涵养”“重视个体”与终身教育统合，进行大力推广。基于此种情况，1997年6月，第15期中央教育审议会报告以《面向21世纪的日本教育》为题，基于时代转换的视角提出新世纪教育应有状态的基本方向，并在报告中阐明“从注重教育形式化平等转向尊重学生个性化发展”，并提出对教育的期望——“适应每个人能力和个性的教育”①。1998年7月，教育课程审议会以该次报告为基础，将上述报告内容具体化，提出21世纪日本学校教育的基准。1999年，中央教育审议会报告将“个性化教育”落实到基础教育体系，明确提出要建立“发挥每个儿童个性和能力的教育体系”。2000年，教育改革国民会议明确构建“导入发展个性的教育体系”，以期“培养人性丰富的日本人；发展每个人的才能，培养富有创造性的人”“发挥每个人天赋的同时，培养在各自的领域中富有创造性的领导者”②。2007年1月，教育再生会议重申，新的教育时代应有“最大限度满足每个儿童多样化才能发展的教育体系”③。同年6月，教育再生会议第二次报告将第一次报告内容具体化，提出：“培养个性和创造性的具体相关内容为：运用基础知识和基本技能发现问题、独立思考、做出判断、解决问题的能力；将基础知识和基本技能运用于实际社会生活和职场中的行动力、协调

---

① 参见中央教育審議会. 21世紀を展望した我が国の教育の在り方について（中央教育審議会第二次答申）[EB/OL]. (1997-06-01) [2023-10-15]. https://warp. ndl. go. jp/info: ndljp/pid/11293659/www. mext. go. jp/b_menu/shingi/old_chukyo/old_chukyo_index/toushin/1309655. htm.

② 教育改革国民会議. 教育改革国民会議報告——教育を変える17の提案 [EB/OL]. (2000-12-12) [2023-10-15]. https://warp. ndl. go. jp/info: ndljp/pid/8295038/www. kantei. go. jp/jp/kyouiku/houkoku/1222report. html.

③ 教育再生会議. 社会総がかりで教育再生を～公教育再生に向けた更なる一歩と「教育新時代」のための基盤の再構築～(第一次報告)[EB/OL]. (2007-01-24)[2023-10-15]. https://warp. ndl. go. jp/info: ndljp/pid/12251721/www. kantei. go. jp/jp/singi/kyouiku/houkoku/honbun0124. pdf.

性、交际力、思考力、创造力、领导力；创新活动所需高难度的独创性、专业性、国际性。”① 以此为政策导向，在修订《教育基本法》《学校教育法》两大教育基本法后，陆续修订《幼儿园教育纲要》《保育所保育指南》《小学学习指导纲要》《中学学习指导纲要》等基础教育各阶段的纲领性文件，进一步落实了以个性化教育与终身教育为基本原则的新教育，其中包括教育目标、课程标准、课程内容和教学方法策略等具体改革措施。

第二节　日本幼儿教育目标

幼儿期是人格形成的重要时期，幼儿通过游戏养成终身受益的好品行、好习惯等，可为小学及以后的学习与生活打下稳定的基础，故日本教育界将幼儿期定位为“萌芽期”。2017 年的《幼儿园教育纲要》修订通过概述“三大能力支柱”培养与“幼儿期结束后的理想状态”，明确日本幼儿园教育的基本目标。区别于以往幼儿园对幼儿整体划一评价的“达成目标”，“三大能力支柱”与“十项理想状态”记录幼儿个体连续性成长轨迹，是衡量幼儿纵向发展状态的参考目标，也是教师观察与引导幼儿、制订幼儿个性化指导方案的重要设计依据，同时还是教师在幼小衔接过程中信息传递的重要参考信息——以幼儿本身为衔接点，实现衔接内容具体化，提高幼小衔接的可操作性。

“三大能力支柱”指幼儿园对幼儿基本生活能力的培养，具体体现为下列素质和综合能力。

1.“基础知识和基本技能”，即通过丰富的体验，使幼儿能够感受、意识、理解、实践的能力。

2.“基本的思考能力、决策能力和表达能力”，即幼儿利用已意识到的事

① 教育再生会議. 社会総がかりで教育再生を～公教育再生に向けた更なる一歩と「教育新時代」のための基盤の再構築～（第二次報告）［EB/OL］.（2007-06-01）［2023-10-15］. https://warp.da.ndl.go.jp/info:ndljp/pid/998223/www.kantei.go.jp/jp/singi/kyouiku/houkoku/gaiyou0601.pdf.

物、已掌握的技能等进行思考、尝试、实验、设计和表达的能力。

3. “学习能力、品格”，即在培养感情、动机和态度的过程中养成的追求与创造更美好生活的能力。

幼儿园根据《幼儿园教育纲要》第二章所定的目标和内容，结合幼儿实际发展情况和幼儿的兴趣开展具体的幼儿园教育活动。幼儿的各项能力不是单独发展的，而是相互关联、综合发展的。在幼儿园开展游戏的过程中，幼儿由于要调动整个身心进行活动，身心各方面发展所需的经验相互关联和积累。故此，在实际的指导场景中，“三大能力支柱”也不是独立进行指导，而是通过游戏的综合指导进行一体化综合培养。

通过对幼儿“三大能力支柱”的培养，帮助幼儿实现“幼儿期结束后的理想状态”。在实践指导中，“幼儿期结束后的理想状态”不是幼儿必须达到的目标，或者必须充分注意的指导目标，而是一个方向性目标指导，结合每个幼儿的发育特点，通过环境和幼儿自发活动的游戏，积累在园各个时期的指导，最终体现在幼儿身上的理想状态。此外，“幼儿期结束后的理想状态”也不是突然出现在 5 岁的幼儿身上，而是从幼儿 3 岁入园开始就要求幼儿教师在指导时关注幼儿在游戏中的发展情况，要以“幼儿期结束后的理想状态”为方向，给予幼儿必要的活动援助，让每个幼儿都能获得发展所需的体验，引导幼儿朝“十项理想状态”方向发展。

第四章 日本幼儿园设施设备设计

通常，日本幼儿园的活动环境会给人一种简朴之感，但一入眼的简朴却并不简单。在日本，一所幼儿园的设计往往要经过建筑、教育、心理、医疗、社区等相关学科领域的交叉研究方可设立，以求在深入调查的过程中，结合当地有利条件，趋利避害，在把握本地幼儿实际活动特征的基础上，探求“以儿童为主体”的活动环境，更好地塑造每一所独具特性的幼儿园。

第一节 幼儿园设置基准概述

1956 年 12 月，继《幼儿园教育纲要》之后，文部省颁布《幼儿园设置标准》，进一步明确了对幼儿园的编制、设备、设施等的基本要求。《幼儿园设置标准》的出台与《幼儿园教育纲要》呼应补充，进一步保障了幼儿园的教育质量，标志着日本幼儿园实现体系化教学，幼儿教育进入新时代。此后，随着社会需求的变化，《幼儿园设置标准》不断更新修订，2016 年 10 月 1 日，文部科学省颁布最新《幼儿园设置标准》。

《幼儿园设置标准》分为以下四大部分。

第一部分为第 1—2 条，开篇明义《幼儿园设置标准》制定的宗旨：“幼儿园设置标准除根据《学校教育法实施规则》中规定的以外，以《幼儿园设置标准》的规定为准。”且《幼儿园设置标准》中的“设定为设置幼儿园所需的最低标准，因此幼儿园的设置者应努力提高幼儿园的水平”。

第二部分为第 3—6 条，阐述幼儿园的相关编制，包括班容量、幼儿教师配备等问题。

第三部分为第 7—12 条，就幼儿园设施设备提出基本要求。

第 7 条，关于幼儿园的位置：

1. 应设置在适宜幼儿教育以及幼儿上下学的安全环境中。

2. 幼儿园的设施设备须达到教育、保健卫生、安全、管理方面要求。

第 8 条，关于幼儿园园地、园舍及运动场等设置要求：

1. 园舍原则上为二层以下。如果将园舍设为二层建筑以及因有特殊情况而将园舍设为三层以上的情况，保育室、游戏室以及厕所的设施必须放置在第一层。如果园舍是耐火建筑物，并具备疏散幼儿避灾设施，可将保育室、游戏室以及厕所设置在第二层。

2. 园舍及运动场原则上设置在同一场地内或相邻位置。

3. 园地、园舍及运动场的面积另行规定。

第 9 条，关于幼儿园设施设备：

1. 幼儿园应当配备职员室、保育室、游戏室、保健室、厕所、饮用水设备、洗手设备、洗脚设备。特殊情况，保育室、游戏室、职员室和保健室可以兼用。

2. 保育室的数量不能低于班级数量。

3. 饮用水设备应与洗手设备、洗脚设备分别设置。

4. 饮用水的水质须经证明卫生、无害。

第 10 条，幼儿园应根据班级数及幼儿数以及教育、保健卫生、安全上的要求配备相应种类及数量的玩具及教具，且应经常改进、补充。

第 11 条，幼儿园应当努力配备广播收听设备、放映设备、玩水设备、幼儿清洁用设备、供餐设施、图书室、会议室等设施设备。

第 12 条，特殊情况，幼儿园的部分设施设备在不影响幼儿教育及安全的情况下，可以使用其他学校的设施设备。

第四部分为第 13 条“杂则”部分，阐述幼儿园与保育所等其他幼儿教育机构联合保育特例。幼儿园及保育所等（《关于推进提供学前儿童教育、保育等综合性保育所》第二条第五项规定）的建筑物及其附属设备一体设置情况下，在该保育所对 3 岁以上的幼儿进行保育。除上述情况外，基于经济社会条件的变化、幼儿数量减少、幼儿团体活动机会减少等原因，或难以达成《学校教育法》第23条所提出“通过集体生活，培养幼儿自愿参与集体生活的态度，加深其对家人及身边人的信任感，培养独立、自律、合作的精神以及规范意识”等目标，或基于促进幼儿身心发育特别需求的情况，在园幼儿可以和非本园幼儿实施共同保育。

表4-1　园舍面积要求

班级数	1个班级	2个班级以上（含）
面积	180平方米	320＋100×（班级数－2）平方米

表4-2　运动场面积要求

班级数	2个班级以下（含）	3个班级以上（含）
面积	330＋30×（班级数－1）平方米	400＋80×（班级数－3）平方米

第二节　幼儿园设施设备设计理念

一、确保幼儿主体活动的设施设备

在与自然、人、物的接触中，满足幼儿的好奇心、营造引导幼儿自发活动玩耍的环境很重要，故幼儿园设施设备设计应为幼儿教师可通过游戏进行灵活指导的设施设备。

（一）促进幼儿自发、创造性活动

1. 基于幼儿的主体性活动特点，设计应确保幼儿有充足的游戏场所，包括团体游戏和个人游戏在内的多功能活动空间，特别是考虑保育室、游戏室、图书室等适合幼儿团体合作的空间设施设计，以及有效利用各种视听设备等教具促进幼儿成长发育。

2. 利用各种角落空间，有效配置有弹性、多目的、可变化空间，以满足幼儿活动的多样性、充分发挥幼儿丰富的创造性。

（二）满足幼儿自然体验和生活体验

1. 为了促进幼儿身体发育的需要，设施设备应使幼儿对户外活动产生兴趣，乐于在自然中舒展活动身体。设计除了充分考虑园所的户外和游乐设施配置外，还应考虑到室内外空间的连续性和环游性①。

2. 为了培养幼儿丰富感性，注意自然中的声音、形状、颜色等，设计应充分考虑幼儿接触自然空间的需求，有效利用自然地形充实室外环境和半室外空间②等。

3. 环境建设在满足激发幼儿主体性的同时，还应考虑到助力幼儿通过游戏掌握回避危险的方法。

（三）促进幼儿人际关系

设施设备设计应充分考虑到有助于幼儿和不同的人群更好地沟通交流。包括在幼儿集体活动中培养的信赖感、共情能力、自立心；与地区居民、老年人等不同人群交流，培养幼儿与他人交流的能力；与附近小学的儿童进行幼小衔接交流等因素，可考虑凹室③、小窝④等设计。

（四）多种保育需求的应对

设计中充分考虑设备设施可提高幼儿园整体合作，方便对幼儿进行细致的指导，能够导入集体保育等多种保育形态及实践。

（五）信息环境的完善

以扩大幼儿对不同事物的兴趣、推进校务信息化为目的，幼儿园设计中可考虑导入信息设备。

（六）特殊教育的支援与推进

1. 设施设备应根据每个幼儿的教育需求、实施指导、支援设施环境设计。

---

① 环游性：将建筑物内的通道、大厅或户外通道等连接成环状，使幼儿运动时能够绕建筑物内部或周围等。

② 半室外空间：利用阳台、屋檐等连接保育室，使室内空间与室外相融合。

③ 凹室：面向走廊和大厅的小空间，可作为休息、谈话、读书等各种交流活动的空间。

④ 小窝：根据幼儿身高设计的夹层平台或游戏室，大约 1.5 米高，幼儿只要伸手就能触摸到天花板。

充分考虑教育上需要特别支援的幼儿，助力幼儿克服因残疾而造成的教育上或生活上的困难。包括斜坡、扶手、厕所等无障碍设施，还包括对发育障碍[①]在内的弱势幼儿能够进行适当指导和必要支援的设施环境。

2. 充分考虑可以保障包括弱势儿童在内的全体幼儿共同活动的通用设计，有利于幼儿教师安全顺利实施保育计划的设施设备。

二、确保幼儿健康、安全、安心的设施设备

根据幼儿期的特点，重视幼儿的健康与安全，确保良好的环境条件，兼顾日照、采光、通风、换气、室温、声音等的影响，兼顾弱势幼儿，设计具有防灾、防盗等安全性强、令人舒适安心的设施设备非常重要。此外，在确保舒适、丰富的设施设备设计过程中，要充分利用各个地区的自然和文化设计环境，同时还要考虑到降低环境负荷、与自然共生的环保理念。

（一）作为生活场所的设施

1. 幼儿园对于幼儿来说，是其基础人格形成的重要场所，也是其游戏和生活的场所，建设让幼儿感到安全安心的设施很重要。

2. 设施设备的设计需要考虑幼儿的行动范围、动作区域、人体尺寸、心理影响等要素。

3. 与多样的教育内容和保育形式相呼应，设施设备设计应统一规划，考虑能够构成丰富场景的桌椅、收纳架等设备。

（二）注重健康的设施

1. 设计应充分考虑采光、通风、换气等因素。

2. 设施规划应兼顾幼儿的身心健康与卫生因素。

3. 使用的家具等需要考虑到幼儿使用的舒适性。建筑材料需为无污染或少污染室内空气的材料。

4. 新建、改建、翻新等建筑必须保证足够的养护、干燥期，并在确认污染室内空气的化学物质浓度低于标准值的前提下方可交付使用。

---

① 发育障碍：包括 LD 学习障碍（Learning Disabilities）、ADHD 注意缺陷多动性障碍（Attention-Dericit/Hyperactivity Disorder）、高功能孤独症等。

5. 因幼儿在活动过程中经常会发出声音，设计应充分考虑到建筑的隔音、吸音功能。

（三）确保可抵御地震、海啸等灾害

1. 在地震发生时，为了保护幼儿的生命安全，以及灾后教育活动等能尽早恢复，设施设备设计时应考虑包括非结构构件在内的抗震性能和防灾性能。

2. 幼儿园设施附近应建有高地或海啸避难大楼，以便儿童能安全地从海啸等灾害中撤离到紧急避难场所，确保避难路径①或向园舍等建筑物的屋顶和上层的避难路线的可实施性。如果相应措施不能保证安全性，需有“海啸对策高层化”设施②。当幼儿需向园舍等建筑物的屋顶或上层避难时，应考虑到该场所的高度应超过预期海啸水位，其中，“有效避难路径”应确保该建筑物不因海啸等产生结构承受力方面的问题。

3. 如果幼儿园设施作为地震等灾害发生时的地区避难所③，设施规划时应有相应避难所的功能设计。

4. 幼儿园设施的防灾对策要与运营体制、训练、防灾教育等软件方面的措施统一实施。特别是与防灾部门、学校设置者、幼儿园、民间自主防灾组织、地区居民等协调一致。

5. 活用设施本身作为防灾教育的教材，应在各处设置标高等记号，让幼儿意识到海啸等灾害的危险性。

（四）安全防范

1. 易发生事故危险性的地方，幼儿园内的设施设备应制订易懂的安全计划，确保幼儿的行为安全。

2. 消除对幼儿难以预料行为可能构成危险或导致事故的有明显结构缺陷

---

① 避难路径：在最短时间内能安全地从某地到达避难目标地点的路线。也包括避难路径路线中的道路、通道、避难楼梯本身。

② “海啸对策高层化”设施：园舍等建筑物的屋顶和上层为了作为幼儿等的紧急避难场所，通过与其他公共设施的复合化等，整备原本作为教育功能的楼层数以上的建筑物。

③ 避难所：为地震等灾害避难中的居民、因灾害无法回家的居民等提供集体居住的场所。

的设施设备，特别确保可动构件、机械控制构件的安全性。

3. 制订周全的设计计划，使幼儿即使发生意外也能最大限度减少伤害。

4. 幼儿园应采用能够确认外来人员并防止可疑人员入侵的设施，包括紧急情况发生时灵活运用的通知系统等。

5. 规划要保证场地、建筑物内外无死角。特别是从应对入侵可疑分子的角度，设施规划要注意区域性防范。

6. 根据幼儿园和所在地区特点，实施防范措施和事故预防措施，在确保幼儿安全的基础上建设便于地区居民使用和合作的设施。

7. 对现有设施的防范措施和事故预防措施，定期进行图纸和现场检查评价，保持有计划地采取必要预防措施的意识。

8. 幼儿园设施的预防犯罪对策和事故防止对策，要与家庭和地区的相关机构、团体等进行合作，与安全管理相关的运营体制、安全教育等软件方面措施统一实施。

（五）设施无障碍应对

1. 根据弱势幼儿的状况与需求制订设施设备计划，方便弱势幼儿安全顺利地进行在园学习生活，特别考虑斜坡、扶手、厕所、出入口、电梯等的规划设计。

2. 作为特殊使用用途的公共场所，要考虑到老年人、残疾人等弱势群体在内的所在地区居民使用。如接受家长等成年人参与幼儿园教育活动的场所、作为当地居民终身学习的场所、在地震等灾害发生时的避难所等。

3. 在现有幼儿园无障碍设施方面，应根据弱势幼儿在籍情况，制订、修改幼儿园设施建设规划，合理、有计划地推进无障碍建设。

4. 在幼儿园设施无障碍化过程中，应考虑设施设备的运营与管理、配套人力支援等支持体系等因素。

（六）与环境共存

1. 设施设备本身作为教材的一部分进行活用，保证幼儿在接触自然环境时可以产生不同的活动体验。

2. 考虑降低环境负荷、与自然共生等设施设备建设。

3. 注意利用光照、太阳能、风力，以及生物能量①等可再生能源的设计，减少环境负荷的同时可进行环境教育，有效发挥地区引领作用。

(七) 富有特色的规划

把幼儿园的教育理念体现在设施设备规划中，形成特色规划。如设计纪念碑、象型柱等，充分利用色彩和曲线的设计手法，吸取地区传统文化与特性，活用风土、景观等特色的规划。

三、注重与家庭和社区合作的设施设备

幼儿园还肩负着地区幼儿教育中心的使命，通过与家庭、地区合作，尽可能与周边设施有机结合，提供促进亲子交流、育儿咨询等服务。在与城市建设有机结合的过程中，应考虑到与附近街道、景观、居住环境的协调，以及设施的无障碍设计。

(一) 幼儿园、家庭、社区的合作

1. 在规划幼儿园设施设备时，要考虑到家园合作育儿的基础学习环境建设，以及幼儿教师、家长、地区居民等相关人员共同参与，进行三方合育的综合性研究。

2. 规划幼儿园与地区之间的合作、协作场所，如家长和地区居民支援幼儿园运营等各种教育活动的场所，以及社区幼儿园、地区幼儿园协作总部等。

3. 幼儿园在周边文教设施等建设允许的情况下，规划与这些设施的有机结合。特别是与保育所、小学的合作设施规划，包括建立有效的信息网络。

(二) 应对“托管保育”②

近年来，人们对“托管保育”的需求越来越高。根据当地情况和家长要求，需规划设立与“托管保育”相对应的设施。特别是“托管保育”独自活动要考虑到幼儿长时间在园，设计时应注意运营方法、活动天数、活动时间段、午睡、延时加餐等实际问题，如设计有家庭氛围的空间设置等。

---

① 生物能量：来自动植物的可再生有机物资源，原油、石油、天然气、煤除外。

② 托管保育：在正常教育时间前后或长期休业期间等，幼儿园应当地实际情况或家长要求，以该幼儿园中的有延时需求的幼儿为对象开展的教育活动。

（三）支持育儿活动

幼儿园作为地区幼儿教育中心，需履行支持地方育儿功能，以及进一步充实作为“父母和孩子的成长场所”的作用与功能。设施设备设计中应考虑到有效地促进育儿相关信息交流、家长之间交流；规划专门的育儿咨询室、家长会室等方便交流与咨询的空间；利用互联网建立育儿支援网络等。

（四）开放的设施环境

1. 可根据幼儿园和当地特点，在实施有效防范措施、确保幼儿安全的前提下，幼儿园作为开放园舍和花园，支援社区育儿，促进幼儿与当地居民互动。

2. 幼儿园的设计规划以舒适、健康、安全、方便为主题，提供区域开放使用，设备设施设计也应考虑幼儿园的开放运营与相关维护维修。

（五）与保育所合作的设施计划

1. 幼儿园与保育所、认定幼儿园设施共用，规划彼此之间的有机联系。对游戏室、烹饪室、管理室、室外环境等进行共用空间规划。

2. 幼儿园与保育所、认定幼儿园设施共用时，除了考虑到设施之间的联系、幼儿接触空间，如在开展联合活动时充分发挥各自作用外，还应兼顾促进幼儿园教师和保育员之间的交流、育儿咨询等方面合作的设计。

3. 幼儿园如果招收未满 3 周岁的幼儿，需要特别注意房间布置、幼儿行动路线的规划。

（六）支持设施设备的复合利用

1. 在规划幼儿园与保育所、小学、公共设施（社会教育设施、社会体育设施、儿童福利设施、老人福利设施等）等其他设施的复合化使用时，不仅需要注意复合使用不能影响到幼儿园中幼儿的日常教育生活质量，还应考虑到通过设施设备的复合利用提高教育环境的高功能化与多功能化。同时，还应考虑打造促进在园儿童与周边儿童、老人等进行交流的环境氛围。

2. 在规划幼儿园作为地区避难所等功能时，还要考虑设施设备整体造型景观对幼儿的影响，注意不能影响幼儿的在园学习生活。此外，还应考虑到避难通用设计和无障碍设施设计等。

3. 应避免与对幼儿园教育环境产生不良影响的设施合建。特别需要慎重处理与有碍于教育环境高功能化、多功能化的设施合建的问题。

4. 可通过公民合作建设、民间性建设委托等官民合作的有效手段，探讨更加高效的设施整备方案。

第三节　幼儿园设施设备修建与改造的基本注意事项

为了应对幼儿园设施设备的老化及其他各种课题，提出园所设施的中长期目标尤为重要。在此前提下，把握区域内园所设施的实际情况，在考虑园所设施在区域中的作用的基础上，制订中长期的园所设施整备方针和计划（长寿命化计划等）。

一、基于对未来教育的思考

在完善幼儿园设施时，应考虑到新时代幼儿园建设的愿景、目标：幼儿园作为幼儿共同游戏的生活空间，以及幼儿与他人协作共同学习应对未知未来的生活、彼此相互回应的共创空间，即有利于把握未来思维养成的幼儿园空间设计。

二、基于综合性的长远目光

1. 应以中长期有效利用为目标，考虑幼儿园设施在区域内的作用，制订中长期幼儿园设施建设方针和计划，如延长设施设备的使用寿命等。

2. 基于能够灵活应对将来变化的视角，在与地区合作降低环境负荷的同时，保证满足多种教育活动实施的安全性等因素的情况下，从地区内幼儿数量、保育需求等未来动向以及幼儿园教育未来方向考虑，以综合性的长远目光制订设施运营计划。

3. 在制订计划过程中，地方政府不仅需要与文部科学省，还要与负责财政和城市建设、育儿支持、公共设施、环境、防灾、林政等行政部门建立横向研究和管理体制，研究结果要及时反映在中长期幼儿园设施建设方针和计划中。

4. 应结合该地区文教设施建设计划和幼儿教育设施建设情况，规划幼儿园设施的规模和选址。

5. 幼儿园扩建、改建、翻修等，要根据中长期幼儿园设施建设方针和计划，以未来社会、教育视角有计划地实施。设施部分与整备时间等应相互充分协调、综合规划。

三、注重功能的适当性与灵活性

1. 根据幼儿时期的特点，并考虑到障碍儿童的特殊需求，以多种保育形式的活动规模设置设施功能。另外，在掌握教育的内容和方法、设备、园艺、游乐设施等使用方法的同时，考虑到地区气候、风土及其季节性的变化、幼儿园儿童生活习惯等差异的应对，以及利用周边环境的可能性等，灵活地设定必要的设施功能尤为重要。

2. 掌握教务与事务的内容和方法、办公设备与家具等的使用方法等，据此设定必要的设施功能。

3. 应考虑引进适合幼儿人体尺寸、动作尺寸和行为特征的家具，据此设置设施功能。

4. 要掌握如何使用设施和设备进行亲子互动和育儿咨询等，并设置必要的设施功能。

四、注重实施有计划的整顿

1. 为了准确地设定设施功能，从规划到基本设计要有充分的时间、计划进行整备，同时要注意从规划到施工的各个阶段在内容上的连续性与一致性。

2. 综合整备设施，注意新进计划中设备与原设备设施的整体性。如注意各教室与引进家具等的计划之整体性，推进综合性整备。

3. 建成后，定期对设施的状况，以及设施设备与教育内容、教育方法的适应情况等进行评估，将评估结果运用到以后的改造计划中。

4. 在分阶段进行设施建设时，注意最终设施的整体规划。即随着教育内容的逐步变更而逐步完善设施时，制订计划应考虑设想最终设施环境，在此基础上研究与幼儿园在各个阶段的运营相适应的设施设备及相关应对措施。

五、注重使用性能的长期有效性

1. 为了使幼儿园设施始终保持在良好的教育场所状态，防止发生事故，需要进行日常检查、维修以及定期维护修缮，制订易于实施的计划。特别是要由“事后保护”型管理（设施出现故障后进行保护）向防患于未然的“预防保护”型管理（有计划地进行设施检查、修缮）转变。

2. 建筑物结构体必须建造牢固，活动区划分和教室装修等设计应方便变更，以便将来可以更好地随实时教育内容和指导方法的变化而变化。同时设计还应方便设备的更换与维修，以便延长有效使用期。

3. 为了使幼儿园设施始终保持良好的教育场所应具备的状态，最好根据教职员工、家长、当地居民等的意见和建议规划适宜的学习、生活空间。

4. 根据未来教育的需要与设施设备的机能变化，特别是应对信息技术的发展，设施设备应方便进行整修、改造。

5. 在确保设施安全性的同时，设施环境是否能够充分反映出教育内容、教育方法等的变化十分重要。在降低工程费用的同时，确保在改建教育环境时，减少排放废弃物，积极采用长寿命化改造①。在长寿命化改造时，特别注意改造应适应时代的教育环境，将幼儿园整体作为学习活动场所，有效利用现有的面积资源，在明确目标的基础上进行再分配。另外，对结构体的耐久性、设备的健全性、避难路线、各教室的配置计划、设施状态等各种条件进行现状分析，综合判断可采取的改造手段。

六、注重多方的理解、参与并达成共识

1. 幼儿园中的特色教育内容、指导方法应与地区合作，从规划阶段开始，通过学校、家庭、地区等相关人员的参与，在得到理解并达成共识的基础上进行综合性规划。故幼儿园运营应接受教育、建筑等方面有识之士的指导。

2. 为了更有效地运营设施，应从相关规划阶段开始就对设施的运营方法、维护管理体制等进行研究，并在设施完成后继续与设施使用者进行信息交流。

---

① 长寿命化改造：除了通过修复物理上的缺陷以提高建筑物的耐久性外，还要将建筑物的功能和性能提高到现在学校所要求的水平。

这对充分利用设施功能、保证设施使用安全至关重要。

3. 关于开放幼儿园设施使用、幼儿入园途径、防灾设施应对以及相关设施给周边地区带来的噪音、交通、尘埃等的影响等，事前应与当地居民等进行充分协商。

七、便于与区域各机构有机合作

1. 幼儿园设施规划应与当地政府的中长期行政规划、文教设施建设规划一致，并与这些设施有机结合。

2. 在不影响幼儿园日常教育生活的前提下，考虑加深幼儿园和所在区域合作，包括公共设施的复合化使用，促进教育环境高功能化、多功能化等的实现。

八、确保整治期间幼儿园的教育环境

在维修期间，需要采取适当的事故预防措施，并注意防止因施工而产生的车辆进出、噪音、振动、灰尘等对幼儿的健康、安全和教育环境造成影响。特别是园中有患有情绪障碍、孤独症或多动症等障碍的幼儿时，在整备期间应充分考虑应对噪音、振动等刺激引起幼儿恐慌、多动、冲动等行为的措施，也可以考虑采取使用临时园舍等方案。

第四节　东京中央区立丰海幼儿园（幼小一体校园）概述①

东京中央区立丰海幼儿园（以下简称“丰海幼儿园”）位于东京中央区丰海街，并以所在地点命名，为公立（区立）幼儿园。占地面积为 6 466.66 平方米，建筑面积为 4 601.6 平方米，是幼小一体化幼儿园。该建筑 5 层，幼儿园班级 11 个，均位于一楼，幼儿（3—5 岁）人数为 244 人。该园的教育目标为：培养“健康活力的孩子、温柔得体的孩子、积极努力的孩子”。

---

① 数据来自其官方网站 https://www.chuo－tky.ed.jp/～toyomi－kg/index.cfm/1,html.

<table>
<tr><td>五楼</td><td colspan="2">小学：午餐室 厨房 泳池 屋顶运动场</td></tr>
<tr><td>四楼</td><td colspan="2">小学：普通教室 自习室 多功能厅 家庭科室 理科室 美工室 小教室</td></tr>
<tr><td>三楼</td><td colspan="2">小学：普通教室 小教室 海风屋 自习室 PC 教室 音乐室 图书室</td></tr>
<tr><td>二楼</td><td colspan="2">小学：普通教室 校长室 职员事务室 多功能厅 体育馆 纪念堂 印刷室</td></tr>
<tr><td rowspan="2">一楼</td><td>幼儿园、小学合用：保健室 多功能厅 预备室</td><td rowspan="2">会议室
礼仪室
PTA① 室</td></tr>
<tr><td>幼儿园：园长室 职员事务室 保育室 游戏室 多功能厅 游泳池</td></tr>
</table>

图 4-1　小学和幼儿园复合一体化建筑示意图

丰海区没有私立幼儿园，且地区内建有大规模的住宅区，为了应对儿童、幼儿数量的激增，丰海幼儿园在原有旧校园舍的基础上改建了新校园舍，是大规模的小学和幼儿园复合一体化建筑。丰海幼儿园位于该园的一楼，在最大程度保证幼儿活动安全的同时，方便幼儿观察和感受其他班级和学年的情况，扩大了幼儿对游戏的兴趣，助力不同年龄幼儿之间的交流与游戏。特别是作为“充实幼儿园和小学的合作与交流”的建筑设计——二楼以上是小学的复合设施，在保证儿童生活空间的同时，能看到幼儿园、小学生各自学习和游戏的样子。日常能看到小学生的学习生活，对于幼儿来说，作为憧憬，想象自己长大后的样子、感觉等，对其身心的发展均有很大的影响。

丰海幼儿园的保育室是根据幼儿的兴趣、活动特征等进行室内设计的。保育室确保 70 平方米以上，且不放置固定家具，以便根据用途自由延伸。同时，保育室为了确保集体活动时有充裕的使用面积，多功能厅（在幼儿园人数增加的情况下，多功能厅也可以转用为保育室）和游戏室的隔断设计可根据教育活动合并使用。在天花板、地板和墙壁等处也均有特殊设计，便于幼儿活动、游戏等。建筑二楼的阳台（小学部分）是一楼幼儿园的房檐，作为

① PTA：即 Parent-Teacher Association。发源于美国，二战后传入日本，文部省将其译为“亲师会”“育友会”。日本幼儿园的 PTA 是由家长、老师共同组成的幼儿园自治团体，是家校共育的延伸。为更好地实现家园共育，几乎每个幼儿园都有 PTA 组织。

雨天时幼儿的半室外空间使用，此外，也可为监护人接送幼儿时遮阳避雨。

丰海幼儿园为了“营造让幼儿能感受到身边的自然，日常中不经意间对自然产生心动、好奇心和探究心的环境”，在园内开辟了菜园，幼儿能够拥有和朋友一起用力拔萝卜、看到从一粒种子成长为一株植物诸如此类让幼儿心动的体验。菜园根据季节变化培育蔬菜，营造幼小一同播种、收获、品尝的环境。此外，丰海幼儿园与区内公园相邻，活用社区的优越环境，园所扩建时将庭院作为“与自然环境融合、和谐的学习广场”，以便于幼儿园的孩子们在丰富的自然环境中“跑、跳、游泳、学习、唱歌”等。

第五章　日本幼儿教育课程

幼儿园课程不单是幼儿教育中不可或缺的重要组成部分，更是终身教育体系中的起始课程，在具有开端性、启蒙性的同时，更应具有根基性。幼儿教育的根基必须稳扎于生活的土壤中，脱离生活的幼儿园课程无异于空中楼阁，即使出现短暂的开花结果，也终必昙花一现，没有持久的生命力。幼儿教育旨在通过幼儿的自身生活来激发其思考力、情感情绪和表现力等影响终身的素养萌芽，以期助力幼儿形成个人资质和能力发展基础、促进幼儿社会性相关合作协调能力的发展。幼儿教育的独特性决定了其教育课程在设计、内容、注意事项、实施评价等各个方面的特殊性。

第一节　幼儿教育课程设计目标

一、培养幼儿生存力发展

人类所谓的"生存"，就是在幼儿的发育发展过程中，从无意识、被动的"出生""生存"转变为与周围环境相互作用、有意识、主体的"生存"行为。例如，幼儿经历弟弟妹妹的诞生、鸟蛋的孵化、饲养的乌龟死亡、亲人的死亡等，接触生死离别后产生的相关体验和经验，往往会激发儿童产生有意识的"生存"行为变化，加深对生命、生存的认识。尊重生命是产生生存意识的基础，通过自己身边各种各样的社会关系与自然关系，认识到"生命不可替代的重要性"，对生命拥有"慈爱之心"，以及"想要活下去的意志与力量”，这些构成了“生存力”的基础。[①] 对于人类来说，“生存力”不但是与生俱来的生命力，还包括以此为基础构成和谐生活力量的整体社会性，即具有相互共存的行为规范能力。此外，在重视自己、以自我实现为目标的同时，意识到自己的优点和弱点，尊重他人，与他人产生关联，在变化激烈的社会中生存下去，思考“与他人一起生活的力量”，特别是在困难的状况下，基于此观点产生相互支持、体谅协调的力量。

1996 年，日本中央教育审议会发表《面向 21 世纪的日本教育》咨询报告。该报告从以下三大方面界定“生存力”：

1. 独立发现问题、独立思考、独立解决问题的素质和能力；从纷繁的信息当中选择自己需要的信息，主体性地构建自己想法的能力。

2. 自律的同时，能与他人协调合作以及有关心他人之心、感动之心等丰富的内心。

3. 能顽强生存的健康和体力。[②]

2008 年，日本文部科学省颁布《学习指导要领》，将“生存力”内涵提升为注重“知识、能力和情感”；2013 年，日本国立教育政策研究所颁布《培养适应社会变化的素质与能力的教育课程编制基本原理》，将“生存力”内涵提升为注重“资质和能力”。[③] 现阶段，日本政府将“生存力”的内涵准确地定义为“丰富的人性、健康的体力、切实的学力”三个层面。[④]

2017 年《幼儿园教育纲要》修订中所提出的“幼儿期结束后的理想状态”

---

① 参见文部科学省．学習指導要領「生きる力」［EB/OL］．［2023-10-15］．https://www.mext.go.jp/a_menu/shotou/new—cs/index.htm.

② 参见中央教育審議会. 21 世紀を展望した我が国の教育の在り方について（第一次答申）［EB/OL］.（1996-07-19）［2023-10-15］. https://warp.ndl.go.jp/info:ndljp/pid/11293659/www.mext.go.jp/b_menu/shingi/old_chukyo/old_chukyo_index/toushin/1309579.htm.

③ 参见王贤德，唐汉卫．日本“生存力”教育及其省思［J］．比较教育研究，2018，40（3）：12—13.

④ 参见周菁菁，罗小琴．21 世纪日本幼儿教育振兴改革探析——培养孩子成才的“生存力”［J］. 外国教育研究，2020，47（11）：118—119.

中的三项，直接对接“生存力”基础的养成：

1. 健康的身心。在幼儿园生活中，幼儿能够感觉到充实，在做自己想做的事情中充分锻炼自己的身心，有计划地以自主创造健康安全的生活为目标来安排自己的活动。

2. 自立意识。幼儿通过积极主动地投身周围的环境中，享受各种活动的乐趣，意识到自己需要做什么。在独立完成任务的过程中进行思考与创新，不放弃完成自己想做的事情并从中获得成就感，养成自信心。

3. 合作能力。在与朋友交往时，分享彼此内心的想法。为了完成共同的目标，一起进行思考、解难、合作并获得成就感。

二、丰富幼儿心灵发展

在基础教育体系中，智育与德育是学校教书育人的重点，日本将幼儿期的德育重心放在心灵的培育上。从 20 世纪 60 年代日本经济高速发展开始，日本国民得到了科学化、现代化发展的红利，使学校教育偏重于智育，“丰富的人性培养”成为被忽视的元素。对学历的过度重视引发了孩子的心理问题，继而产生暴力行为、药物滥用、校园欺凌、厌学等系列校园荒废现象。21 世纪，日本教育改革的主题之一就是实现以“丰富的心灵”为核心的共生理念，重视儿童的正义感、公正心和与他人的协调能力，尊重自己和其他生物的生命意识，关怀他人，热爱自然等心灵教育培养。

日语大辞典《广辞苑》中对“心”有如下解释：“成为人类精神作用基础的东西或其作用”，是“知识、感情、意志的总体”。即我们常说的“知、情、意”。“知”是以人类在其生命中获得的知识为基础，理性判断与合理思考的知性的“心”（知性、理性）；“情”是基于感受喜怒哀乐、美丑、善恶等人类感情的“心”（感性）；“意”是作为人掌管自己存在的意志之“心”。三者有机地结合在一起，且相互作用。所谓“丰富的心”，就是知、情、意作为整体存在的三位一体而呈现出的丰富之貌。中央教育审议会在《关于从幼儿期开始的心理教育的应有状态》的报告中，特别指出“丰富的人性”作为“生存力”的基础是幼儿心理教育培育的必要核心部分，并指出应涵盖以下六个方面：

1. 被美丽的事物感动、自然而然被感动等温柔的感性。

2. 重视正义感和公正心。

3. 珍惜生命、尊重人权等基本伦理观。

4. 体谅他人与为社会做贡献的精神。

5. 自立心、自我抑制力、责任感。

6. 与他人求同存异的宽容。

幼儿园教育旨在通过这些超越时代价值的人类素养启蒙，使幼儿获得丰富的社会性的培养。

2017 年《幼儿园教育纲要》修订中所提出的“幼儿期结束后的理想状态”中的四项，直接对接“丰富心灵”基础的养成：

1. 道德、规范意识的萌芽。通过与朋友一起经历各种事情，幼儿了解什么是正确的，什么是错误的，反思自己的行为，理解朋友的感受，并设身处地为对方着想。他们也会理解遵守规则的必要性，调整自己的心情，在与朋友共同商量的前提下制定并遵守规则。

2. 社会生活的融入。除了有照顾家人的心情外，幼儿通过与当地社区的人接触，学会与他人交往的各种方式，学会考虑他人的感受，感受到自己的存在价值，与所居住社区产生亲近感。此外，在与幼儿园内外各种环境产生关联的同时，他们会吸收游戏和日常生活所需的信息，根据这些信息做出决定，相互交流信息并加以利用。在利用这些信息开展活动的同时，学会珍惜公共设施资源，同时意识到自己和社会的关联。

3. 思考能力的萌芽。通过积极参与身边熟悉的事情，幼儿将感受到多样化的互动。如感知和注意到事物的属性和机制，学会思考、预测和设计。此外，随着他们接触到朋友的各种想法，他们会意识到别人的想法与自己的想法有时会有所不同。他们会做出自己的判断，或重新考虑自己的想法，能够体会到获得新思维的快乐，完善自己的思考。

4. 与自然的连接及对生命的尊重。幼儿们能感知到大自然的变化，以好奇心和探究精神进行思考并用语言表达自己的想法和感受，在与大自然接触过程中得到感动的体验。在对熟悉的现象产生兴趣的同时，培养幼儿对大自然的热爱和尊重。当他们被熟悉的植物和动物带动情感萌发，他们会意识到生命的神奇与宝贵，思考如何对待动植物，并怀着对生命的敬畏与珍惜之心与动植物共处。

三、开发幼儿学习潜力

21 世纪是经济全球化和高度信息化的时代，科学技术的发展出现了前所未有的速度、高度与强度，学习不再遵循以往科目，而是需要超越既成的知识框架体系，建立新的知识范式。迄今为止的教育重点一直是将之前建立的文化、传统、知识体系高效地传递给下一代，体现为学校教育以授课的形式向孩子们传达共同内容的形态，此状态一直持续到 21 世纪之前。时代的变迁对广义上“知”的教育产生很大的影响，特别是日本通过模仿、活用欧美各国开发的科学技术而实现了经济的高速增长，但进入 21 世纪，模仿显然只能陷入被动的状态，科技创新、开拓新领域成为发展和国家综合实力竞争的必备条件，日本面临没有榜样就必须自己创造科学技术、开拓新领域的局面。如此，一方面急需向终身学习社会过渡，另一方面，作为学习基础的学校教育体系之应有状态也需要重新审视。在教育中，有必要重新审视学校教授知识的社会作用，在未来难以预测的时代，能力与素养将代替知识，但知识作为能力与素养的载体是不可避而不学的存在。在需要培养创造性和创新精神的时代，“学什么?”“如何学?”是整个社会在 21 世纪对教育体系的试卷。通过儿童自身的思考力和判断力，以已有的知识、信息为基础，进一步学习新事物、新知识，进而创造更有价值的新事物，是未来教育培养的方向。幼儿教育与其他教育阶段不同之处在于，幼儿的学习目标并非是系统的知识体系，而是培养其终身学习的探知心、好奇心等学习潜力与态度；遇到困难也不怕的抗挫力；无论遇到什么样的状况，都可以努力解决问题、创造美好的力量基础。

2017 年《幼儿园教育纲要》修订中所提出的“幼儿期结束后的理想状态”中的最后三项，直接对接“学习潜力开发”：

1. 对数量、图形、标识和文字的兴趣与感知。通过游戏和日常生活，儿童熟悉数量、形状、标志和字母，意识到标志和字母的作用，并根据自己的需要运用它们，培养对它们的兴趣、关心和敏感度。

2. 语言表达与交流。在与老师和朋友交流的同时，幼儿通过熟悉图画书和故事获得丰富的语言和表达能力。他们学会用语言交流自己的经验和想法，认真倾听别人的意见，并享受通过语言进行交流的快乐。

3. 丰富的情感和表达能力。在体验感动的事情时充分运用自己的感官，意识到各种材料和表达方式的特点，表达自己的感受和想法，并享受与其他朋友一起分享表达的过程，体验到表达的快乐，形成表达的动力。

第二节　幼儿教育课程设计要求

根据《教育基本法》《学校教育法》及其他幼儿相关法令、纲要文件，特别是《幼儿园教育纲要》内容所示，幼儿园应根据幼儿的身心发育状态、所在地区的实际情况，机动灵活地编制本园的幼儿教育课程，同时根据教育课程的实施状态，有组织、有计划地通过课程管理提高幼儿园的教育质量。

一、依据相关法令、纲要文件

教育事业的可持续发展需要国家强有力的法律保障，规范幼儿教育需要细化相关政策法规，落实监管体制与责任机制。以立法规范教育实践是日本二战后教育的整体特色之一。文部科学省制定、修订《幼儿园教育纲要》始终紧跟《教育基本法》《学校教育法》两大教育基本法，《幼儿园教育纲要》自身也具有法律约束力与强制力。

《教育基本法》第 10 条指出："家庭对儿童的教育负有第一责任"，"国家和地方公共团体应尊重家庭教育的自主性，为家长提供学习机会、信息资源以及其他家庭教育支援措施"。幼儿园作为幼儿教育机构，通过家园合作，深入了解幼儿个体的发育成长状态，同时也将幼儿在园生活状态传递给家庭，这种家园互动对促进幼儿的成长发育至关重要。

《学校教育法》第22条指出："幼儿园教育的目的，是通过幼儿保育以及为幼儿提供适合其健康成长的环境，促进其身心发展，打好义务教育和后续教育的基础。"幼儿园教育虽然是培养义务教育及其他后续教育的基础，但与其他教育阶段学习不同，它不是按照教师事先制定的目的、教学内容、教学评价进行的。在幼儿园中，幼儿通常根据各自的兴趣爱好，通过游戏等直接具体的活动体验方式完成经验积累，实现能力素养发展。此外，幼儿玩要过程中，体会学习的乐趣，积极、忘我地与事物产生关联的过程，也与小学以后的学习热情息息相关，同时还能培养进入社会后在工作中独立思考、面对各种问题与困难积极应对并解决问题的能力基础。在第23条中提出为实现第22条中的目的，分别从"基本习惯""意识精神""思维能力""语言态度""情感表达"五个方面提出了具体的"幼儿园教育目标"。

《幼儿园教育纲要》依据《学校教育法》第22条，对幼儿园五大领域进行解说，并提出具体领域目标，即与身心健康相关的"健康"领域，与他人接触相关的"人际关系"领域，与身边环境相关的"环境"领域，与语言习得输出相关的"语言"领域，与感情表达相关的"表现"领域。幼儿园课程编制通过进行综合性活动达成"目标"教育，进而实现培养"生存力"的基础。

二、因时因地制宜编制教育课程

幼儿教育课程的编制主要依据《教育基本法》《学校教育法》《幼儿园教育纲要》的规定要求，与幼儿园自身属性无关。即无论是国立幼儿园、公立幼儿园，还是私立幼儿园，都必须从教育的公共性立场出发，依法办园、依法育儿。但日本的幼儿园在大的幼儿教育理念指导下，从谋求幼儿个性化和谐发展、幼儿发展前景等观点出发，鼓励幼儿园依据园所自身特色、所在区域的地域特点等编制特色教育课程，提高幼儿教育课程质量。结合幼儿身心发展状态，依据幼儿园自身实际情况和所在区域特色，以实现有效发挥家园社三方合育优势和"个性化教育"理念，是编制特色创意幼儿教育课程的关键点。

（一）依据幼儿园自身实际情况

在编制幼儿教育课程过程中，幼儿园应充分考虑到自身的规模、教职员状况、设施设备等人、物、园的各种客观条件，根据其实际情况，实施有效的教育活动。在客观把握这些条件的基础上，特别是在对本园园史、文化传承、场所特色、师资特色、游乐设施及用具整备状况等进行综合性分析之后，编制幼儿教育课程。

（二）活用所在区域特色

幼儿园所在地可为城市、乡村、山区、渔村等不同地区，其区域文化历史、生活条件、环境也会存在差异，依据幼儿园所在区域的实际社会情况制定幼儿教育课程是《幼儿园教育纲要》明文规定的。同时，每个幼儿园的地区资源也不尽相同，小学、图书馆、博物馆等社会教育设施以及动物园、植物园等都可以依据实际情况成为幼儿教育课程的素材。特别是具有日本特色的“地方行事”活动，几乎是所有幼儿教育课程编制中不可或缺的存在。

（三）有效的家园社三方合育

1998 年《幼儿园教育纲要》修订强调幼儿园与家庭、社区紧密联合，共同丰富幼儿生活经验，加强三方信息交流，尤其强调家园共育。2017 年《幼儿园教育纲要》修订提出幼儿园向社会开放的教育理念，特别强调幼儿园应与社会、家庭以及医疗、福利等机构的密切合作，携手社区中心理保健方面的专门人才与富有育儿经验的人员。① 即不但要充分利用地方区域优势、活用区域内有效的物的资源，还应统合社会多元主体力量，特别调动以家长为首的区域内不同人才参与育儿活动的积极性，活用他们的专业经验，达到丰富幼儿的生活体验、教育资源利用最优化的目的。

三、教育课程的编制流程

日本幼儿园通常每学年教育课程的教育周数不得低于 39 周（台风、地

① 参见無藤隆，汐見稔幸，砂上史子．幼稚園・保育所・認定こども園 3 法令ガイドブック——新しい「幼稚園教育要領」「保育所保育指針」「幼保連携型認定こども園教育保育要領」の理解のために［M］．東京：フレーベル館，2017：58.

震、大雪、传染病等突发紧急特殊情况除外)。根据《幼儿园教育纲要》规定，幼儿每天在园教育时间以 4 小时为标准，教育课程内容需要在上述时间内完成。课程编制通常由幼儿园园长负责组织，全体教师共同参与编制。如上所述，幼儿园课程编制应根据幼儿园自身实际情况和所在区域特色，编制有创意的教育课程，同时还应及时评价课程的实施情况，以谋求更好地改善课程。虽然《幼儿园教育纲要》等官方文件对教育课程的编制流程没有固定要求，但通常幼儿园会按照以下流程完成教育课程编制。

第一，对教育课程编制所需基础事项的理解与把握。

1. 对相关法令及《幼儿园教育纲要》《幼儿园教育纲要解说》等内容的理解与把握。

2. 对形成自我发展基础的幼儿期，以及由幼儿期到儿童期的发展特点的理解与把握。

3. 对幼儿园和所在地区的实际情况、在园幼儿的发展情况等的理解与把握。

4. 对社会的要求、监护人的愿望等的理解与把握。

第二，对幼儿阶段性教育目标的理解与把握。

加深对现阶段教育应完成的教育目标和幼儿应有的状态等的理解与把握。

第三，预测幼儿的发育过程。

通过对幼儿在园生活的观察，了解幼儿的发展情况，探索教育目标在幼儿个体上如何达成，并以长远的目光对幼儿发展趋势进行大致的预测。

第四，组织具体的目标和内容。

基于上述内容，设定适当的课程教育目标和内容，以便展开适合幼儿发育发展的各时期综合指导活动。

第五，对实施幼儿教育课程的结果进行评价，用于下一次课程编制。

此过程一般包括“收集和研究评价资料”“讨论整理问题，查明问题的原因、背景等”“制订并实施改善方案”三个步骤。

第三节　五大领域达成目标与内容

幼儿教育课程内容体现于幼儿的游戏生活中，从幼儿教育五大领域角度助力幼儿的成长发育，从而达成对幼儿资质和能力的培养目标。在幼儿园整体活动中，教师对幼儿参与的活动展开综合指导，在幼儿积累各种体验、经验的过程中促成领域内容相互关联，并逐渐达成幼儿园教育目标。

一、健康

培养儿童健康的身心和为自己营造健康、安全生活的能力。

（一）达成目标

1. 开朗活泼，生活充实。

2. 充分活动自己的身体，积极参加锻炼。

3. 养成健康和安全生活所需的习惯和态度，并有预见性地行动。

（二）领域内容

1. 与老师和朋友交往，行动伴有安全感。

2. 在各种游戏活动中充分地活动身体。

3. 愿意在户外玩耍。

4. 熟悉并喜欢各种活动。

5. 喜欢与老师和朋友一起用餐，对食物感兴趣。

6. 培养健康的生活节奏。

7. 让自己干净整洁，能够独立完成穿衣、吃饭和上厕所等日常生活活动。

8. 知道如何在幼儿园生活，可以整理自己的生活空间，并能有计划地采取行动。

9. 关注自己的健康，积极通过各种活动来预防疾病。

10. 了解危险的场所、危险的游戏和发生灾害时的应有行为等，在进行活动时能够注意安全。

（三）领域内容实施策略

1. 心理和身体健康密切相关，幼儿在与教师和其他幼儿的亲切接触中体验到自我存在感和成就感，促进了他们柔和的心理和柔韧的身体的长成。

2. 使幼儿在各种游戏活动中，根据自己的兴趣、关注点和能力，活动全身，体验运动的乐趣，并培养幼儿珍惜自己身体的心理。同时督促幼儿在体验各种运动的过程中调整自己的身体动作。

3. 考虑到幼儿在大自然中自由地活动游戏可促进身体各种机能的发展，教师应引导幼儿将兴趣和关注点转向户外。同时，操场的布局和操场设备的设计应考虑到幼儿的行动路线。

4. 为了培养幼儿健康的身心，必须通过饮食教育使幼儿形成理想的饮食习惯。考虑到幼儿实际的饮食情况，要为幼儿提供一个融洽的就餐氛围，让幼儿体验与老师和其他幼儿一起享受饮食的快乐和乐趣，培养对各种食物的兴趣。培养幼儿珍惜食物，积极尝试不同食物的习惯。

5. 在基本生活习惯的养成上，要考虑幼儿在家庭中的生活经验，培养幼儿的独立性。让幼儿在与其他幼儿交往中开展独立活动，同时帮助幼儿养成必要的生活习惯，并逐步使幼儿能够有预见性地开展活动。

6. 在安全教育方面，应培养儿童情绪的稳定性，通过游戏培养其安全意识，识别危险场所和危险物品，加深对安全的理解。让幼儿养成注意交通安全的习惯，并通过疏散演习，让幼儿在发生灾难或其他紧急情况时能够采取适当的行动。

二、人际关系

培养独立精神和与他人交往的能力，为其以后与他人友好相处以及相互扶持做准备。

（一）达成目标

1. 享受幼儿园生活，体验主动行动的满足感。

2. 熟悉周围的人，加深人际关系，享受通过智慧和合作共同活动的乐趣，培养亲近感和信任感。

3. 养成社会生活中所需的理想习惯和态度。

（二）领域内容

1. 体验与老师和朋友相处的快乐。

2. 自己思考和行动。

3. 自己能做的事情自己做。

4. 喜欢各种游戏，有完成任务的欲望。

5. 与朋友分享喜怒哀乐，同时积极与他们交流。

6. 分享自己的想法，能体会、觉察到别人的想法。

7. 意识到自己朋友的优秀品质，体验到合作的快乐。

8. 通过与朋友愉快地活动，找到共同的目标，发挥聪明才智，进行合作等。

9. 分辨好坏，能先思考再行动。

10. 增强与朋友的关系，为他人考虑。

11. 通过与朋友愉快地生活，意识到规则的重要性，并注意遵守规则。

12. 爱护操场上的公共设备和工具，与朋友一起使用、玩耍。

13. 和与自己生活密切相关的人，包括社区的老人和工作人员等其他成员保持密切关系。

（三）领域内容实施策略

1. 幼儿在与教师的信任关系支持下逐步确立自己的生活。为了让幼儿通过自己主动与周围环境发生关联体会各种情感，包括失败但不气馁地完成任务体验、培养成就感，通过以积极的心态靠自己的力量完成自己想做的事情体验充实感，教师应关注、尊重幼儿的行动，并适当地给予帮助。

2. 建立每个幼儿都得到重视的集体，培养幼儿与他人交往的能力。在集体生活中，幼儿通过展示自己得到教师和其他幼儿的认可，发现自己的优势和特点，能自信地展开活动。

3. 为了促进幼儿加深彼此之间的关系，进行合作游戏，教师应注意培养幼儿积极主动地活动的能力，同时让幼儿通过包括试错在内的人际关系体验，体会与其他幼儿一起展开活动的快乐和实现共同目标的乐趣。

4. 为了培养幼儿的品德，应注意让幼儿形成基本的生活习惯，在与其他幼儿的交往中意识到他人的存在，尊重他人。此外，通过熟悉大自然和身边的动植物，培养丰富的人文意识。需要注意的是，幼儿们对人的信任与同情心，是在经历并克服冲突与困难的过程中产生的。

5. 幼儿通过集体生活加深与他人的联系，培养规则意识。幼儿在对教师信赖的基础上展示自己，阐述并协调自己与他人的想法，意识到规则的重要性，形成调节自己感情的能力。

6. 与以老年人为首的社区中形形色色的人保持密切关系，向他人表达自己的感情与思想，体验与大家同乐、共鸣的经历。通过上述体验体会与人交往的快乐和助人为乐的喜悦。同时，通过日常生活，幼儿认识到父母、祖父母和其他家庭成员的爱，学会珍惜家人。

三、环境

让幼儿对周围各种环境产生好奇心，培养幼儿融入日常生活中的能力。

(一) 达成目标

1. 熟悉周围的环境，通过与大自然的接触，培养对各种现象的兴趣。

2. 主动参与到身边的环境中，分享、思考自己的发现，并尝试将其融入日常生活中。

3. 通过观察、思考和处理熟悉的现象，丰富对事物属性、数量和特征的感觉。

(二) 领域内容

1. 让幼儿在生活中与大自然接触，认识到大自然的广阔、美丽和神奇。

2. 在日常生活中，接触各种物体，对它们的特性和机制产生兴趣。

3. 认识自然和人类生活随季节的变化。

4. 对自然界熟悉的现象产生兴趣并将其纳入游戏中。

5. 亲近熟悉的动植物，认识生命的宝贵，爱护珍惜生命。

6. 在日常生活中，熟悉国家和当地各种文化及传统。

7. 珍惜身边的物品。

8. 对身边熟悉的物品和操场设备充满兴趣，通过比较和关联等方式进行思考和尝试，开发自己独特的游戏方式。

9. 对日常生活中的数量和形状有兴趣。

10. 对日常生活中的简单标志和字母有兴趣。

11. 对与日常生活密切相关的信息和设施有兴趣。

12. 在幼儿园内外的活动中熟悉国旗。

（三）领域内容实施策略

1. 幼儿在游戏中与周围环境互动，逐渐对周围世界产生好奇心，对周围事物的意义以及操作方法等产生兴趣，认识到事物的规律，并能独立思考。此外，孩子们通过接触其他幼儿的想法，体会到创造新想法的快乐和喜悦，会萌生改进自己想法的意愿，教师应该在重视上述过程的基础上注意促进幼儿这种意愿的形成。

2. 大自然在幼儿期的教育意义是巨大的，大自然的广阔、美丽与神奇使幼儿的心灵得到安放，可以培养他们丰富的情感、好奇心、思维和表达能力的基础。基于此，教师应努力加深幼儿与大自然的关系。

3. 通过针对熟悉的现象、动植物促进幼儿间进行交流和共鸣，培养幼儿自发与周边环境进行互动的意愿，同时通过各种方式的互动，培养幼儿对周边环境的亲切感、敬畏感，以及对生命的尊重和公益意识、探究精神。

4. 在熟悉文化和传统时，要让幼儿熟悉元旦、端午节等季节性传统活动、国歌、民谣、童谣和日本的传统游戏，让他们接触不同文化的活动。通过以上活动，培养幼儿的社会意识和初步的国际视野。

5. 在数量、文字等方面，重视幼儿自身在日常生活中的需求感，通过体验到的需求感，培养他们对数量、文字等的兴趣、关注和敏感度。

四、语言

培养儿童用语言表达自己所见所想的能力，让儿童养成听别人说话的意愿和态度，培养儿童的语感和语言表达能力。

（一）达成目标

1. 体验用语言表达自己感受的乐趣。

2. 认真倾听他人的话语和故事，谈论自己的经历和想法，体验与他人交流的乐趣。

3. 掌握日常生活所需的语言，熟悉图画书和故事，丰富自己的语感，与老师和朋友交流。

（二）领域内容

1. 对老师和朋友的语言和故事感兴趣，并能友好地倾听和谈论。

2. 用自己的语言表达所做、所见、所闻、所感和所想。

3. 用语言表达想做的事和希望别人做的事，并对不懂的地方提出问题。

4. 善于聆听，用别人能理解的方式说话。

5. 了解并使用日常生活用语。

6. 在日常生活中以友好的方式问候他人。

7. 在日常生活中认识到使用语言的快乐和语言自身的优美。

8. 通过各种体验丰富自己的想象力和语言。

9. 熟悉图画书和故事，有兴趣听故事，享受想象的乐趣。

10. 享受在日常生活中通过信件和其他形式交流的乐趣。

（三）领域内容实施策略

1. 语言是通过与熟悉的人接触，传达自己的感受和意图，并听到对方对这些感受和意图的反应而逐渐获得的。因此，要通过幼儿与教师和其他幼儿的互动，为其提供感动的经验，使他们体会到交流的快乐。

2. 幼儿能够用语言交流表达自己的想法和感受，并通过有兴趣地倾听教师和其他幼儿所说的话，逐步形成对所听内容的理解，进而能用语言相互交流。

3. 幼儿在欣赏图画书、故事等时，把内容与自己的经历联系起来，发挥想象力，感受书本的乐趣，逐渐养成丰富的想象力，培养语感。

4. 幼儿在日常生活中，通过接触语言的声音、节奏、新词和表达方式，在日常生活中使用它们并感受到乐趣。同时，接触图画书、故事和文字游戏也让幼儿的语言更加丰富。

5. 让幼儿在日常生活中体验到用文字交流思想和想法的快乐和喜悦，培养其对文字的兴趣。

五、表现

孩子们通过使用文字和其他材料，用自己的方式来表达所感所想，形成丰富的感性和表达能力以及创新能力。

（一）达成目标

1. 发展欣赏各种事物之美的丰富感性。

2. 享受用自己的方式表达感受和想法。

3. 丰富幼儿在日常生活中的想象力，并让其在各种表达方式中享受乐趣。

（二）领域内容

1. 发现和感受日常生活中的各种声音、形状、颜色、质地和动作，并享受这种感觉。

2. 在日常生活中体验美好的事物和感动的心情，丰富他们的想象力。

3. 交流对各种事物的感动，并享受这种交流。

4. 通过声音和动作表达感受和想法，享受自由绘画和创作的乐趣。

5. 熟悉各种材料，并以自己的方式将其运用到游戏中。

6. 熟悉音乐，享受唱歌和使用节奏简单的乐器的乐趣。

7. 喜欢画画和制作东西，在游戏中使用它们、装饰它们等。

8. 喜欢通过动作、语言和其他方式表达自己的想象力。

（三）领域内容实施策略

1. 幼儿通过与周边环境互动接触到美丽、优秀和激动人心的事物，针对这些事物与其他幼儿和教师分享从中获得印象、感受，并且在分享过程中幼儿通过各种方式表达出来，在这个过程中培养丰富的感受力。同时，幼儿也会认识到自然界中的声音、形状和颜色，如风声和雨声，以及周围花草树木的形状和颜色等。

2. 由于幼儿经常以简单的方式表达自己，教师应接受这种表达方式，并鼓励幼儿努力地表达自己，使他们在日常生活中感受到各种不同的表达方式。

3. 鼓励幼儿根据自己的生活经验和成长阶段，能够充分发挥自己的表达欲望，展示自己，享受各种表达方式。教师应努力提供游戏设备和工具，重视幼儿的表达过程，让幼儿熟悉各种材料和表达方法，同时也能够接触到其他幼儿的表达方式，让幼儿享受表达的乐趣。

第四节　幼儿教育课程编制注意事项

幼儿园是幼儿主体性生活开展的场所，幼儿园在保证幼儿活动环境安全的基础上，其教育课程不可脱离幼儿的生活状态。在注重课程因素关联性的同时，也强调课后延时保育，设计以课程为中心的整体教育计划。此外，还需特别关注幼儿的“3 岁入园期”。

一、构建安全的活动环境

幼儿园作为幼儿学习生活的重要场所，有效地实施安全指导和安全管理必不可少。幼儿园除了依据《学校保健安全法》制订本园的《幼儿园安全计划》和《危险事态应对要领》（也称《危机管理手册》），根据文件对安全相关问题实施常态化管理，还要随时注意安全问题的整改与完善。除了完善幼儿园舍环境外，教师还应重视幼儿的主体活动。幼儿事故的原因多种多样，部分事故的发生与当时幼儿的心理状态关系密切，故此，教师建立与幼儿的信赖关系，使每个幼儿能够在稳定的情绪下行动也是保障安全的因素之一。此外，在对幼儿的课程指导上添加相关安全元素也是必不可少的。

第一，通过课程指导幼儿在游戏中充分活动、演示，体验学习遇到危险时的处理方法，加深幼儿对安全的理解，了解危险的场所、事物、状况、动作等，可以使幼儿在遇到危险时能够根据自身状况灵活地活动身体、避免危险。此外，幼儿园还应考虑园舍设施设备对幼儿游戏活动路线、玩法等的影响。

第二，幼儿活泼多动是发育的特性，虽然不能预测自己行动的危险性，或者受好奇心、好胜心等驱动进行危险行为，但此阶段的幼儿通常具备指出朋友行动危险性的能力，所以教师有必要根据幼儿的实际发育情况进行指导，使幼儿在关心朋友和周围人安全的同时也能够逐渐注意、控制自己的危险行为。

第三，安全课程还包括让幼儿掌握遭遇灾害时的行动策略，特别是火灾和地震等自然灾害的避难演习训练。根据幼儿的发育阶段、园所的实际情况，建议在教育课程的年度计划中与社区联合进行定位定向灾害演习训练。

第四，传授遭遇坏人等各种犯罪时保护自己的应对方法。根据幼儿发展的实际情况，在切实传达基本应对方法的同时，有必要与家庭、地区、相关机构等进行保障幼儿安全的联合演练。

需要特别注意的是，课程活动中教师如果对幼儿过度保护，可能会产生事与愿违的结果，反而不能有效地培养幼儿应急、避险的能力。

二、不可脱离幼儿的生活状态

幼儿教育和幼儿的生活节奏必须有机结合才能达到预期目的。幼儿园课程设计应该让幼儿保持他们自己的生活状态，之后才可以谈教育目的。教育目的要通过环境达成，不能直接作用于幼儿生活，如果幼儿受到外在人为环境的过分约束，脱离正常生活形态，那么再好的课程设计也会事倍功半，很难真正达到教育目的。① 从幼儿入园到结业的整个过程，幼儿的生活姿态会随着年龄增长不断发生变化，根据幼儿不同阶段的实际情况展开课程设计与实施是幼儿教育课程中需要注意的事项之一。

例如，在幼儿刚入园阶段，幼儿园应提供和家庭氛围相似的环境，幼儿教师在和幼儿交流过程中，应让幼儿感受到教师的亲切、对自己的关爱，进而对教师产生信赖，慢慢地融入环境，之后从随心所欲地玩耍到亲近幼儿园生活，逐步走向安定的幼儿园生活节奏。幼儿在得到安定的生活后，通常会对周围的人和事物产生兴趣、对各种的游戏产生兴趣，并通过游戏等活动逐渐了解幼儿园生活与家庭生活的区别，学习掌握幼儿园规定、与人交往的规则，并且在与其他幼儿交涉关系中互相传达信息，体会集体生活的乐趣。随后幼儿进一步扩大游戏规模或变更游戏规则，在一系列活动中幼儿注意到与

---

① 参见唐钰滢，王校羽，何振海．仓桥惣三与杜威生活教育思想比较及其现实意义［J］．教育评论，2017（2）：149.

环境关联的方法和意义，并且为了吸收新的游戏元素，反复尝试与思考。幼儿发现了与环境更好或更有趣的关联方式，注意到事物之间的关联性，此时教师要充分利用幼儿的感受与想法，努力与幼儿一起创造更好的教育课程环境，进一步促使幼儿进行反复试验、反复思考、反复捕捉，赋予游戏新的意义，进而加深幼儿与环境的关系，促进幼儿主体性活动能力的加深与发展。

教师通过幼儿与环境建立的活动情景，理解每个幼儿发展的特性（每个幼儿特有的看法、想法、感受方式、相关联系等），根据其特性和幼儿所面临的发展课题实现领域目标至关重要。同时，即使同一个幼儿在不同的发育阶段也会表现出不同的发育形态。在课程实施过程中，教师要根据幼儿个体的发育状态及时调整相应指导，即教师在幼儿的成长过程中随幼儿的生活状态变化而改变课程设计。此外，对于幼儿要求的应对策略也是如此。如幼儿入园之初，在不违背教育规范的原则下，教师应尽量满足幼儿要求，使幼儿产生安全感，尽早适应幼儿园的生活状态。但如果教师一直接受幼儿的要求，或不加分辨地满足每一个幼儿的要求，就容易被教育对象所左右。长此以往，缺乏权威性的教师反而会让幼儿产生不信任感，进而因缺乏规范指导而感到不安。另外，如果长期不加分辨地满足幼儿要求，也会助长幼儿的依赖心与惰性，妨碍幼儿的自立成长，特别是教师的放纵会滋长幼儿的任性、骄纵等不良行为。

三、注重各课程因素之间的关联性

（一）领域之间的关联

在 2017 年《幼儿园教育纲要》修订中，文部科学省特别添加“幼儿期结束后的理想状态”部分，旨在通过各个阶段领域内容的实施与目标达成，在幼儿园毕业时，使幼儿具备十项具体的理想状态。各领域的“目标”和“内容”，是在展望幼儿园教育整体的同时，与幼儿结业时应具备的“十项理想状态”相呼应，从幼儿五大领域方向发展相应提出的。故此，在编制具体教育课程时，既不能将“十项理想状态”作为课程目标，也不能将《幼儿园教育纲要》中提出的“目标”和“内容”直接作为教育课程中的具体指导目标和内容。在编制具体的幼儿教育课程时，应首先依据各领域所示的事项来考虑每个幼儿从入园到结业的发展过程，根据幼儿各个时期的发育特征、幼儿个体主要经历经验、生活状态等设定具体化的目标和内容，进而明确具体课程教育目标、领域教育目标与幼儿园教育“十项理想状态”的关联，实现对幼儿从入园到结业的长期视野与短期课程相结合的过程性指导。

（二）幼儿与他人之间的关联状态

帮助幼儿体验具有社会性意义的集体生活是幼儿园建立的最大价值，在编制教育课程时，除了需要考虑到幼儿园教育内容与幼儿阶段性发育生活特征的关联外，还应该考虑通过游戏环境设计等在园生活促进幼儿与他人之间的社会性活动。幼儿期是自我意识开始萌生的时期，幼儿从表现自我为中心开始，逐渐意识到他人的存在，产生因体谅他人而抑制自我中心的心情，逐渐过渡到能够顺利地与其他幼儿进行集体活动。虽然《幼儿园教育纲要》中也提出“通过更好的学校教育创造更好的社会”的理念，但区别于其他国家，日本的幼儿教育更强调幼儿社会性活动的真实性，认为“幼儿园的生活教育课程只有在具备真实性的基础上，才会发挥更多的教育意义，若是幼儿在园生活受到过多的人为干涉，就会丧失锻炼幼儿成长发育的最佳时机，造成幼儿在社会性发展方面的缺失”①。即使是成人认为最需要阻止的吵架行为，也是幼儿自我性、社会性实现的一种手段，同样具有社会性教育意义，“其性质多是一种游戏——最认真的游戏外在表现形式”②。抵抗是幼儿心理上的乐趣所在，他们通过这种抵抗关系，完成对自我的全新尝试，幼儿需要在这种相互对立的关系中逐渐健全自我意识，通过不断磨擦，其社会性得以发展。故此，在编制教育课程时，除了要充分考虑如何将五大领域目标、内容相关联，还要考虑使幼儿个体与集体活动产生关联。

---

① 唐钰滢，王校羽，何振海．仓桥惣三与杜威生活教育思想比较及其现实意义［J］．教育评论，2017（2）：150.

② 岡田正章．大正・昭和保育文集第8卷［M］．東京：日本らいぶらり，1978：147.

四、设计以课程为中心的整体教育计划

基于“通过更好的学校教育创造更好的社会”的理念，幼儿园在完成学校教育的本职使命之外，在当今日本社会被期望发挥更多服务社会的功能。依据《学校教育法》中所述设置幼儿园的目的，以及基于该目的设定的幼儿园教育目标，在2017年《幼儿园教育纲要》修订中提出幼儿园“开展课程教育时间结束后的其他教育活动”，同时还阐明“课程教育时间结束后的其他教育活动”并不是简单的看护或单纯延长保育时间，而是“应以教育课程为中心，同时将教育课程与和课程有关的教育时间结束后开展的教育活动计划、学校保健计划、学校安全计划等统筹规划，形成整体教育计划”。通过在园与放学后教育时间的结合，制订以课程为中心的整体教育计划，明确各计划的定位、范围以及彼此之间的有机联系，进而开展一体化教育活动，更好地促进幼儿园教育目标的实现——支持家庭和社区的幼儿教育，使幼儿的生活整体上得到丰富。

“以教育课程为中心”，是指将“教育活动计划、学校保健计划、学校安全计划”等统筹规划的同时，考虑教育课程的教育理念和幼儿理想状态、幼儿发展过程，将指导内容编制成以教育课程为中心的统一有机整体规划。以制订《幼儿园安全计划》为例，实施“避难训练”是幼儿园安全教育的主体内容，其既是幼儿在园教育课程的主要内容，也需要在教育课程结束后与家长配合，充分利用社区防灾设施等，进一步强化“避难训练”教育内容。在园后延时的临时保育、委托保教中，教师组织的活动也应该围绕“避难训练”展开，即放学后延时保育内容的指示、方法、考虑事项等必须与在园教育课程是共通的。

2017年修订的《幼儿园教育纲要》特别提出“教育课程结束后相关教育活动等注意事项”：

第一，根据本地区的实际情况和家长及监护人的要求，对希望在课后参加教育活动的幼儿，除考虑其精神和身体负担外，还应考虑到以下几点。

1. 应考虑基于课程的活动，开展适合幼儿的活动。开展课后活动时，应

与负责课内课程的教师进行密切沟通。

2. 在准备课后教育活动计划时，应考虑到幼儿在家中和当地社区的生活。与当地社区密切合作，充分利用社区的各种资源，给幼儿创造多样化的体验。

3. 确保与家庭密切合作。增加与家长及监护人交流沟通信息的机会，增强家长与幼儿园共同培养孩子的意识。

4. 结合本地区的实际情况、家长情况和幼儿的生活节奏进行灵活管理，如开展天数和延时时间等。

5. 在制定适当的责任和指导制度的基础上开展活动。

第二，在幼儿园的运营中，应适当开放幼儿园部分设备设施，支持当地育儿事业。在考虑幼儿园的运营体制、相关机构的协作与合作的同时，应提供关于幼儿教育的咨询及相关信息、允许幼儿及其家长入园参观、提供家长之间互动的机会等服务。幼儿园和家庭应共同推动幼儿教育，争取成为当地幼儿教育的据点。在此过程中，应与心理学和保健学领域的专家，以及社区内有育儿经验的人建立协作关系，积极开展教育活动。

五、关注幼儿“3 岁入园期”

3 岁左右的幼儿一般会逐渐产生自我意识，却又缺乏危险意识，常会发生不顾周围情况随心所欲行动的情况，或者在预想不到的情况下采取意想不到的动作和玩法，所以除了在园舍中设施设备上提高安全措施外，教师还要特别注意 3 岁儿童的自主游戏活动。

对于之前没有与同龄幼儿集体生活经验的 3 岁入园幼儿，因家庭生活经验不同，会造成幼儿之间言语、行为、习惯等方面存在较大差异，发展特性也各不相同。脱离之前熟悉的家庭环境氛围，幼儿通常会有不安的情绪，有条件的幼儿园会仿照日式家居环境，设计一个有家庭安心氛围的保育室。幼儿通常与教师通过较深入的接触后，情绪逐渐安定，在自我表现的同时也会渐渐地注意到周围其他幼儿的存在，进而互动发生关联。通过与其他幼儿和教师互动开展相关活动，扩大、充实幼儿园教育生活内容。此外，幼儿园需要与家庭密切合作，充分考虑幼儿个体的生活节奏进行课程设计，教师在每个幼儿的生活方式和节奏的基础上对其进行细致的指导。特别是为了使教育活动更加有效地开展、更好地实现教育目标，幼儿园应积极向家长和地区居民提供幼儿园的教育方针、特色教育活动和幼儿在园状况等基本信息，以得到家长和地区居民的理解和支持。

对于 3 岁之前有保育所或认定幼儿园生活经验的幼儿，通常与 3 岁直接从家庭生活进入幼儿园的幼儿有不同的表现特征，幼儿之间的状态通常也大不相同，幼儿教师应加以分辨。但即使在保育所、认定幼儿园等有集体生活的经验，习惯集体生活节奏，幼儿在园的生活通常也会与之前的保育节奏有所不同。在这种情况下，建议幼儿园教师在对幼儿进行指导之前或指导过程中遇到突发问题的时候，寻求与幼儿入园之前的保育员合作，针对幼儿个体情况进行深度沟通，谋求顺利衔接。即幼儿园应充分考虑到幼儿的家庭生活经验和保育集体生活经验等的不同，尊重每个幼儿的生活方式和节奏，在充分把握幼儿活动特征后，在教育流程、环境设计上合理安排设计课程。

1. 通过个人游戏和与老师的亲密接触，亲近幼儿园生活，安定下来的时期。

↓

2. 对周围的人、事物产生兴趣，逐渐了解幼儿园生活方法和规则的时期。

↓

3. 朋友之间有目的地开展幼儿园生活，传递信息，体验共同生活乐趣的时期。

↓

4. 加深朋友关系的同时充分发挥自己的能力，致力于更好的幼儿园生活的时期。

图 5-1　幼儿在园生活发展阶段

通常当幼儿在园生活进入第 3、4 发展阶段，即可按照领域中的“目标”“内容”顺利地进入教育课程，考虑各种因素相互关联之后，将相关内容纳入课程编制视野中。

第五节　优质幼儿教育课程特征

一、基于环境引导的隐性课程

幼儿教育的对象是尚不具备知识基础、情感不稳定且易受外界影响的懵懂孩童，因而此阶段的教育具有其独特的启蒙性、基础性、知情意行之全面发展性等特点。就此而言，与其他教育阶段相比较，幼儿教育更适于隐性课程功效的发挥。① 同时，隐性课程的多方位、情境化与发散性等特征，也恰到好处地满足了幼儿教育中通过环境进行引导活动的需求。隐性课程中所说的“环境”不但包括园舍、教具、玩具等物质空间层面，还包括教师的服饰、举止、师生互动，以及幼儿园孩童之间的社会性交往诸如此类社会心理层面。

（一）物质空间层面

物质空间层面的隐性课程属于外观因素，具有较大的可移植性。在第三次教育改革中，修订后的《幼儿园教育纲要》（1989 年）提出新的教育方针，即“培养与他人交往的能力，加强与大自然的接触及与周围环境的联系，培养基本的生活态度和习惯”，明确将“亲近周围环境，在与自然接触中拥有对各种事物的兴趣和关心”定为幼儿园教育目标之首，即幼儿园教育的基本特点是通过环境进行教育。主管《幼儿园教育纲要》修订的日本保育专家高杉自子在其著作中多次强调：“环境并不是保育以外的事物，环境创设的本身就是保育活动的内容与方法”②，“要让幼儿充实、有效地开展游戏活动，环境构成是关键”③。

日本拥有发达的经济与先进的科学技术，而他们的幼儿园却远非我们想象中的充满现代化气息。普通幼儿园课程活动中几乎看不到数字化教学设备，

---

① 参见唐钰滢，刘文静．日本幼儿园的潜在课程及其启示［J］．河北大学学报（哲学社会科学版），2016，41（2）：48.

② 高杉自子．幼儿教育的原点［M］．王小英，译．上海：华东师范大学出版社，2014：18.

③ 高杉自子．幼儿教育的原点［M］．王小英，译．上海：华东师范大学出版社，2014：61.

高档电动玩具、昂贵的游戏器材更是鲜有所见。在日本，幼儿园的操场多为泥土地，方便在操场四周种植植物，其中，果子、树叶、花草、石头都是大自然送给孩子们的玩具礼物。有条件的幼儿园还会饲养小型动物、昆虫等，以培养幼儿的好奇心、探究心，使他们从小开始亲近自然、热爱自然、敬畏自然。沙坑附近的游具和室内玩具尽可能借助自然条件或利用废旧物品制作，如用泥土堆起以供幼儿攀爬的小山在冬天积雪覆盖时便成为小型的滑雪场、用旧轮胎和绳子制成的简易秋千、用旧塑料瓶子制作的轮船、用盒子组装的汽车等。更能引起幼儿兴趣的是未经任何处理的小件废旧物，如卫生纸的纸芯、瓶盖、硬纸盒、碎布、礼品外包装纸等各种废弃日用品，都是幼儿们眼中的绝佳玩具。幼儿可以通过自己动手，或在老师的协助下，完成所想象的作品。在玩耍的同时，不但培养了幼儿的环保意识，更激发了幼儿的创作能力与合作精神。

（二）社会心理层面

随着生活场所从家庭扩展到幼儿园，幼儿在新的环境中会遇到各种新事物和新现象，进而产生好奇心和探究心。为了满足好奇心和探究心，幼儿通常会自发性地进行观察、思考、行动，与各种已有经验产生充分关联，进而发展“基本的思考能力、决策能力和表达能力”。幼儿经常受到同龄幼儿行为的影响而采取行动，例如，在进行某项运动时，一个小朋友对其不感兴趣，通过与其他幼儿接触或者教师的援助等，可以创建一个“想要活动的环境”——被倾听、被理解、享受交谈的乐趣、运动完成分享喜悦、彼此间鼓励等情绪价值环境，借着环境的影响对不感兴趣的运动产生兴趣。通过这样的社会性环境，幼儿的体验生活能够更加丰富、快乐地展开，并建立友谊关系。此外，不但和朋友在一起游戏活动时的快乐和喜悦有其教育意义，幼儿通过朋友关系感受到愤怒、悲伤、寂寞等体验同样具有价值。如因彼此意见冲突而意识到对方和自己有不同的主张，为了继续一起愉快地玩耍，幼儿会调整自己的心情，进一步沟通。这种与他人关系的扩展同时也是自我个性的形成过程，即幼儿通过与他人交涉活动，意识到不同意见的存在，学会克制自己的系列行为，奠定了幼儿自我发展的基础。因此，教师应基于对每个幼儿行为的理解和预期，有计划地构建可以激发幼儿兴趣或者有助于幼儿得到其他同伴响应援助的环境，以扩大幼儿对自然、事件、游戏活动等各种对象的兴趣。另外，幼儿积极地与周围环境产生联系需要相对稳定的心理，而这种稳定的心理通常是通过与周围人建立信赖关系而产生的。故此，教师除创设安全的外部环境外，自身也应与幼儿建立信赖关系，使幼儿在充足的安全感中主动地参与到身边环境，与环境产生互动，进而促进其身心发育。总之，优质的幼儿教育课程一定是教师根据幼儿状况灵活展开，将幼儿的想法和活动纳入其中，与幼儿共同创造教育环境。此外，除了在构成空间环境上下功夫外，基于幼儿喜欢模仿家长和教师等成年人行为的特性，幼儿教师的言谈举止，甚至常被忽略的衣着打扮，都会对幼儿产生特殊的教育价值。由此，幼儿教师在园工作过程中，无论是进行幼儿教学活动还是生活保育，除了时刻关注幼儿的生活活动之外，对于自身的一举一动也不能存在丝毫懈怠。①

二、以游戏为中心的统合性课程

由于幼儿特殊的生活状态，好的环境通常是指通过游戏等自发活动展开有助于幼儿身心发育的环境，高度重视游戏可以说是日本幼儿园的一大特色。日本古语就有“玩的时候好好地玩，学的时候好好地学”。这句话虽然发现了游戏对儿童成长的重要性，但也存在认为游戏和学习互不相干的局限，认为两个方面只有交替进行才能产生良好效果是一种教育误区。现当代的日本幼儿教育将游戏提升到幼儿教育课程的高度。对于幼儿来说，特别是自发性游戏活动，产生于幼儿的内在需求，游戏过程在满足这种需求的同时，也使以需求为根基的能力得到了相应的发展。会玩游戏的孩子，他们的生活活力以及未来发展力、创造力往往具有更大的提升空间。

在日本，幼儿通常以自由游戏开始一天的在园生活，幼儿通过身边环境的刺激，凭借自己的兴趣主动参与到环境中，开展各种各样的游戏活动，反复体验游戏与环境带来的充实感和满足感。由于日本幼儿教育特别注重幼儿

---

① 参见李文英，唐钰滢．幼儿教师角色意识与专业发展——仓桥惣三的幼儿教师观及启示［J］．外国中小学教育，2016（6）：44．

与大自然的亲密接触，故大部分幼儿园都会在天气允许的情况下选择室外游戏。根据《幼儿园设施整备指南》要求，原则上幼儿园应具备较好的自然环境，如较粗壮的树木、草丛、沙池等。在自由活动中，幼儿园作为幼儿集体生活的场所，一般不分班级或是限定区域，幼儿自由选择玩什么、怎么玩、和谁玩等。游戏过程中，幼儿开始注意到其他幼儿的存在，并逐渐寻求相互关系，年龄相仿的幼儿即使并不相识，开始可能在同一个地方做着各自不同的游戏活动，但很快就会有交谈、交换东西等互动行为。幼儿有时会因共同的兴趣商讨新的游戏规则，其间难免会在游戏中出现意见不同的争执，但这些都是幼儿心理发展不可或缺的经验。

幼儿各方面能力的提高都离不开其自身所在的生活环境，所谓的幼儿期学习就是通过在游戏、生活中基于兴趣的具体体验过程而培养出适合这个年龄所需要的能力与品质，可以说每个幼儿的潜在可能性都是通过日常生活中遇到的环境有意识或无意识开发出来的。在环境影响幼儿成长的同时，幼儿的活动也会对环境产生影响，通过幼儿与环境的相互作用来实现加深幼儿活动体验，循序渐进地引出下一个活动。早在 1998 年《幼儿园教育纲要》修订中就提出“通过以游戏为中心的生活，开展适合每个幼儿的综合性指导”。在开展游戏的过程中，幼儿全身心地投入，因此各个方面的发展相互关联、积累，形成综合性发展。例如，几个幼儿做建造瓦楞纸板房子的游戏，幼儿制订制作程序，锻炼了思考力；为了一起合作，幼儿们用语言和身体动作等互相传达自己的想法，在互相传达过程中，锻炼了表达能力；为了让对方明白而表达自己的同时也要理解对方的意图，锻炼了沟通交流能力；在边交流边合作的工作过程中，实现角色想象与扮演；通过“房屋建造”，发挥身体的运动功能，了解工具的使用方法、相关素材特质；“房屋建造”完成后，体验到成就感；游戏中感受朋友间的亲密感；等等。这样，在开展一种游戏的过程中，幼儿们会经历各种各样的事情，借此心智日益成长，综合能力得到发展。

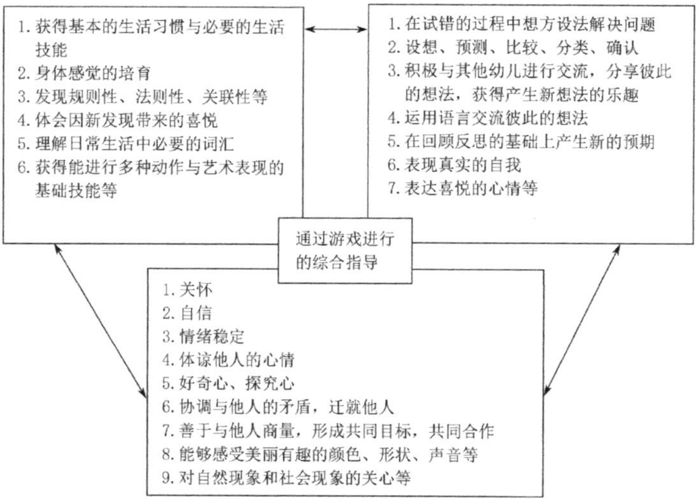

图 5-2　通过游戏发展综合能力①

三、满足幼儿个性化成长需求的教育课程

幼儿的发展存在阶段性是毋庸置疑的，绝大部分幼儿的发育特征都会遵循各年龄段特有的规律，幼儿教师对不同年龄段的幼儿所表现出的发育特征有所了解可以在一定程度上避免指导方向的错误。但幼儿在自发、主动地与环境互动关联和在以游戏为中心的综合指导中，通常一边抱有好奇心，一边体会与自己生活关联的存在感，每个幼儿都有自己的生活方式、行动方式、表现方式等，每个幼儿也都是不可替代的存在。从作为独立存在的幼儿个体角度观察，每个幼儿对环境的看法、接受力以及与环境的关联都是不同的，故此，不同幼儿的发展特征会呈现一定程度的差异性，如同即使是同一棵树上依然没有两片完全相同的叶子。

“个性化教育”针对传统教育中整齐划一式的教育内容而言，其并不是否认幼儿的阶段性发育特征，而是通过观察个体幼儿的当下心理与状态，进行有益于幼儿成长的保育教育措施。“个性化教育”体现在幼儿教师针对不同性

① 参见金爔然，柳海民．日本《幼儿园教育要领》修订案的新动向［J］．外国教育研究，2019，46（1）：84.

格、不同发育状态的同龄幼儿的不同态度和做法，有时也会体现于幼儿教师针对同一幼儿在不同环境作用下的特殊状态做出不同的回应。每个孩子的特长不同，如有人善于表达，有人善于观察，有人头脑灵活，有人手脚灵巧一样，幼儿教师应当尊重每一个幼儿的个性与特长，在此基础上尽可能掌握幼儿作为个体的发育特性和当下状态，才能在教育指导过程中做到更好地助力幼儿成长。

为了对每一个幼儿进行适当的指导，幼儿教师需要充分了解每一个幼儿的发展状态，教师参与到幼儿的游戏活动中，能更直接地与幼儿产生关系。如北京师范大学张燕老师在日本参观考察中的记载与论述："我所参观的这些园中，未见到教师站在一旁旁观，或做其他无关事情的现象。教师积极参与活动，有时建议指导，有时给予一定帮助，但更多的时候是作为幼儿中的一员，师生之间较少距离感。教师作为幼儿的游戏伙伴或大朋友，以自己饱满的情绪感染影响幼儿，并对幼儿表达支持赞许的态度，可增强师生情感联系；教师这种平等身份而非居高临下的关系还有助于幼儿在活动中学习自己做主、自创玩法等，因而游戏中较少见到依赖教师的行为。"①

此外，关注幼儿的当下，"满足幼儿个性化成长需求"并不代表幼儿教师在幼儿出现困难时第一时间回应。幼儿教师在幼儿的具体要求和行动背后，察觉幼儿内心活动，如欲望、意志的强烈程度以及心情状态（开朗、不满、沮丧等），推测幼儿要求、行动背后的真正意图，视情况不同可以让幼儿自己思考，或督促幼儿互相教导；即使不同幼儿的同样要求，也可以因人而异改变回答方法。但相同点是在对每个幼儿进行相应的指导过程中，教师要以对幼儿的关心、回应、共情等基本职业素养来进行教育指导。同时，幼儿园是发挥集体教育能力的场所，在集体生活中，通过幼儿相互影响，促进幼儿个体的发展，是其成立的目的之一。因此，考虑利用每个幼儿的发展特性来创造出集体社会性也是优质教育课程应具备的重要因素之一。

---

① 张燕．日本幼儿教育的特色及其启示［J］．教育科学，2003（2）：63.

第六章　日本幼儿园教育指导计划

幼儿园教育旨在帮助每一个幼儿在集体生活中，通过与教师、其他幼儿以及周围事物等环境产生关联，创造出具体活动，进而获得自身发展所必需的体验与经验。幼儿园据此制订和谐的、有组织的、具有发展性的指导计划，并结合幼儿的活动状态开展适合幼儿期生活的灵活指导。

第一节　指导计划的设计理念

一、教育课程与指导计划的关联

教育课程是面向幼儿，以达到对其教育目标为目的，通过助力幼儿的发育发展过程，由保育者指导并展示幼儿活动经验的整体计划。为了方便进行实践指导与教育设计，幼儿园需要根据本园的教育课程，对照幼儿发育发展的实际情况，制订具体的指导计划，让每一个幼儿通过在园学习生活获得必要的经验。如果没有教育课程的方向性引导，具体的指导计划就会变得模糊不清；如果没有指导计划的具体实施，教育课程也会变成空中楼阁、一纸空谈。在 2008 年《幼儿园教育纲要》修订中，“指导计划的制订”下置于“教育课程结束后开展的教育活动等”部分，有日本幼儿教育专家指出“在部分幼儿园长期存在教育课程与指导计划混同”“教育课程与时代脱节”的问题。[①] 针对此现象，2017 年《幼儿园教育纲要》修订将“指导计划的制订与基于对

① 参见中村三緒子．幼稚園教育要領・教育課程の変遷と課題［J］．淑徳大学短期大学部研究紀要第 56 号，2017（2）：105.

幼儿理解的评价”部分单独列出，要求幼儿园将“指导计划”作为与“教育课程”平行的部分进行编写，并在此基础上进行“基于对幼儿理解的评价”。

教育课程的编写概述了幼儿园教育期间的整体情况，明确从幼儿入园到结业这段时间内应遵循怎样的发展计划。教育课程需要预测幼儿园教育期间在哪个教育时间段以怎样的目的、手段进行有效指导，使幼儿园教育整体变得明确——达到“在幼儿期结束后的理想状态”。在指导计划中，有必要根据教育课程进一步明确具体的目标、环境的构成、教师的援助等具体指导内容和方法。指导计划是教育课程的具体化，一般既要考虑具有长期视野的年、学期、月份等长期指导计划（年度指导计划等），同时也要根据幼儿的日常生活，考虑与幼儿具体活动息息相关的一周指导计划（周案）和一日指导计划（日案）等短期指导计划，使幼儿在发育的各个时期都能展开符合教育发展方向的活动。

教育课程和指导计划要连贯一致。在开展指导之前，教师必须事先研究教育课程的价值。在指导计划的制订过程中，通过充分的研究做好事先准备工作，包括构想环境的构成等。幼儿教师根据幼儿期的发展特点，充分考虑幼儿园整体的物与人等环境构成，如园林的自然环境、桌子和整理架等生活所必需的物品、游乐设施，以及幼儿园全体教职员工的合作关系等。之后根据幼儿园的教育课程，制订和谐的、有组织的、具有发展性的指导计划，按照幼儿的活动进行灵活的指导，以便开展适合幼儿期的生活活动实践。此外，指导计划只是一个假设，在实施过程中，幼儿教师还要结合幼儿的生活状态。为了能够使幼儿在各个发育时期展开适时的活动，制订具体的指导计划是必要的，即指导计划的作用是便于适当指导，而不是保育者按照指导计划去左右幼儿的实践活动。幼儿教师对幼儿的指导是通过环境进行的综合指导，幼儿和教师在幼儿园这个环境中一起创造出活动教育课程，所以指导计划需要根据实际开展的活动不断改进，同时，作为指导实践积累中的教育课程，也需要随着具体指导计划的改进同步更新。

二、“指导”与“计划”的意义

通常意义上的“指导”指教师单方面地给予学生知识、技能等。因此，

“指导”极易被误解为由幼儿教师主导、忽视幼儿的兴趣和想法等整齐划一的保育状态。如果只是教师单方面地要求幼儿从事预定的活动，就无法从真正意义上促进幼儿的个体发展。幼儿的发展状态因个人的生活经验、兴趣爱好等而异。即使是集体活动，大家好像是在做同样的运动，但从幼儿个人发展视角分析，活动具有的意义却不尽相同。因此，教师必须根据幼儿的具体发展情况，从幼儿的视角出发，理解他们的看法、感受、心情、思考方式、参与方式等特性发展，通过对幼儿内心世界的理解，进行因人而异的指导，帮助幼儿获得成长的必要经验。即狭义“指导”指幼儿教师根据幼儿的生活流程和发展等创造出与具体目标、内容相适应的环境，教师对幼儿展开活动提供必要的建议、指示、批准、同感、鼓励等行动援助。这些“指导”在一个循环中进行，包括在对幼儿理解的基础上制订指导计划、构建环境与开展活动，根据幼儿的活动进行必要的援助性参与等；温柔地对待幼儿的行动、发现、努力、感动等行为，并给予认可、共鸣、鼓励等积极的情绪反映，以及教师在此基础上的评估，和根据评估制订新的指导计划。从广义上说，基于幼儿园教育进行的所有援助行为都可以被认为是对幼儿的“指导”。

幼儿园教育的基本活动是通过环境进行的，为了使幼儿通过主动地与环境产生联系来积累自身发展所必需的经验，幼儿园生活必须具有计划性。教师需要在幼儿活动前想象具体的场所、场景、情景，考虑让每个幼儿都能主动活动的时间和空间，预测在哪里与事物、朋友等环境关联之后产生活动的流程，以及幼儿与环境产生关联和教师预想不同时的对策，并按照时间顺序在指导计划中注明相关问题。在实际进行指导时，教师在重视幼儿构思和活动开展方法的同时，需要对幼儿进行适当指导，包括修改预先设定的目标、内容，并为此重新构建环境、给予幼儿必要的帮助等。具体指导既要通过指导计划明确方向，又要根据幼儿的生活情况灵活进行。活动的变化不但是由于教师的推动，有时也是幼儿自己主动去改变，因此，教师在考虑环境构成的时候，要从幼儿的视角和想法去考虑，将幼儿自己创造的环境设计到幼儿园活动中。也就是说，要想通过幼儿园生活让每个幼儿实现幼儿园教育目标，首先教师必须事先预测幼儿发展所需的经验，预想活动的开展情景，根据各个时期发展的特点，制订符合教育课程的指导计划，使幼儿充分享受活动并主动充实活动，进而进行持续指导，此为指导计划存在的必要性。在具体指导中，要求教师一边考虑事先制订的计划，一边根据幼儿的实际情况进行灵活的指导。即指导计划是为了让每个幼儿在园期间展开活动并获得必要经验的必须准备，越是尊重幼儿的主体性，就越需要结合教育目标，制订促进幼儿个人发展的指导计划。

三、“PDCA 循环”提高教育指导质量

“PDCA 循环”模式由美国学者爱德华兹·戴明（W. Edwards. Deming）提出，最早应用于企业界的项目目标管理，在幼儿教育中指借助 PLAN（计划）、DO（实践）、CHECK（评价）、ACTION（改善）过程实施教学管理。

幼儿园教育以通过环境进行的教育为基础，借助以下三大步骤促进幼儿获得身心发展：①开展适合幼儿期的活动教育；②通过游戏为中心的幼儿自发活动进行综合性指导；③根据每个幼儿的发展特点进行个性化指导。幼儿园通过不断充实以上内容以谋求提高幼儿园教育质量，具体措施为有组织、有计划地通过“PDCA 循环”实现“指导计划”与“课程管理”。

在幼儿园教育中，PDCA 周期的良性循环是将教育课程和年度指导计划等长期指导计划与日常保育等短期指导计划有机地交织在一起，形成一个螺旋上升状柱体，连接提高幼儿园现有教育质量。实现 PDCA 的良性循环首要因素是基于对幼儿的理解，故“PDCA 循环”需要重视以下方面：①设计以教育课程为中心的一体化教育活动实践，实践过程中应围绕教育课程中展示的教育理念、十项理想状态、幼儿的实时发展动态过程展开指导内容。②长期指导计划与短期指导计划的关系并不完全是整体规划与具体规划的关系。最佳设计方案应该是根据不同目的的短期指导计划来制订必要的长期指导计划，并将其有机置于整体幼儿园教学规划中。在此基础上，再从与教育课程的关联、与其他规划的关联等多个角度进行综合调整。最后，在进行整体教学活动设计时，由具体完成的每一项计划打造出一贯、综合、稳定的幼儿园生活。

除此之外，从成为“面向社会开放的幼儿园”角度来看，幼儿园在提高课程质量过程中，谋求与家庭、地区的有机合作，灵活运用、整合园内外资源，实现内外联动非常重要。通过三方合作提高幼儿教育活动的质量，各幼儿园有必要与家庭和地区共享幼儿教育目标、教育方针和幼儿园特色、经营理念等整体构想。同时三方就希望通过幼儿园教育培养幼儿什么样的素质和能力，以及通过幼儿园教育培养的素质和能力如何与社会连接达成共识，用不拘泥于幼儿在园活动的“大设计”，与家庭教育、区域教育有机地联系起来，创造 PDCA 的良性循环。即根据各幼儿发展的实际情况、家庭和地区的实际情况等，结合幼儿园教育中想要培养的资质与能力、教育目标和建园精神等，编制教育课程与指导计划。此外，还应注意在教育实践的组织和实施过程中，“PDCA 循环”作为教育课程管理，不仅是为了达到政策文件中显示的预期发展目标，更是要把目光锁定在符合当前在园幼儿的身心发展上。

第二节　指导计划的设计基础

一、基于幼儿主动性的指导计划

幼儿园教育是幼儿通过自己的主体性意愿与环境相关联，进而做出具体活动行为实现教育目标的达成。区别于其他教育阶段受教者对知识和技能的单向学习，幼儿期教育课程最大的特点是学习与生活节奏的高度吻合，故幼儿园教育指导计划必须以幼儿的实际生活为中心进行规划设计。

在幼儿园教育中，从幼儿期各阶段的发育特征出发，允许幼儿自己先与周围环境产生关联，充分感受开展活动的充实感，同时不断积累身心成长发育所需的体验。每一个幼儿在与教师或其他幼儿熟络，逐渐融入集体生活后，与周围的各种人、物等环境产生进一步关联，在发挥其主体性后，部分时候会反作用于环境，如此循环对于培养幼儿生存能力的基础具有极其重要的意义。但如果有周围的环境不能与幼儿当时的状态发展相适应、幼儿对当时的环境没有产生行动的兴趣、幼儿的以往活动经验不能及时促进进一步活动产生等状况发生，就需要教师适时对活动进行适当的指导。即教师充当一个外界的推力，促进幼儿与环境发生关联，实现幼儿自身发展相关所必需的经验积累。

综上所述，指导计划需要根据每一个幼儿的发展前景和对活动的预期来构建环境，进而进行有计划的指导。需要注意的是，根据每个幼儿的发展特点进行指导并不意味着任何时候幼儿都要“各自为政”。幼儿园是发挥集体教育功能的主要场所，在集体生活中，幼儿应通过相互关联促进个人发展。故此，保育工作的展开应设计大量可以发挥每个幼儿发展特点的集体活动。

二、设定具体目标与内容的指导计划

教育课程中幼儿各个发展时期的目标和内容的设定应基于幼儿在园生活的整体状态。这些目标和内容如何通过幼儿在园实际生活与活动得以实现还须通过制订指导计划来进行具体考虑。在设定具体的指导计划目标、内容时，幼儿教师应参考本园幼儿们的发育与发展轨迹，对该时期幼儿的发展面貌有所预测，在研判前一时期指导计划的目标和内容达成的实际情况下，预测并设计下一轮幼儿园生活流程和集体游戏。其中，幼儿在园的实际情况可以结合幼儿的兴趣、游戏和生活方式、与教师和朋友之间的人际关系、自然和季节等多种变化因素。此外，还需重视指导计划的连续性，保证幼儿生活的连贯性。除了每天幼儿在园生活的连续性之外，还应注意在园生活与在家庭和地区生活的连续性。

教育课程的实施应根据幼儿的生活与活动制订具体的指导计划，在设定具体的指导目标和内容时，幼儿教师应基于与幼儿共同生活的感应，根据幼儿的生活状态，熟知该时期幼儿的期望，具体策划为此需要经历怎样的过程。

三、创设环境的指导计划

通常我们所说的“环境”指包括建筑物、设施设备、自然物质和出版物等广泛的社会文化信息在内的物质环境，其实，“环境”还应包括各种复杂的人际关系所营造的氛围、意识和价值观等，以及时间和空间等各种环境相互关联所创造的环境本身。对于幼儿来说，“环境”往往泛指幼儿周围的全部信息，但在幼儿园教育中的“环境”，是指幼儿能够主动参与其中，并从中得到直接、具体的体验，促进其发展的有意义的环境。即环境创设是指幼儿教师有意识、有计划地构建与幼儿发展相关联的教育环境。

幼儿教师灵活地把握环境的教育价值，不必完全拘泥于对环境特性的把握方法，而应注重幼儿与环境产生关联后，幼儿自身对环境的探索，从而发掘环境对幼儿的意义与价值。即使在经常接触的环境中，随着幼儿兴趣与关注的扩展，幼儿也会从中得到新的启发。幼儿在环境中获得新的经验对培养其素质和能力至关重要。

四、贯穿幼儿在园生活的指导计划

幼儿从家庭生活到地域社会，再到幼儿园生活，其间与各种人物、事件、现象产生关联。在这样的生活范围内，幼儿园生活对于大多数幼儿来说，是远离家庭，每天与同龄人一起度过“集体生活”的最初体验。早在20世纪20年代，仓桥惣三就提出：“要相信幼儿具有充实自己生活的能力，要让幼儿园成为一个能够发挥幼儿自己能力的地方。我们不是建造一个方便我们的目的强加于幼儿的机构，而是要让幼儿来到这里，能轻松愉快地感到这里确实是他们喜欢的地方。”① 幼儿教师有意识、有计划、有组织地构建教育环境，通过环境帮助开展适合幼儿各个时期的生活来促进幼儿获得发展所必需的体验与经验。根据幼儿园生活的特点，幼儿园开展的具体活动和指导方式必须符合幼儿期发展的特点。例如，在入园之初，教师帮助幼儿通过与自己喜欢的东西产生关联，使幼儿在新的生活中逐渐产生稳定感、安全感；通过保持这种稳定感、安全感，继而对周围的环境产生兴趣与进一步的探索需求——加深了解游戏或加入其他游戏元素等。此时，教师通过游戏进行综合性的指导往往会产生事半功倍的效果。

五、通过游戏进行的综合指导计划

幼儿的主体性活动与生活通常紧密地交织在一起。但从具体的生活行为

① 仓桥物三．幼儿园真谛［M］．李季湄，译．上海：华东师范大学出版社，2014：14.

来看，可以分为吃饭、睡觉等生活习惯养成部分，和以游戏为中心的教育活动部分。

随着幼儿在园生活的展开，游戏成为幼儿生活中的主要活动。从幼儿自身兴趣、关注点中所产生的游戏，通常包含幼儿朝着目标去思考、尝试、追寻新知识技能等主观能动性。在幼儿进行游戏过程中，他们会注意到各种事情、体验到人际关系、掌握生活行动方法等。此外，幼儿还会在游戏中感受到成就感、充实感、满足感、挫败感等，不同感受使其不断体验到自己所面临的挑战。特别是集体游戏，可以使幼儿的运动力、思考力、表现力、感性、创造性、对他人的信赖感和心理平衡力等多方面能力素养得到发展，从而为身心和谐发展奠定基础。我们可以说游戏是幼儿期特有的学习，是促使幼儿三大能力支柱——“基础知识和基本技能”“基本的思考能力、决策能力和表达能力”“学习能力、品格”养成与综合发展的有效途径。在幼儿园教育的具体指导过程中，幼儿教师以游戏为中心进行的综合指导须以“幼儿期结束后的理想状态”为基准，捕捉幼儿在游戏中的发展轨迹，创造幼儿能够获得发展所必需的环境体验。同时，还要经常留意对幼儿游戏的开展给予适当的指导，使幼儿园教育的目标能够综合地得以实现。

六、通过评价不断完善的指导计划

幼儿园教育是在指导计划制订、环境构成、活动展开、根据幼儿活动进行必要援助、基于评价的新指导计划制订等系列循环中进行的。指导计划必须通过指导过程实践评价力求不断完善，在改善指导计划时需要注意指导计划与教育课程的关系，必要时也可以更新、改进教育课程。过程实践评价是针对整个指导过程而言，评价从理解幼儿的发展和改善幼儿教师指导这两方面同时进行：理解幼儿是指重视对幼儿实际活动情况和发展的理解；改善幼儿教师指导则指必须重视指导计划中设定的具体目标和内容是否和环境构成恰当关联、是否对幼儿的活动进行了必要且有效的援助等。

活用评价改善指导计划对于创造充实的幼儿园生活至关重要，但幼儿教师个人很难对自己进行客观评价。通过相互交流指导事例等充实园内研修是改善指导计划的有效途径，其包括集体查看活动指导记录，进行讨论，进行多角度的评价等多个环节。在此基础上，幼儿教师还需回顾指导过程中是否注意到幼儿当时的状态和教育目标等，借此加深幼儿教师对幼儿和指导教法的理解。

第三节　指导计划内容与实践

幼儿教育不但是终身教育体系中的起始部分，更是终身教育的根基部分，是培养幼儿期人格形成的重要基础。幼儿期的指导实践最大的特点可以说是通过幼儿学习与生活的高度吻合，借助游戏、生活等培养幼儿的生存力基础。

一、长期指导计划内容与实践

在制订长期指导计划的时候，教师根据季节、对幼儿生活状态的预测组织活动，包括指导计划中的具体目标和内容、环境构成、教师的援助准备等。

（一）关注幼儿生活情景的长期指导计划

制订长期指导计划要根据幼儿生活的具体情况，在预测幼儿发展发育走向的基础上进行。在教育课程与长期指导计划编制中，以幼儿发展的节点作为指导计划的分“期”依据，预测每个时期的发展状态。以下以 A 幼儿园为例进行说明。其中，第Ⅲ期从幼儿暑假后回到幼儿园开始，基于时期活动和季节变化等原因，幼儿的生活状态也会发生变化，幼儿发展过程的时期特征就会凸显出来。

表 6-1　A 幼儿园 3 岁幼儿分期及其时期特征

分期	时间	时期特征
Ⅰ期	4 月至 5 月中旬	远离家庭，幼儿个体逐渐习惯幼儿园生活，慢慢走向稳定的时期。
Ⅱ期	5 月中旬至 7 月	开始自己行动，逐渐对游戏感兴趣，生活状态反复不定的时期。
Ⅲ期	9 月至 10 月中旬	回忆起暑假之前的幼儿园生活，与其他幼儿一起参与游戏，同时感受游戏乐趣的时期。

续表

分期	时间	时期特征
Ⅳ期	10月中旬至12月	玩自己喜欢的游戏，因有朋友陪在身边而感到快乐的时期。
Ⅴ期	1月至3月	通过游戏，彼此之间的想法、印象等不时地联系在一起，玩得越来越开心的时期。

表 6-2 A幼儿园3岁幼儿Ⅲ期生活面貌及具体时期特征

生活面貌	1. 重复自己想做的游戏。 2. 自己开始主动参与游戏，结交好朋友，把暑假经历过的事情和想法等告诉老师。明白简单的规则，享受大家一起做游戏的乐趣。 3. 做自己身边的事情。		
时间	9月初—9月下旬	9月下旬—10月上旬	10月上旬—10月中旬
具体时期特征	1. 漫长的暑假结束了，有的幼儿哭泣不安，但还是来到幼儿园。 2. 以上学期玩的游戏为导入，开始进行游戏。 3. 以戏水为乐，反复玩耍。	1. 在外面尽情地活动身体，享受玩耍的乐趣。 2. 幼儿变得能享受跳舞、赛跑等集体活动。 3. 喜欢拥有同样的东西或做同样的事情。	1. 第一次参加运动会，模仿年长儿童的动作，以自己喜欢的方式反复游戏。 2. 和老师、朋友一起玩简单、有规则的游戏，通过游戏变得快乐起来。

（二）注重教育目标的长期指导计划

幼儿园可以通过设计整体教育目标明确本园幼儿的发展目标。在整体教育目标设计下阐明幼儿园的个体教育目标，如发挥幼儿园和地区特色，培养特定的幼儿形象，并将相应指导方式等具体化、可视化。以下为B幼儿园示例。“整体教育目标”为希望培养幼儿能力与素养的标准，“本园目标”为实现“整体教育目标”B幼儿园的应对措施。同时，基于对幼儿发展的预期，B幼儿园制订了本年度的指导重点，体现为长期指导计划。此外，B幼儿园与家长、当地居民等分享幼儿园课程与指导计划设计，形成幼儿园、家庭和地区协作养育幼儿的意识氛围。

整体教育目标：
1. 友好快乐的孩子。
2. 健康、开朗、身体结实的孩子。
3. 自己动手，爱思考的孩子。

↓

本园目标：
1. 幼儿可以无忧无虑地发展，体验丰富多彩的幼儿园生活。
2. 提高保育质量，保障个体成长，幼儿园、家庭、地区联合，致力于幼儿、家长、教师共同成长的幼儿园。

↓

本园教育活动基本方针：
致力于危机管理，重视直接体验，培养自主性，培养规范意识，注重自我肯定感，培养协同性，推进特殊支援教育，推进与家庭、地区、小学等的协作。

↓

本年度指导重点：
1. 培养行动自信的幼儿——享受创作成果和创作过程。
2. 培养认同朋友的优点，同时也能发挥自己能力进行活动的幼儿。
3. 培养表达自己的想法，有自己的判断并采取行动的幼儿。

↓

通过熟悉各种素材、表现方法，或受朋友的影响，幼儿自身表达更加丰富。

对老师和朋友有亲切感，在理解朋友的心情和想法后，体会一起活动的喜悦。

在与人、物、事接触过程中，遇到不可思议、有趣、美丽等打动人心的事情，体会表达感动的喜悦。

在游戏的过程中，遵守游戏规定规则，有完成事情的决心。

图 6-1　B 幼儿园长期指导计划

（三）环境构成视角下的长期指导计划

以下为 C 幼儿园基于环境构成视角的长期指导计划。C 幼儿园指导重点是“培养主动运动的幼儿”，教师通过“构建有吸引力的运动环境”实现教育目标。9、10 月份是暑假刚结束，幼儿很容易感受到从夏天到秋天的季节变化。除了结合季节特征外，还需考虑环境是否迎合幼儿的兴趣和需求、是否符合幼儿的发展时期、是否促进孩子们在环境中遇到新事物。

表 6-3　C 幼儿园长期指导计划——4 岁幼儿（9 月—10 月）

幼儿状态	1. 想起假期前的在园生活方式，想要自己动起来。 2. 做暑假前玩过的游戏，把暑假中的经历加入游戏中，做游戏的时候就会安定下来。和朋友在一处做自己喜欢的事。也喜欢游戏中和朋友做一样的动作。 3. 反复进行教师设定的运动性游戏，如赛跑、投球等。期待集体活动，跃跃欲试。 4. 感受季节的变化，在户外尽情奔跑，做游戏。对秋天的自然物感兴趣，在收集和游玩中角色自由切换。
目标（节选）	1. 享受和朋友关系的同时，也能展示自己的动作和想法。 2. 在户外尽情地活动身体，享受游戏的乐趣。 3. 关心秋天的大自然，通过各种感官注意到各种各样的事情。
内容（节选）	1. 对朋友所做的事情感兴趣和关心，自己也有跃跃欲试的心情。 2. 对身边的环境感兴趣，发现自己想做的事情。制作游戏所需的东西，通过各种游乐设施制作游戏场地，玩得不亦乐乎。 3. 借助游戏，感受到用动作和语言表达出想到的事物之乐趣与成就感。 4. 反复从事运动性的游戏，与音乐配合，感受与教师和朋友一起活动的乐趣。 5. 通过各种运动性的游戏，享受尽情奔跑的惬意和移动身体的快感，并从中感觉到差别。 6. 能体会班集体一起活动的乐趣，同时也能享受自己的动作带来的乐趣。通过朋友的激励使出自己的力量。大家都期待着参加运动会。感受天气逐渐变凉的季节性变化，享受在户外尽情活动的乐趣。
环境构成视角（节选）	1. 把想象的事物、制作的东西活用到游戏中，认可幼儿正在做的事情，在环境中加入新的元素等。 2. 根据需要，教师也需加入游戏的行列，让幼儿一点儿点儿地充实想要做的游戏，展示多种游戏方法，丰富游戏内容。 3. 为了能够体会到运动身体的乐趣，准备可以让幼儿进行反复游乐的设施。 4. 为了能和喜欢的朋友充分参与游戏，提供制作场地的用具，并提示场地使用方法等。

续表

环境构成视角（节选）	5. 认可幼儿以自己的想法和形象进行游戏。此外，教师用语言表达幼儿的形象，并传达给周围的幼儿。 6. 加入简单、有规则的游戏，使幼儿反复感受大家一起进行身体活动的乐趣。 7. 在呈现节奏表达、竞技等新教材时，为了让幼儿更容易抓住形象，要用让幼儿不由自主想尝试的动作和语言来传达。 8. 让幼儿感受到与教师的联系，与大家一起活动的乐趣，以及尽情地活动身体的舒适感。 9. 在指导方法上下功夫，使幼儿能够感受到排队、行进、听到信号后移动的乐趣，以迎接运动会的到来。 10. 认可并鼓励每个幼儿努力的姿态，引导他们向着下一个目标前进。在班级里传达每个人的优点，大家一起做事的喜悦在语言上也得到了共鸣。 11. 教师表达自己注意到的自然变化、对季节的感受等，引导幼儿把目光投向户外。 12. 为了让幼儿体验发现虫子的生态环境和捕虫过程的乐趣，教师应准备好图鉴、笼子、网等用具。 13. 准备必要的用具和材料，使幼儿能通过庭院里的自然物进行游戏。

（四）幼儿园基于地区环境的长期指导计划

在指导计划的制订过程中，幼儿园要充分了解所在地区中可融入幼儿生活的各种资源，如可利用的公共设施、当地活动、传统和文化等，并将其合理安排于具体指导计划中，以促进幼儿成长发育。以下以 D 幼儿园为例。D 幼儿园将社区活动纳入长期指导计划中，同时，该地区每年也会组织许多地区活动，鼓励居民以幼儿园、家庭为单位参加。D 幼儿园将根植于当地的区域活动作为大家“共同的印象”引入游戏当中，并将此活用为小组合作活动方案。

表 6-4 D 幼儿园小组合作活动方案

活动名称及时间	活动内容
与地区节日的关联——5 月底—6 月中旬	D 幼儿园所在地区每当临近节日时，气氛就会变得异常活跃，这是该地区的典型地域特征，也是家族代代相传的传统。D 幼儿园根据实际情况，在 6 月份的指导计划中，将“庙会游戏”活动定位为“集体商量、齐心协力的活动”。该地区幼儿每年必去参加庙会，每个人都仔细观察，看商品有哪些种类、祭祀台上放了什么东西、祭祀表演做了哪些动作等。另外，5 岁孩子的班级还会模仿庙会举办“庙会游戏”，同时邀请 3、4 岁的班级观看、参加，因此，也经常会有抱着“今年要举办什么活动”想法的幼儿加入游戏，进而逐渐形成规则、规范共识，作为幼儿园的必备活动流传下来。作为 5 岁儿童在 6 月份左右的协同性活动，由于易于着手准备，所以被定位为长期指导计划中的具体内容。
与地区商业街参加七夕游行活动——7 月上旬	在 D 幼儿园附近的商业街，7 月初的周六会有七夕游行，幼儿园的小朋友也会参加。虽然是教育课程外的活动，但幼儿园可以将此作为幼儿园活动中“事前准备”和“经验分享”活动。音乐、舞蹈、制作自己穿的衣服等活动被用于音乐活动、制作活动等课程。七夕游行当天，孩子们将怀着 5 岁孩提的感悟，享受着与大人一起堂堂正正地行动带来的自信心和满足感。之后，幼儿园将其引入指导计划的游戏中。故此，D 幼儿园把参加七夕游行放在长期的指导计划中。

此外，应特别注意的是部分与宗教相关的内容，幼儿园应严格把关挑选。还需留心看顾以前没有参与经验的幼儿，寻找恰当的时机、环节，将其带入游戏活动中。

二、短期指导计划内容与实践

短期指导计划的编制以长期指导计划为基础，从幼儿每天的具体生活状态出发，通过捕捉每个孩子的兴趣爱好与发展阶段等个性化教育需求，进而制订具体的目标、内容、环境构成、教师援助等指导计划。同时，在实践中，幼儿教师要重视幼儿生活的自然流程与节奏，对环境构成与教师援助部分要有具体设想。短期指导计划的编制在符合幼儿的兴趣和需求之外，还要抓住季节、节日等特殊时间节点，并以此为基础开展保育工作。

（一）一日指导计划

“一日指导计划”也称“日案”，是以上周幼儿游戏过程，特别是前一天幼儿状态为基础的指导计划。教师反思回顾之前幼儿游戏情况，便于进一步预测和把握当日活动指导。指导要点包括：确定各个游戏的方向目标，教师根据这些目标与幼儿交流，具体环境构成的规格化，等等。游戏结束或幼儿离园后，幼儿教师可以按照指导要点进行回顾，也可以对幼儿情况进行教育评价。

表 6-5　E 幼儿园（5 岁儿童保育）11 月 26 日日指导计划

11 月 第 3 周	游戏回顾	木偶剧、美容院等游戏。幼儿一边玩一边商量角色、游戏内容。 以“三只山羊的嘎啦嘎啦”木制拼图开始了木偶剧游戏。幼儿自己把在架子上移动时“咔嗒咔嗒”的声音变小变大，让气氛更加高涨。不久，幼儿有扮演票务员、座位引导员、绘本旁白员等不同角色，他们一边思考角色形象，一边商量如何通过这些角色进行游戏。 用落叶、果实、藤蔓、树枝等制作装饰，把秋天的自然物作为游戏元素，使幼儿们乐在其中。幼儿喜欢在“顺藤摸瓜”的编织物上挂上树木的果实和装饰，也会用橡子和南瓜子制作动物和饰品。在户外进行的餐厅游戏中，可以看到用着色的叶子制作色调漂亮的蛋糕，用固定的游乐设施、技巧台、座椅等组合制作落叶池、滑梯等。 幼儿使用各种道具，搭建竞技场地。和朋友一起活动身体做游戏，在愉快的心情下体验互相竞争的乐趣。幼儿开始对足球感兴趣，乐此不疲地把球狠狠地踢向球门，和朋友们争球奔跑。意识到踢进一球后，幼儿有的高兴有的懊恼。另外，虽然对规则的理解上存在个人差异，但了解规则的幼儿会在游戏过程中讲解游戏规则。
11 月 第 4 周 （11 月 24 日— 11 月 28 日）	周目标	1. 在和朋友带着共同的目的游玩的过程中，体会表现的乐趣、努力的快感、成功的喜悦。 2. 使用秋天的自然物来装饰、制作手工。

续表

11月26日（星期三）的幼儿游戏	
指导内容	指导要点及环境构成
一、和朋友们商量搭建一个竞技游戏的地方。 1. 思考加固台面和绳索的安全处理方法；思考快乐且安全的游戏规则；等等。 2. 和朋友一起思考搭建或加固设施，过程中试图尽自己的职责。	一、共同目的下，能够体会到和朋友一起进行游戏的乐趣，以及完成游戏后的满足感。 1. 教师与幼儿共同营造环境，了解每个幼儿的目的、游戏中形象。 2. 认同幼儿的创意想法，支持他们为了一起游戏所做的努力，包括好朋友间商量具体方法或实现行动等。
二、用木块儿、果实、落叶等制作餐厅游戏的美味佳肴和首饰等。 1. 利用各种树木的果实和种子的形状和颜色特征，将其巧妙地融入游戏的表现中。 2. 制作装饰物，或者用来做游戏。	二、采用秋天的自然物等进行游戏，充分利用其形状和颜色之美，使幼儿能够体会到游戏的乐趣。 1. 和幼儿一起收集的种子、落叶、果实等，注意要做好分类。 2. 在一起制作的过程中，一边推测幼儿想要制作的样式，一边提示适合的工具和材料，传达工具的安全使用方法等。 3. 对于幼儿制作的佳肴或首饰，一边认可幼儿的匠心，一边做高兴地吃的动作或佩戴的动作。
三、踢足球。 1. 互相邀请，组成团队和朋友一起游戏。 2. 边跑边踢球或者互相投球等。	三、为了让每个幼儿都能充分地体会到活动身体的乐趣，教师要进行援助。 1. 观察幼儿遵守规则的态度，注视比赛情况，扮演裁判、啦啦队呐喊助威等援助角色。 2. 为幼儿争球活动加油，与幼儿产生共鸣，共同感受进球时的喜悦和被进球时的遗憾，让他们积极地活动身体进行玩耍。

（二）一周指导计划

“一周指导计划”也称“周案”，即以“周生活”为单位划分的指导计划。

表 6-6 F 幼儿园（5 岁儿童保育）7 月 8 日—7 月 19 日周指导计划

<table>
<tr><td rowspan="2">上周
真实情况</td><td colspan="2">游戏·与人的关系·生活</td><td colspan="3">1. 天气好的时候把换水等称为“实验游戏”，在露台上搭建场地，反复尝试。
2. 在游泳池里玩水，幼儿们已经习惯了水，有自己的运动目标。泳衣的更换和处理等手法也变得熟练起来。
3. 天气湿度大，注意力虽然不集中，但是大家玩得很开心，游戏过程中没有因时间长产生厌烦。
4. 期待庙会游戏，一边回忆着自己的经验，一边说着选什么样的摊子。</td></tr>
<tr><td colspan="2">生活习惯</td><td colspan="3">1. 在适当的场合下返回上周游戏中。
2. 可以彼此打招呼，但朋友之间的互动不多。</td></tr>
<tr><td>本周和
下周园艺
活动</td><td colspan="5">7.12 庙会开张
7.16 生日会
7.19 结业典礼</td></tr>
<tr><td>目标</td><td colspan="5">1. 独立思考，边想办法边努力。
2. 带着目的开展活动，并享受活动乐趣，且有满足感。</td></tr>
<tr><td>内容</td><td colspan="5">1. 相互交流、彼此沟通想法，进行着庙会游戏。
2. 在庙会游戏中，和朋友们一起商量，齐心协力创造必要的场合和物品。
3. 在开商店游戏中，可以自信地说明游戏规则，朋友之间产生互动。
4. 对自己培育的夏季蔬菜等感兴趣，享受收获与享用它们的喜悦。</td></tr>
<tr><td>配置环境</td><td colspan="5">1. 游泳：准备好水枪、节拍板、瓶装木筏等，以便从头浇水、潜水等，在水中玩耍，并根据情况选择使用。
2. 庙会游戏：小组活动中一起玩悠悠球、抓金鱼、章鱼烧店、猜谜语等游戏，为幼儿赶庙会准备好必要的园艺工具。
3. 商店游戏：准备相关制作的材料、用具、积木、垫板等，和朋友一起准备好做招牌用的大号白色硬纸板等。</td></tr>
<tr><td>教师援助</td><td colspan="5">1. 注意到活动中朋友的言谈举止，见到教师像往常一样打招呼。
2. 在喜欢的游戏中也能延续庙会游戏的相关经验，使新游戏更生动。
3. 大家一起制订蔬菜的享用计划。</td></tr>
<tr><td>日期</td><td>7 月 8 日
星期一</td><td>7 月 9 日
星期二</td><td>7 月 10 日
星期三</td><td>7 月 11 日
星期四</td><td>7 月 12 日
星期五</td></tr>
<tr><td>目标</td><td>大家一起商量决定开什么样的庙会、商店。</td><td>收土豆，孩子感受收获的喜悦，同时有各种各样的发现。</td><td>和朋友一起思考，互相帮助，为庙会的开张做必要的准备。</td><td>参观彼此的商店，从互动中联想到庙会开店的样子，并为此做准备。</td><td>和朋友们一起合作，进行庙会游戏，享受互动的乐趣。</td></tr>
</table>

续表

日期	7月8日 星期一	7月9日 星期二	7月10日 星期三	7月11日 星期四	7月12日 星期五
活动计划	8:50 自由游戏 10: 50 准备"庙会"活动 11:20 收拾 12:00 午餐 13:20 玩旱冰 14:10 放学	8:50 自由游戏 10: 20 准备"庙会"活动 10:50 游泳池 11:40 收拾 12:00 午餐 13:00 收获土豆 14:10 放学	8:50 自由游戏 10: 50 准备"庙会"活动 11:30 收拾 11:50 放学	8:50 自由游戏 10:10 戏水池 11:30 收拾 12:00 午餐 13:50 收拾 14:10 放学	8:50 自由游戏 10:50 庙会后开店年少·年中组 11:30 收拾 12:00 午餐 13:50 收拾 14:10 放学
日期	7月15日 星期一	7月16日 星期二	7月17日 星期三	7月18日 星期四	7月19日 星期五
下周流程	做自己喜欢的游戏 10:40 游泳池 11:50 午餐	9:20 生日会 10:30 游泳池 11:50 午餐吃土豆	做自己喜欢的游戏	做自己喜欢的游戏 13:30 整理储物柜	做自己喜欢的游戏 10:30 大扫除 11:00 结业典礼

在周指导计划中，教师基于幼儿上周的游戏状态、生活安排等，制订了本周和下周两周的保育计划。关于本周的计划，详细地写了当天的目标、时间等，教师团体可以根据当天的预测进行保育。在制订每周方案时，教师集体进行讨论，对活动时间、场地、设施等与其他班级进行协调。关于下周的计划，教师们对照本周幼儿的实际情况进行加注。对比两周之前的指导计划设计，有计划地对幼儿的游戏和生活进行援助。此外，通过实际案例记录和指导计划的比较，可以更好地从中进行教学反思。

第四节　指导计划编制注意事项

幼儿园在组织编制指导计划时应注意长短期指导计划的有机结合，确保幼儿活动体验多样性，注重创设发展幼儿语言能力与思考能力的环境，同时还应注意避免教育活动造成幼儿身心压力，以及注意使用 PC、AI 设备和在集体活动中的相关事项等，具体如下。

一、长短期指导计划的有机结合

幼儿园既要从教育长远视角编制涵盖年、学期、月的长期指导计划，又要编制与长期计划紧密相关的、具体的、适合幼儿生活的周案和日案等短期指导计划，以确保幼儿教师可提供适当的指导。短期的周计划和日计划中，应考虑到幼儿的生活节奏，确保这些活动在幼儿的认识与兴趣上具有连贯性，且能自然地融入幼儿生活之中。长期指导计划要注意活用实践评价和活动记录等，其既要关注季节等周围环境的变化，也要充分考虑幼儿的发展状态。通常长期指导计划需要在园长的领导下，通过全体幼儿教师的配合，就幼儿教育课程的基本理念、目标幼儿形象、在幼儿园结业之前想培养的能力等进行充分的协商与共享后共同制订。与此相对，短期指导计划是根据各班级状况，由班级主班教师在对自己班级进行研判的基础上制订，但为了更准确地把握幼儿的生活状态，有必要征求其他教师的意见与建议。

二、确保幼儿活动体验多样性

幼儿通过与各种人和事的接触，获得多样化体验，促进身心和谐发展，在此过程中，幼儿教师必须确保实现符合幼儿发展规律的独立、互动和深入的学习，并确保每一种体验都是相互联系，且能够充实幼儿的在园生活。在幼儿活动开展的过程中，为了使幼儿的体验实现主体性、互动式、深度学习的关联，教师有必要牢记以下几点。

第一，幼儿教师力求了解每一个幼儿的体验。体验是基于幼儿意识的存在，即使是类似的活动，也可能因人而异产生不同的体验感。如果不了解幼儿当时的感受，很难助力幼儿与其他体验产生关联，充实幼儿园生活变得难以实现。

第二，助力幼儿体验的分享与共鸣。通过共同体验产生共鸣通常会促进幼儿产生新的积极性。为了使幼儿体验成为下一次活动的动力，教师应助力幼儿的体验与他人共享、产生共鸣。

第三，环境的构成需要重点考虑幼儿在体验中的兴趣和需求，在此过程中，教师给予适当的援助。

第四，了解幼儿在体验中的习得。对于幼儿来说，学习不但是概念性认识，也包括各种感觉、感受到的事物。

第五，考虑幼儿整个在园生活中的某一时期体验与之后的体验相关联。捕捉不同时间段幼儿发育的情况，会对幼儿的成长有更深刻的理解。

三、注重创设发展幼儿语言能力的环境

鉴于语言能力发展与思维能力发展等有关，在整个幼儿园生活中，应根据幼儿的成长情况创设语言环境，丰富幼儿的语言活动。幼儿在园的游戏和生活中的所见所闻所感，在与身边的人交往过程中，通过语言和语言以外的行为进行交流，品味交流的喜悦，不断积累经验，慢慢地提高与语言相关的能力。通过对游戏和生活的各种场合整顿丰富语言的环境，同时促进幼儿使用语言与朋友一起想办法、提意见、多思考等可充实语言的活动。在此基础上，幼儿教师应意识到自己同样是一个丰富的语言环境载体。特别是作为榜样示范，教师每天的语言、行动姿态等对幼儿的言行产生很大的影响。另外，在游戏及领域活动中，在接受幼儿想表达的各种情绪时，教师要有意识地创造生活中使用语言的场景。

四、注重创设发展幼儿思考能力的环境

为了使幼儿对下一次活动有期待和动力，要结合幼儿的实际情况，设计一些活动，让幼儿在与老师和其他幼儿的互动与生活中，对游戏和生活进行思考和反思。幼儿在游戏展开的过程中，通常会主动地与周围的环境产生关联，在加深与事物和人的关系中找到游戏规则，进而对游戏有自己的预测、尝试、回顾尝试等反复试验。幼儿在活动中充分享受游戏之后，通过与他人共享自己的心情、感受、情绪等行为的不断回顾，通常会对接下来的活动产生期待。教师对幼儿想要实现的事情应给予支持，并逐渐有目的地与幼儿活动相联系。幼儿以自己的节奏，不断地满怀期待地投入活动中的斗志，是其

将来成人后对待工作、生活的态度等人生观、价值观的基础。

五、避免教育活动造成幼儿身心压力

教师在指导活动时，要注意幼儿在园的日常生活节奏，通过活动使幼儿生活丰富多彩，使幼儿能主动享受活动的乐趣。要认真考虑每次活动的教育价值，精心选择合适的活动，以免成为幼儿的负担。幼儿园活动是对幼儿自然生活流程的进一步润泽，促进幼儿在其中的体验，以提高幼儿活动的积极性，扩大加深幼儿之间的交流，帮助幼儿发现自己的成长。在选择活动时，幼儿教师应立足于长期指导计划，充分考虑活动对幼儿的教育价值，让幼儿对活动产生期待，以及如何使幼儿与活动产生更深的关联、主动投入，进而体会到喜悦、感动以及成就感等。还应考虑到如果教师对结果期待过高会造成幼儿额外的负担，降低幼儿在园生活乐趣。此外，也应考虑到活动结束后幼儿的状态、活动接续等问题，包括通过与家庭、社区的合作，加深幼儿的活动体验，让指导计划结合课程发挥最大教育价值。

六、使用 PC、AI 设备时的注意事项

鉴于直接经验在幼儿期的重要性，在使用视听材料、计算机等信息设备时，要考虑与幼儿实际体验的关系，设置一些幼儿园生活中难以获得的体验，起到辅助作用。幼儿基于周围环境刺激展开各种活动可获得充实感和满足感，有效地利用视听教材、电视、计算机等信息设备可激发幼儿的直接体验。例如，通过虫子的近距离照片捕捉不易被观察到的身体构造、瞬间动作等；通过设备回放游戏过程、整理体验所感等。使用信息设备时应注意不要因为幼儿一时兴起就轻易地使用，教师应时刻牢记活动与幼儿直接体验的关联，要考虑是否有助于幼儿更有积极性地开展活动，是否与幼儿的发展相适应，是否丰富幼儿的生活体验等。明确使用信息设备的目的和必要性的同时，创造既有意象又有远见的教育指导。

七、集体活动中的注意事项

鉴于幼儿开展活动的组织形式有个人、小组、全班等多种方式，全园教师应相互配合，提供适当的帮助，使每个幼儿的兴趣和需要得到充分满足。

对于大多数幼儿来说，幼儿园是他们首次进入集体生活的场所。在集体生活中，幼儿活动需要以个人活动、小组活动、班级整体活动等多种形式开展。提倡个性化教育并不是只重视幼儿的个人活动，而是在小组和班级等集体活动中助力每个幼儿发挥其个体作用，让班集体成为促进幼儿与他人连接的纽带，成为每个幼儿能够安心地发挥自我的场所。

日本幼儿园近年推行建立幼儿园全体教职员工的合作体制，以班级为基础单位进行小组合作活动指导。小组合作活动根据教师特长、课程需要、幼儿发展状态等进行组合，由多名幼儿教师共同进行班级活动。教师通过交换对幼儿的理解和对活动的动态分析，捕捉每个幼儿的活动情况，对其进行细致的援助指导。

第七章　日本幼儿教育评价

“评价”一词通常被理解为通过考试成绩等可以确定学生成绩优劣与排名的考核行为，故此，部分学者反对对幼儿的在园教育生活进行评价，认为这是一种“贴标签”行为，会妨碍幼儿的身心发展。但“评价”具有目标导向作用，教育过程中若没有评价则很难准确地去创建教育课程与实践，教育只有通过恰到好处的评价才能不断反思、与时俱进，在保持优势的同时进一步完善。

第一节　教育评价的定义与目的

如上章第一节所述，日本幼儿园借助有计划地“PDCA 循环”——PLAN（计划）、DO（实践）、CHECK（评价）、ACTION（改善），创建、改善、加强以“指导计划”与“课程管理”为首的幼儿园教育，保证其良性循环，提高幼儿园教育活动质量。其中的“CHECK（评价）”环节，2017 年修订的《幼儿园教育纲要》中强调：“根据幼儿的实际情况以及幼儿周围状况的变化等，对指导过程进行适当的评价，力求常规性改善指导计划。”《幼儿园教育纲要解说》还指出：“评价是针对指导过程整体进行的，从理解幼儿的发展和改善教师的指导这大两方面展开。”本节将从这两方面对教育评价的目的展开叙述。

一、理解幼儿的发展

区别于传统教育评价中关注“儿童现有状态”“如何发展成现有状态”，

幼儿园的教育评价“应注意不应将评价建立在与其他幼儿的比较上，或建立在对某一标准的成绩评定上”，而是“在反思教学过程中加深对幼儿的理解，把握每个幼儿的个体优势和潜力，并以此来改进教学”，即更多致力于建立在回顾反思基础上探索幼儿的“最近发展区”——如何通过更好的途径发展幼儿还未实现的状态，是一种基于潜能开发的评价。其一般按照以下过程进行。

1. 根据幼儿的状态设定教育与指导的目标和内容。

2. 根据目标和内容构建教育活动环境。

3. 幼儿通过参与环境开展活动。

4. 幼儿教师提供适当的帮助，使幼儿通过活动获得发展所需的经验。

基于以往幼儿活动经验进行预想的指导计划只是假设，在实际教育课程中，幼儿的生活状态并没有按部就班地从第 1 至第 4 步骤进行是正常的，日本幼儿教育专家北野幸子认为，“教育课程与指导计划有三分之一的确定性和三分之二的不确定性”①，如果只是单方面地让幼儿进行教师设定的理想活动，就不能切实地促进每个幼儿的发展。关于幼儿的发展，即使是同龄幼儿在做同样的活动，由于每个幼儿的生活经验、兴趣等不同，活动对每个幼儿的发展意义也不尽相同。因此，在每天的保育活动中，重要的是教师要从每个幼儿的生活状态中捕捉他们现在所经历的是什么、现在所需要的经验是什么、幼儿在活动中展现了怎样的姿态、姿态如何变化、产生这种姿态变化的原因是什么等多个方面，从而加深对幼儿的理解。教师在实施评价时，要回顾指导过程，在把握每一个幼儿的优点、活动状态的可能性、特征性的姿态和不断增长的能力等基础上，给予幼儿相应的援助。即幼儿园教育评价就是在捕捉幼儿活动实践过程中的变化情况，同时探讨产生这种情况是否恰当，寻求最佳教育实践指导方案。

关于幼儿在园的发育发展状况，《学校教育法实施条例》第 24 条规定：“①校长必须制作该校在校儿童的指导记录。②校长在儿童升学的情况下，必须将与该儿童相关的指导记录抄本或复印件发送给升学地的校长。③校长在

---

① 北野幸子．保育の計画と評価［M］．京都：北大路書房，2021：23.

儿童转学的情况下，必须将与该儿童相关的指导记录抄本或复印件发送给转校地的校长、保育所的负责人或者认定幼儿园的负责人。”① 故此，幼儿园作为教育的起始机构，幼儿园园长应当制作幼儿指导记录的抄本或复印件，在幼儿毕业后将其送交于小学校长，以谋求在幼小衔接中对幼儿个体实现更好的教育转换与对接。

二、改善幼儿教师的指导

把握幼儿的发展状态，借此回顾、评估幼儿教师在活动实践中的指导是否恰当，是幼儿园教育评价的第二大目的。在此过程中，幼儿教师需要反思：

1. 幼儿教师介入活动实践的方式、时间等是否妥当。

2. 活动环境的构成是否合适。

3. 教师预先设定的具体目标和指导内容是否恰当。

诸如此类，每天的教育实践和评价始终应该是一体的。幼儿教育日常教学反思也可以停留于对幼儿活动、日常工作的简单回顾，即使不是严格、规范地记录同样有助于改善保育工作。例如在幼儿离园后，教师回顾和记录当天的活动，会考虑幼儿为什么会表现出那样的姿态；会注意到哪个幼儿有向理想状态方向发展；会反思作为教师行为是否恰当；会思索怎样改善环境才能进一步激发幼儿的潜力；等等。并通过系列思考，找到下一次保育实践展开的线索。此外，从长远发展的视角捕捉幼儿形态的变化，反思指导过程要对应“幼儿期结束后的理想状态”；确认幼儿的发展形态和师生关系方式等是否有遗漏之处；教师对幼儿活动、形态是否存在片面的理解；等等。教师通过每天记录活动，加深对每个幼儿的理解，同时也反省自己的想法和指导过程，重新审视和改善自己的教育方法。此外，为了提高保育质量，提倡多名教师共享日常活动记录，从不同方面与角度捕捉幼儿在活动中的姿态。幼儿教师把握每个幼儿的特点也需要考虑到教师自身的教育观、对幼儿的理解、教职经验等多种因素。共享日常记录或与其他教师交谈等方式，有助于教师了解自己对幼

---

① 学校教育法（平成19年法律第九八号）[L]. 2007-06-27.

儿评价的特点与倾向，进一步加深对幼儿个体及幼儿教育的理解。

第二节　教育评价的视角与基准

2017年《幼儿园教育纲要》修订中提到的“幼儿期结束后的理想状态”，是幼儿教师在课程编写、指导计划编制、保育实践指导时应特别关注的内容，同时也是幼儿教师对幼儿教育评价视角的基准。以下从教育评价的角度对“十项理想状态”进行详细解说。

一、健康的身心

幼儿在园生活中，获得与环境相关的稳定感、安全感，在充分发挥自我的游戏过程中，感受到活动时的身心愉悦，养成好的生活习惯。在幼儿期结束前，可以看到他们对自己想做的事情反复挑战、尽情活动身体、充分调动身心、体验各种感觉、自立地行动、对游戏和生活有计划等。例如按照游戏的计划，充分利用时间、地点，选择同伴等；在游戏与生活过程中锻炼语言能力和注意力等；有时也会因为过于专注而忘记之前的计划。另外，养成知道何时、如何进行穿脱衣服、吃饭、排泄等生活行为；认真地洗手、漱口；认识到健康的重要性；关注食物；愉快地进食；主动进行身体运动；等等。

二、自立意识

幼儿在园生活中，独立性建立在幼儿对幼儿教师信赖关系的基础上，进而自我发挥，主动与身边环境产生关联。在教师的支持下，幼儿努力通过自己的力量从事游戏、活动，不断体验将事情进行到底的过程，并享受完成后的成就感。幼儿在游戏和生活中经历各种事情，不断地挑战失败，在得到来自教师和朋友的帮助、鼓励、认可的同时产生动力；怀着即使困难也要试着尽力去做的心情；即使做得不好也不会放弃，反复挑战，在不断的体验中积累经验。在此过程中，幼儿通过观察、听取建议、反复思考、继续努力，一直坚持到完成，之后会从中体会到成就感、满足感等，从而增加自信心。幼儿以已获得的自信为基础，进而能自己设定新的目标，挑战更多更难的事情。

三、合作能力

合作精神是幼儿在与教师信赖关系的基础上，加深与其他幼儿的关系。在彼此间传递想法、反复试验，发挥彼此特长的同时，体会共同开展活动的乐趣和实现共同目标的喜悦。幼儿通过各种事件交往，体会高兴、委屈、悲伤等多种情感，同时进一步进行朋友间的互动，分享自己的想法，逐渐实现共同目标。在为了实现目标过程中，通过充分思考、合作，把所想的事情传达给对方的同时，体会到计划完成后的充实感。

四、道德、规范意识的萌芽

幼儿在园生活中，在表现自己感情和意志的同时，有时会因坚持自我主张而产生碰撞、发生矛盾纠葛等。在各种活动体验反复进行过程中，幼儿开始边思考边行动；通过不断体验克服纠纷加深人际关系；因与朋友和周围人的接触而产生共鸣；从对方的角度反省自己的行为；逐渐明白事情的是非对错。另外，在与朋友接触而不断积累各种体验、加深人际关系的过程中，明白遵守规定的必要性，也能提出更好地与朋友一起愉快做游戏的建议等，在相互理解的体验中不断成长。

五、社会生活的融入

通常幼儿园是幼儿最初进行集体生活的场所，以与幼儿教师的信赖关系为基础，逐渐与园内的幼儿、教职员、其他幼儿监护人等不同人群产生亲密接触。在日常生活中，幼儿也不断体验与小学生、中学生、老年人、工作者等周边社区的人群接触，将自己与对方的心情进行关联，产生地域亲切感。例如，幼儿园邀请小学生或当地人一起活动的过程中，幼儿一边思考一边感受与对方互动的语言和举止等；到社区商店购物、打扫幼儿园周围卫生等活动，社区里的人如果说“你长大了”“谢谢”等话语，幼儿会产生自己被看顾爱护的安全感和喜悦感，进而对社区产生亲切感。

六、思考能力的萌芽

思考能力的产生源于对人、事、物等的好奇心，幼儿基于好奇的积极主动参与会不断地有新发现、思考更有趣的方法等。幼儿在积极与周边环境产生关联的过程中，开始逐渐感受、注意事物的性质和结构等问题。在思考、预想、计划等过程中，享受与身边环境的多样关联。另外，在与朋友接触过程中，分享自己的想法，结合他人的想法，幼儿学会自行判断、重新思考等，让自己的想法变得更好，在此过程中体会产生新想法的喜悦。

七、与自然的连接及对生命的尊重

幼儿在日常生活中，不断与自然接触，加深对自然的认识，并对动植物产生亲近感。幼儿通过接触园内外身边的自然环境，开始关注自然的美丽和神奇、对自然界产生感动、感受自然的变化等。孩子们怀着好奇心和探究心，一边用语言等表达注意到的事物、对切身现象的关心，一边沉浸于自然中愉悦地玩耍。幼儿将身边的自然环境和自然变化引入游戏中，教师将此作为话题、活动的主题等。幼儿通过持续的观察产生了新发现，进而对自然现象等抱有更大的好奇心和探究心，逐渐对自然产生热爱和敬畏。同时，幼儿在对身边的动植物产生感情的过程中，能体验生命出生的感动、接触到死亡变化，进而意识到生命的不可思议和宝贵，对生命产生珍惜敬畏之情。在与动植物关系不断加深积累的过程中体会到爱与生命。

八、对数量、图形、标识和文字等的兴趣与感知

幼儿在日常生活中，接触数量、形状、标志和字母时注意到其作用。在游戏生活中，与老师、同学一起接触数量、形状、标志和字母等，同时尝试通过比较多与少、长度与宽度以及将各种形状组合起来等游戏方式，提高对数量和形状的兴趣，并逐步加深认知。比如，在制作游戏所需的物品时，根据空箱子、纸盒的形状、大小、长度等进行选择，利用图形特征进行组合，按照自己的想法进行制作；看见园内各房间入口处的标识和文字，理解标识所具有的功能；在制作自己班级标识或其他标识过程中，享受发现文字、感悟文字的乐趣；等等。

九、语言表达与交流

语言交流体现在与人、书画故事等的亲近过程中，掌握语言的表达方式，并将自己的经历和想法等用语言表达出来；对别人谈话的倾听，通过交流逐渐理解对方的意思，产生共鸣；在不断的体验过程中，根据传达对象和具体情况的变化，改变语言使用方法和表达方式。幼儿享受语言交流乐趣的关键在于创建轻松交谈的氛围与信任关系，激发幼儿想要交流的体验。比如，为了一起游戏，想办法让对方听得明白，用语言表达的同时注意倾听和理解对方所说的话，理解对方的心情和行动等，享受语言互相传达的乐趣。

十、丰富的情感和表达能力

幼儿通过在园生活的各种场景，接触到打动心灵的事件，以灵动的感性为基础，反复思索，享受各种表现方式的积累与表达相关经验。幼儿朴素的表达有时会将自己的心情原封不动地变成声音、表情、身体动作等。在表演和玩耍时，通过被教师和其他幼儿接受，体会到以自己的方式表达的喜悦。幼儿为了达到目的，会逐渐注意到身边各种素材的特点和表达方式，选择需要、合宜的方式将自己所感所想表达出来，如乐于和朋友一起活用以前的活动经验、与朋友想方设法反复进行创造性的活动、享受朋友之间互相倾诉的过程等，从而产生想表达的动力。

第三节　教育评价与指导计划完善

一、短期指导计划评价

短期指导计划评价是对幼儿游戏生活中的具体性计划进行评价，从指导计划到保育实践，再通过保育实践评价的反馈去制订、修订之后的指导计划，即短期指导计划评价是促进幼儿“从昨天到今天”和“从今天到明天”的保育实践联系。以下以 A 幼儿园周案为例。

表 7-1　5 岁幼儿第 2 周的日标拟定及相关状态

目标	1. 自信地参与各种运动性游戏，自主进行游戏，思考游戏规则，享受游戏乐趣。 2. 对朋友传达自己的想法，一同享受游戏的乐趣。 ……（篇幅关系，以目标 1、2 为例）

续表

本周保育实践指导过程中与目标相关的幼儿状态	1. 在运动会经验之上，幼儿们自主愉悦地使用“得分牌”进行“取帽子”等游戏。 2. 根据运动会上的经验，幼儿自己思考游戏规则，将运动会上的道具活用在自主游戏中。 3. 幼儿们在明白运动会的规则后，将其运用到游戏中，进而实现组成更广泛的团体游戏。以此为契机，进一步加深幼儿间的关系。 4. 很难主动融入朋友中的 A 孩子和 B 孩子，也主动加入团体中做游戏了。 5. 踢足球的时候继续使用运动会接力赛中的号码布，可看到幼儿们沉浸游戏的身姿。 6. 了解足球比赛的游戏规则，如果是幼儿自己进球，他们会更加开心。 7. 幼儿为了和朋友分享自己的感受，锻炼用语言表达自己的想法。

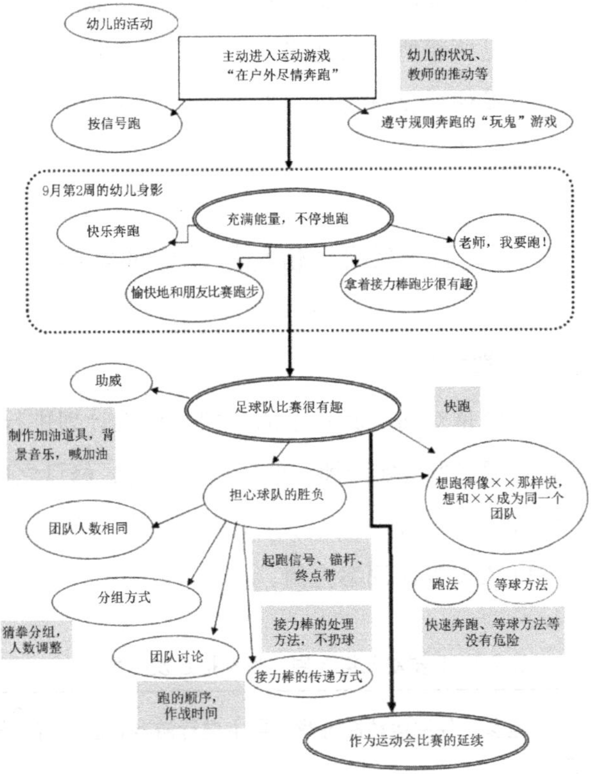

图 7-1 幼儿由运动会中接力赛过渡到足球游戏的过程

回顾第 4 周目标实践时的幼儿状态，通过对其成长的指导评价，与第 5 周的目标和内容产生联系，预测幼儿下一步的具体活动，考虑环境构成与援助具体过程，进一步扩大、加深幼儿们一起游戏的心境，支持他们一起做游戏。为此，幼儿教师需要准备场所、制作必要的物品、决定游戏角色援助和环境构成等。

表 7-2　第 4 周回顾及第 5 周目标

第 4 周回顾	幼儿发展的状态	1. 了解游戏规则，自己决定在游戏中的角色以及何时进入游戏，体会到主动活动的充实感。 2. 幼儿之间的关联越来越广泛。 3. 开始能一边合作一边准备活动必要的东西，游戏结束后逐渐能互相确认是否收拾好相关玩具。
	教师的环境构成	1. 预测了玩耍时使用的用具，把它放在预定地方。没有预测到幼儿想用大的得分板，幼儿们合力搬来并使用得分牌。如果想要做某种游戏的想法特别强烈的话，有必要加入周围没有的东西。幼儿通过合力搬运大得分板，游戏的心情与情绪更加高涨了。 2. 小朋友间互相理解、共同游戏的样子让教师产生共鸣，同时，教师的观战也让孩子们感到安心、快乐、情绪高涨。 3. 如果能营造尽情享受踢足球的环境，游戏就会得到扩展，挑战的机会和场地也会随之增加。
第 5 周目标	1. 朋友之间互相邀约，体会一起做游戏的乐趣。 2. 在户外环境中做游戏，或使用运动器材等充分调动身体，享受一起做游戏的乐趣。 3. 和朋友一起设定场所，制作必要的东西，享受以共同的印象做游戏的乐趣。 4. 享受自己决定角色的扮演、思考如何利用角色推进游戏的乐趣。 5. 享受做游戏的过程，以及游戏中思考如何再推进游戏的乐趣。 6. 继续足球游戏，考虑加入躲避球、竹马、单轮车等游戏。	

二、长期指导计划评价

长期指导计划评价是对幼儿在园生活规划性计划活动设定环境构成和指导内容的年度、学期、月指导计划所进行的评价。主要针对幼儿园课程及相关课程管理是否符合幼儿发展的实际情况，是否能充分激发幼儿的潜能、满足他们的需求、发挥他们的主动性等。通常会考虑以下几点内容：

1. 开展的活动是否与幼儿的年龄段相称。

2. 是否通过游戏展开综合性指导。

3.《幼儿园教育纲要》中各领域的目标实现情况。

4. 是否根据每个幼儿的特点进行多个角度的指导评价。

5. 把幼儿园与家庭、地区的合育纳入评价中予以推进。

6. 通过评价预测长期指导方向。基于幼儿体验的关联性，考虑在何时以何样内容将教育课程中需改善的重点项目纳入指导计划中，使幼儿的活动体验变得更加丰富且有意义。

7. 常规性对教师指导进行评价和改善。

此外，评价长期指导计划需要从幼儿生活中的各种场景（如游戏场景、与他人相关场景、与周围事物相关场景等）观察幼儿的发展状态，在此基础上，以《幼儿园教育纲要》的五大领域目标和内容来观察幼儿的发展，探讨以往的指导计划是否符合上述内容。

以下以 B 幼儿园长期指导计划评价中的“环境”“表现”领域评价为例。

表 7-3　“环境”领域评价表

评价内容	评价要点
亲近身边的环境，在接触自然过程中对各种现象产业关心与兴趣	1. 关心所见、所闻、发生的事，并积极参与其中。 2. 兴趣广泛，对自己喜欢的事情着迷。注意到玻璃柜中的石头和树叶中隐藏的青蛙，一边说“有青蛙”一边盯着看。 3. 喜欢自然界，报告自己的发现，进而更加专注地参与其中。 4. 对饲养、栽培表现出兴趣，值日时能注意动植物的细微变化。 5. 享受各种新发现，也乐于将发现传达给别人。 6. 对周围植物变化等反应敏感，能用语言表达自己的发现，很活跃。 7. 发现原本种着郁金香的花盆长出了与众不同的幼芽，对此产生疑问，并将发现的事情报告给教师。 8. 以自己的经验为基础，思考油菜花为什么会自然生长。

续表

评价内容	评价要点
主动接触身边的环境，在生活中发现、思考	1. 对小动物和昆虫很感兴趣，喜欢采集和观察。对普通自然现象也有旺盛的好奇心。 2. 如果是感兴趣的活动，可以看到幼儿的踊跃尝试，忘我投入其中，不断重复实践，直到取得自己满意的成果。 3. 在使用材料制作过程中，注意到材料的特征。反复练习直至自己完成成果。 4. 桌子上怎么放 6 个托盘，通过改变托盘方向解决问题。 5. 了解身边素材的性质，并相应地使用。 6. 想起以前用过的材料，想把它用于制作小道具。 7. 知道水势可以去除污垢，准备用水冲刷打扫。 8. 想到了瓦楞纸的特点，将其应用于制作人偶。
在看到、思考、处理身边的事件中，对物的性质与数量、文字等产生印象	1. 利用水势去除污垢，用水冲刷打扫。 2. 为了设置合适的高度和角度，用块状物调节等，以自己的方式反复试验，并乐此不疲。 3. 对沙子被水凝固和水从高处流向低处等问题产生兴趣，利用水与沙这种性质进行游戏。 4. 通过文字表述让饲料的种类、制作方法等更容易理解。 5. 对生活中的时间感兴趣，收拾东西的时候，能注意到老师说“长针到‘9’就集合”，并召集其他幼儿。 6. 关心游戏中商品的价格和数量等。 7. 把纸和绳子切成必要的长度，合理使用。 8. 调节瓦楞纸大小，临时放置为了制作而切割好的零件。

表 7-4　“表现”领域评价表

评价要点	评价内容
对各种事物的美等有丰富的感性	1. 被霜和冰的美丽所感动。 2. 对风信子的气味敏感，注意到风信子快速生长等，感觉自然变化。 3. 转动自己的陀螺，陶醉其中地看着。 4. 传达对朋友作品的评价感受。 5. 湿的沙子干了，手发僵了，就让朋友触摸，感受“手也变硬了”。
以自己的方式表达自己的感受和想法	1. 一边唱着“小猫咪，小猫咪”一边玩橡皮泥。 2. 给陀螺涂色时考虑配色和花样等。 3. 配合歌曲，把自己思考的动作告诉朋友，并乐在其中。 4. 以讲简单的故事为乐趣，为了更小的幼儿也容易理解，制作了书的插图。

续表

评价要点	评价内容
幼儿在生活中的形象，享受各种表达的乐趣	1. 配合旋律，手臂、手腕、指尖前后、左右、上下摆动，全身跳跃，按节奏轻快地跳舞。 2. 在“去学校”“买东西”等角色扮演中，有很多计划的哥哥姐姐，急匆匆地来回走着。 3. 拍手或打拍子伴奏（看起来很温柔、很精神的样子），随音乐唱歌。 4. 琢磨着如何下笔去画动物园郊游时的画。表情严肃而专注地画画。

根据“环境”“表现”评价表的记载，B 幼儿园对各个领域的目标达成基本实现。但与“环境”“表现”领域的相关描述较少，对幼儿的成长解读存在一定的偏差，说明目标幼儿在“表现”方面的成长可能没有得到足够重视，或者“表现”相关的环境构成和教师援助不足，可能存在教师对“表现”理解模糊、指导薄弱等问题。故此，B 幼儿园对第二年的年度指导计划进行了改进，提出以下事项：

1. 为了让幼儿能够享受唱歌、使用乐器等乐趣，在教材和环境构成上有意识地下功夫。

2. 教师对幼儿做出的动作或语言表达给予肯定，并积极产生共鸣，让每个幼儿都能体会到快乐。

3. 教师要让幼儿们注意到自己的表现，激发幼儿的表现欲，使他们能够通过表现互相传达信息、想法。

三、基于评价的指导计划完善

幼儿园实施课程管理与指导实践时，不应完全遵守已经编制好的课程和指导计划，而应根据短期、长期指导计划的评价，不断改进与更新。以下介绍 C 幼儿园，其从幼儿的生活实际情况出发，将评价中“自然体验和生活体验不足”作为课程更新的切入点，编成重视与自然的关系的新教育课程，根据新的教育课程制订长期指导计划，并更新短期指导计划，即具体实践保育中幼儿与自然产生联系时的状态。

在实施新的教育课程中，对幼儿的生活进行如下合理的安排：

1. 在大自然中玩耍，接触动物花草等，幼儿用身体感受自然的美丽和不可思议。

2. 在接触大自然的过程中，享受着惬意与心灵寄托感。

3. 在接触大自然的过程中，关注自然界的各种现象，将其引入游戏中。

4. 在接触大自然的过程中，试图感受着动物和植物颜色、形状、手感等的差异和变化。

5. 通过照顾动植物，爱护有生命的东西等，并思考与重视它们在自然界的生存环境。

6. 怀着愉悦的心情吃大自然的馈赠——果实和其他收获物等。

7. 接触各种事物，对其性质、构造产生兴趣，享受调查、思考、反复试验的过程与乐趣。

在编制课程要点与长期指导计划时特别添加幼儿的自然体验：

1. 为了增加幼儿与自然的关联度，重新审查、评价园内的自然环境。教师考虑到环境需适合不同年龄层的幼儿，预想幼儿与自然体验产生关联后的联系。调整幼儿园环境，如在花园中央种植不同生长期的蔬菜，让幼儿可以近距离地感受蔬菜的生长，并对蔬菜的生长产生兴趣。

2. 充分感受四季分明，品味应时应景的自然物与自然现象。教师自身也需培养与自然相关的感性意识，以便在日常保育中与幼儿一起发现季节变化，并互相交流等。

3. 为了保证幼儿在户外与生物相关体验的连续性，需重新审查、评价保育室的环境。如准备能够对幼儿捕捉的生物进行持续观察、照料的场所或器皿等。

4. 走出幼儿园范围，将地域的自然环境（广场、池塘等）作为保育环境引进，扩大幼儿与自然产生关系的场所。

5. 不断创造与当地生物学、植物学等专业人士相接触的机会，通过与本地人交流，进一步加深并扩大幼儿对自然界的兴趣。

根据C幼儿园以上的年度指导计划，每个班主任在短期指导计划中也加入了幼儿与自然环境相关的内容。

表 7-5　5 岁幼儿第 2 周目标及指导计划

目标	1. 在游戏过程中表达自己的想法，努力实现自己想做的事情。 2. 与朋友分享发现大自然的乐趣，以及生活中自己与自然界的连接。
指导计划：去附近高中校园池塘里捉蝌蚪	1. 池塘较小，为了保证幼儿充分体会到捉蝌蚪的乐趣，尽量分批次出游。 2. 准备各种容器，满足幼儿根据自己的想法选择要抓的东西。 3. 在园内准备饲养蝌蚪的环境。通过让幼儿观察、引导幼儿发现等指导，使幼儿与蝌蚪产生互动。 4. 在玩耍与照料蝌蚪的过程中，思考用力触摸生物会使其生命体征变弱等问题。

表 7-6　5 岁幼儿第 2 周具体幼儿保育实践过程

过程体验	过程内容
享受捕蝌蚪的乐趣	1. 周一、周二、周五三次去池塘。第一次集体出游，幼儿们几乎都很兴奋，体验了捉蝌蚪的乐趣。有的幼儿因为池塘水浅跳进去捉蝌蚪。一些幼儿在池塘中移动时，沉底的蝌蚪会游到水面附近，便于在池塘边上的幼儿捕捉，于是幼儿们互相喊话合力捉蝌蚪。网的数量有限，大家排队使用。有的幼儿负责看守；有的幼儿用带来的杯子捕捞；有的幼儿会思考挑选捕捞的容器，尝试更换容器捕捉。 2. 幼儿园把捕获的蝌蚪放入水箱中，大班的幼儿会给没去的小班幼儿们观看，并教他们捉蝌蚪的方法等。
接触并照顾蝌蚪与青蛙	1. 在与蝌蚪接触过程中，幼儿充分体会接触自然的喜悦与快乐。 2. 在保育室准备有关蝌蚪的绘本和图鉴等，方便幼儿带着疑问及时查阅。 3. 有的幼儿对蝌蚪的处理变得粗暴。帮助幼儿认真地照顾饲养蝌蚪，即使有很多小蝌蚪，也应把每一个都当作珍贵的小生命去爱惜呵护。 4. 蝌蚪长成青蛙后，把它们放回捕获的池塘里。

在之后的幼儿园活动实践中，为了帮助幼儿继续积累与动植物产生的体验，幼儿园游学更改了往年的目的地，去了毗邻水族馆的热带植物园和能与动物接触的儿童自然动物园。此外，C 幼儿园计划在当地专家的协助下，在园中建立“生物博物馆”，让幼儿可以观看、触摸青蛙和蝾螈等小动物，提高幼儿对它们的兴趣和关心度。

举办“生物博物馆”（7 月 11 日—7 月 15 日）

“生物博物馆”中不仅有来自地区专家的标本展示，还留出了很大的空间供幼儿自主展示在庭院中发现的虫子。幼儿可以饲养虫子，向当地专家询问相关虫子的名字，从标本中寻找相同的虫子。将“生物博物馆”带入他们的日常生活中。在暑假之际，甲虫和青蛙等由部分幼儿带回家中继续饲养。

如此，基于教育评价重新审视幼儿活动的重点项目，在制订指导计划时以新教育课程的具体化为目标，教师的意识也不仅局限于幼儿在园的日常活动，还应扩展到幼儿园外的自然环境、风土人情、家园合育等方面，即助力幼儿体验逐渐扩展成为多元、多层次的体验。

第四节　教育评价记录注意事项

教育评价记录分为多种，如每日保育记录、幼儿个体成长记录、园所主题活动实践记录、家园共育记录等。记录的形式不但包括文字，还包括照片、录像等。幼儿园教育评价的相关记录其重要性不言而喻，但记录方法往往因园所、教师而异。原则上幼儿教师每天都应有相关教育评价的记录，但如果仅仅是机械地记录，缺乏在保育实践中对幼儿成长的捕捉，缺乏观察、反思等教育意识，就不能充分发挥教育评价的作用。加深对教育评价记录的认识，并活用指导记录，使其更好地在保育实践中发挥作用，应在以下四方面加以注意。

一、注重对幼儿的深入理解

不仅有语言表达，还会通过肢体活动来表达自己的想法是幼儿期的特性之一。由此，幼儿教师的评价记录需要从幼儿语言、行为等多方面来理解幼儿的心情和活动经验。如：

1. 人、物、事等与环境的关系。

2. 幼儿在游戏中的兴趣点。

3. 幼儿生活中对事物的处理方法。

以上视角等。通常，在实际的保育实践中，有时并不能立即理解幼儿行为背后的真实意图，只有把类似场合下幼儿的言行放在一起思考，才能从幼儿的言行变化中读取成长信息。因此，不能仅用一个场面或幼儿的个别行动、行为来捕捉他们的心理活动和发育，而是需要通过总结一段时间内的相关记录来捕捉幼儿的心理活动和发育。通过记录，幼儿教师提高对幼儿、幼儿教育的理解。在幼儿园，幼儿教师同时对多个幼儿进行保育，保育实践在不同的地方展开形式各异的活动，在把握整体的基础上，有必要准确地对最需要援助的幼儿及其活动进行相应的指导。幼儿教师在把握幼儿整体保育实践活动的同时，要关注每个幼儿在游戏活动中的状态与动态发展，进而进行全方位判断。在此基础上，教师通过长期记录与不断回顾反思，把握幼儿的行动倾向，能较准确地预测幼儿下一步的言行展开。即幼儿教师的视野应在保育实践活动的整体中捕捉每个幼儿的状况，通过持续记录与反复回顾，提升对幼儿的理解能力。此外，还可以以教育评价记录为载体，与其他教师进行进一步沟通交谈，进而更深入地捕捉幼儿在活动中的动态发展。

二、注重幼儿实际保育情况

幼儿教育旨在让幼儿个体与周围的环境产生关联，在集体生活中，通过教师的援助指导，幼儿获得发展所需的经验，进而不断提升自我能力。因为教师单方面地构想计划不可能完全适合每一个幼儿的生活，所以也不是理想状态的教育课程与指导。幼儿教师在回顾以往幼儿行动的基础上预测幼儿的下一个活动发展，可以预先构成环境，但理想状态是随着幼儿活动的开展进行教育指导重构。每天的教育评价记录不但能够加深教师对幼儿的理解，也可以为预测幼儿活动轨迹提供有效线索，进而制订适合幼儿发展的指导计划。

对幼儿的理解是保育的起点，在理解幼儿的基础上，幼儿教师才能更好地制订指导计划目标、内容设定、环境构成等相关幼儿教育活动计划，并开展保育活动。根据幼儿的年龄不同，通常注意以下几点。

1. 通过幼儿的言行了解游戏进行的乐趣。

2. 通过对幼儿间建立关系的理解，发现新的课题方向。

3. 思考幼儿克服问题需要怎样的经验。

4. 考虑有可能满足游戏、活动等经验的环境，思考教师作为幼儿的行动伙伴、提议者、提示者等角色的相应身份。

5. 观察游戏中每个幼儿的状态变化。

通过对教育评价记录的回顾，幼儿教师有计划地构成符合幼儿实际状态的活动环境，进而有意识地展开保育活动。

三、注重教师间的互相交流

借助于幼儿每天生活、游戏等的教育评价记录，能够捕捉他们在游戏中的体验，但幼儿的保育实践具有一时性，不能反复演练再现。幼儿教师可以通过回顾教育评价记录，对活动中的指导过程进行反思，使活动瞬间意识化，有益于提高教师保育水平。同时，幼儿教师之间合作共同推进保育，且在过程后讨论保育场所发生事情的信息，与同事互相交流指导过程等相关经验，是幼儿教师扩大视野的有效方式，可借此提高整个幼儿园的保育质量，这也是教育评价记录的一个重要价值体现。此外，虽然写教育评价记录本身就是幼儿教师的自我省察，但教师一个人通常无法理解所有幼儿的心情与行动意义，通过集体讨论教育评价记录，还可以提高幼儿教师之间的协作能力，在园中营造一种良好的沟通互助互补氛围，有益于在园幼儿的成长和发育。

四、注重与家长的合作

教育评价记录通过幼儿从过去到现在的活动实践记录，预测幼儿未来的发育趋势，此外也需作为家园合作的手段之一，充分谋求与幼儿家长合作，加深家长对幼儿期教育的理解。

在当代以“少子化”为首的诸多育儿不利环境下，越来越多的家长在育儿过程中存在不安感。幼儿教师耳熟能详的幼儿教育理论及相关育儿方法，对于家长来说往往也是育儿焦虑的一部分。例如，教师希望新入园的幼儿按照幼儿自己的节奏慢慢习惯在园生活，家长则希望幼儿能在入园后迅速融入集体、习惯在园生活，也有家长因幼儿很难习惯在园环境而感到不安。通常可以利用照片和录像等多媒体表现形式传达幼儿在保育活动中的状态，与监护人分享幼儿的成长轨迹，加深家长对幼儿的理解，减轻他们的不安感。即教育评价记录作为向家长传达保育知识和幼儿情况的有效途径，也是幼儿、教师、家长之间的重要沟通连接工具。

第八章　日本幼小衔接

实现顺畅的幼小衔接是世界范围内的难题。日本相关学者就本国幼小衔接问题从多方位展开论述，其中具有代表性的有：藤永保指出关于幼儿教育和小学教育的儿童观教育观不一致，所以，时常会产生割裂和断层问题。岩井哲雄提出“游戏与科目学习是相反的活动，如何衔接呢？要直面这一难题”。酒井朗主张“幼小衔接就是连接文化属性不同的学校和幼儿园的桥梁”。福元真由美重点梳理幼小衔接课程政策的动向，分析教育改革的内容和特质。加纳诚司则是从分析生活科目的作用和可能性的角度，来探讨幼小衔接。① 本章将从日本幼小衔接的文部科学省官方发布数据以及其历史维度、具体举措与衔接点、衔接课程等方面展开具体叙述。

第一节　幼小衔接的意义与措施

一、幼小衔接的意义

“幼小衔接”在日语中有“幼小接続”“幼小連携”两种表达方式。其中，“接続”主要聚焦于学校课程；“連携”则除了课程上的衔接外，也包括不同学习阶段与主体之间的相互合作。② 此外，相关文件中经常提到的“幼保小連

① 参见王幡，刘在良．20世纪末以来日本“幼小衔接”课程演进研究［J］．外国教育研究，2023，50（6）：4.

② 参见酒井郎．移行期の危機と校種間連携の課題に関する教育臨床社会学［J］．教育学研究，2010（2）：138.

携”则指幼儿园、保育所和小学之间的衔接。

日本为了提高幼儿教育质量，促进幼儿教育与小学教育的顺利衔接，中央教育审议会对此进行专门的调查审议，并于 2010 年 11 月 11 日提出《幼儿教育与小学教育顺利衔接的应有状态》调查研究报告，该报告指出，“幼儿教育与其他时期教育的课程构成原则具有显著区别，包括学科目标定位、知识体系、教学实践活动等”①，故幼小衔接应考虑以下具体问题。

1. 幼儿教育重视作为生存能力基础的心情、热情、态度等，像“兴趣”“感受”“心情”之类关乎其后生活、教育的根基导向，期待幼儿在幼儿期教育结束之前具有“基础知识和基本技能”“基本的思考能力、决策能力和表达能力”“学习能力、品格”三大能力的基础；而小学教育则重视具体达成目标，两者有本质上的不同。

2. 幼儿教育是以重视幼儿生活、游戏等经验的课程为展开基础，而小学教育是以重视获得学术体系的学科课程为中心展开的。由于两者教育课程原理的构成不同，其课程内容、时间、指导方法等也有显著的差异。

3. 幼儿教育通过环境，包括场所、人和物质等因素来引导幼儿进行教育实践，重视通过幼儿的自发性生活、活动和经验实现教育目标；小学教育是以学科课程的有效实施为目的，原则上以各学科构成课程表、以班级为单位进行集体指导。

4. 幼儿教育是以游戏为中心，引导幼儿头脑、心灵、身体都活动起来，与各种外界环境直接产生联系；小学教育则要求儿童具有相关学习意识，区分注意力集中时间和不集中时间，有效解决相关问题，有计划地学习等。

致力于幼小衔接，不但必须认清幼儿期与儿童期的差异，还要认清幼儿教育与小学教育之间的差异，在认识这些差异的基础上根据孩子所在的发展阶段进行教育实践。但每个孩子的发展阶段在幼儿期和儿童期并非明确分开，其不但是连续、交叉的，有时也会出现不符合或不完全符合相应阶段特征的

---

① 文部科学省. 幼保小の架け橋プログラム［EB/OL］.［2023-10-15］. https://www. mext. go. jp/a_menu/shotou/youchien/1258019_00002. htm.

情况。在幼儿发展特征不符合发展阶段的情况下，极易产生“小学一年级问题”。而小学入学之初的孩子又很难将自己在学校中的不安、困顿等不良情绪准确地表达出来。第一次升学出现的充满挫败感的情景、不良情绪很可能会给孩童之后的小学学习乃至整个求学生涯带来负面影响，甚至还会成为其成人后社会性生活障碍的起源。据相关调查数据显示，日本中小学逃学、校园欺凌、自杀的孩童数量逐年增加，与此有一定的关联。[①] 故此，文部科学省将5岁至小学低年级（一年级或一、二年级）阶段设定为“桥梁期”，认为有必要充实桥梁期教育，在小学低年级阶段进一步延续部分幼儿教育内容与方法等，多方携手打通幼小衔接结点，保障桥梁期的教育质量。

二、幼小衔接的措施概述

1947年，日本在《学校教育法》与《教育基本法》两大教育基本法中，将幼儿园教育列入学校教育体制内。故日本的幼儿园教育是从学校教育制度的角度建构其价值的，包括立足于学校教育的视阈、从学校课程层面构建与小学教育阶段的联系等。为帮助幼儿顺利完成幼小衔接，其重视除了体现在国家层面出台相应的政策法规，以及幼儿教育机构与小学之间的主要衔接外，还涉及地方行政部门、家庭、企业、社区居民等，以实现全社会、全方位助力幼小衔接。主要措施主要有以下几点。

1. 幼儿园组织幼儿参观小学或参加小学举办的活动，幼儿与小学生一起进行互动交流，让幼儿对小学就学产生信心和期待，进而避免幼儿过度焦虑。

2. 相关幼儿机构加大对家长的引导力度，将幼小衔接作为一个专门课题，协助家长在理解儿童成长特征的基础上关注幼小衔接。

3. 文部科学省还会定期组织相关机构对各地幼小衔接状态、数据等展开调查研究，并收集优秀案例将其编制成《保育所、幼儿园与小学衔接案例》，相关数据、案例在文部科学省官方网站均可查询。除示范作用外，同时也起到监督、督促作用。

---

① 参见文部科学省．幼保小の架け橋プログラム［EB/OL］．［2023-10-15］．https://www.mext.go.jp/a_menu/shotou/youchien/1258019_00002.htm.

4. 地方政府以研讨会、研修会等方式促进幼小教师交流、交换意见，更好地理解彼此的教育内容、课程特点、教学方法、差异和共性等。

5. 幼小教师携手编写教材，定期进行保育参观、授课参观、互换授课、实地研修访学等教学观摩，来实现幼小深度合作。

6. 文部科学省与儿童家庭厅等相关省厅合作，推动幼（幼儿园）保（保育所）、小学、家庭、社区、相关企业、地方自治团体等多方携手合作，如组织咨询专家进社区、监护者交流会、专家讲座等各类支援活动以充实桥梁期的教育，让所有的孩子不受家庭和地区状况限制，都能无差距地进行高质量的幼小衔接。

7. 在日本政府的支持下，近年部分地区开始探索建立幼小一体化校园，如本书第四章第四节所述东京区立丰海幼小一体校园。在此类幼小一体园中，通常小学校长兼职幼儿园园长，借以加强幼小衔接。

8. 家长以志愿者身份参与到课程建设与活动实践中，助力学校与家庭有效沟通的同时，缓解一年级孩童的入学焦虑。

2020 年，日本再次修订基础教育纲领文件——《学习指导要领》，将小学低年级与幼儿园作为一个教育整体，进行“小幼衔接”，如采取将游戏导入小学的生活课、设定弹性的课程表等举措，借此帮助幼儿缓解入学焦虑，逐渐习惯学科课程体系。以御茶水女子大学附属小学为代表的部分实验小学实行低年级“幼儿园化”教学，即将幼儿园教育模式普及到小学低年级，小学课程内容、方法等主动衔接幼儿园，以儿童本身为衔接对象，由知识灌输转向兴趣培养，引导低龄儿童由兴趣转向自觉学习，借此实现幼小、小幼双向衔接。2022 年，新修订的《义务教育课程方案》《义务教育课程标准》再次强调“小幼衔接”，强化小学方面对衔接课程的要求。

第二节 历史维度下的幼小衔接

一、二战后学校体制定位下的幼小衔接

二战后，在美国教育使节团的协助与监督下，日本政府出台了《教育基

本法》《学校教育法》，两大教育基本法将幼儿教育从法律层面纳入学校教育体系。在两项教育法令的基础上，1948 年 3 月，文部省承袭欧美的“儿童中心论”“教育即生活”等进步教育理念，组织编撰了日本二战后第一部幼儿教育大纲——《保育大纲》，制定该大纲的委员长为“日本幼儿教育之父”仓桥惣三。仓桥惣三年轻时留学欧美，深受欧美自由主义教育与进步教育影响。他认为就幼儿教育性质而言，幼儿园是幼儿自主活动与游戏的场所，与中小学那种被动学习知识的教育有着根本不同。① 此阶段的幼儿教育虽然从学制上与基础教育产生关联，但教育活动中主要以幼儿的自发活动和游戏为主，几乎没有考虑与小学教育的衔接问题。针对《保育大纲》中偏西方化的幼儿教育，习惯于儒家教育思想的日本教育界存有一定争议，仓桥惣三本人及其教育理念也受到质疑。②

20 世纪 40 年代末，日本教育界对基础教育展开调研，并得出“基础学力低下”的结论，部分学者认为，“从美国引进的经验主义新教育滥用儿童的兴趣、经验和自由，轻视系统知识”③。由此日本开始二十余年的“学力之争”。受此影响，1956 年，文部省在《保育大纲》的基础上颁布了《幼儿园教育纲要》，虽然仍强调幼儿园是在通过实际生活指导幼儿学习的特殊性“学校”，但基于学校系统学习观念，突出了教育体系化，设立以“期望的经验”为目标的幼儿园课程，同时将十二项目改为“健康”“社会”“自然”“语言”“音乐律动”“图画手工”六大领域，方便幼儿园与中小学建立连贯统一的课程。④ 在此《幼儿园教育纲要》的政策导向下，幼儿园的实际教育活动中将幼儿园视为小学的预备阶段，开展读写算教学的现象比较普遍，有些幼儿园甚至将《幼儿园教育纲要》中规定的六大领域教育内容视为小学的教学科目一样进行

---

① 参见大岡ヨト. GHQ 及びCIEの戦後日本の保育内容への影響に関する一考察［J］. 早稲田教育評論，2013，27（1）：102.

② 参见唐钰滢．仓桥惣三幼儿教育思想研究［D］．保定：河北大学，2017：55.

③ 徐征．寻求超越：战后日本学力论争［M］．上海：上海社会科学院出版社，2008：31.

④ 参见刘煜．和而不同：日本幼小衔接的历史路径与思想［J］．外国教育研究，2020，47（6）：71—72.

学科性教学。①

在20世纪70年代末至80年代初的第三次教育改革中，“终身教育”与“个性化教育”成为教育思想的主流。基于时任首相中曾根康弘提出的“新自由主义”政策理念，同时依据以上两大教育理念，基础教育执行“宽松教育”政策。在1989年《幼儿园教育纲要》修订中重构了幼儿教育课程与幼小衔接关系——弱化学科内部知识体系，强调儿童的个性发展需求，包括“兴趣”“意愿”“态度”等课程价值导向与评价；纠正幼儿教育单方面适应小学教育的衔接方式；通过课程强化幼小衔接。之后的教育课程审议会倡导从幼儿教育课程到高中课程的一贯性，提出在小学重新设置生活科，以生活科为抓手，遵循低龄儿童思维和情感发育特征，贯通幼儿园与小学课程。至此，重视直接体验和综合指导，兼具游戏特性的生活科，作为幼小衔接课程雏形一直延续至今。1998年10月《小学学习指导要领》施行以后，幼小衔接课程开发逐步展开：以生活科目为中心，进一步推进小学低年级的合科式教育，同时各科目也进一步组织儿童进行具体的教育活动和生活体验，期待以此实现从幼儿园以主体性游戏为中心的综合教育向小学教育的贯通衔接。②

二、21世纪幼小衔接政策导向

21世纪，文部科学省加大幼小衔接力度、拓宽幼小衔接途径，欲通过多元衔接缓解相关顽疾。2001年2月，在《充实幼儿教育——幼儿教育振兴规划》调查报告中显示，幼小之间缺乏相互理解，为预防“小学一年级问题”，除深化课程衔接外，还应推进幼小教师之间、学生之间、家长之间的多方沟通。2005年1月，中央教育审议会提交《基于儿童周遭环境变化的未来幼儿教育方向》报告，该报告就“幼儿教育作为终身教育的起点”“通过教育实践推进幼小衔接课程”“衔接课程导入‘协同学习’”三大方面，再次明确了幼

① 参见秦东兴．日本学力观的变迁对幼儿教育改革的影响研究［J］．外国教育研究，2023，50（6）：20.

② 参见王幡，刘在良．20世纪末以来日本“幼小衔接”课程演进研究［J］．外国教育研究，2023，50（6）：5.

小衔接课程改革的方向——尊重儿童成长的客观特征与规律，遵循课程的连续性，从“协同学习”视角，充实幼小衔接教育内容。2008 年 1 月，中央教育审议会在《改善幼儿园、小学、初中、高中以及特别支援学校的学习指导要领等》报告中再次指出“小学一年级问题”，特别是针对低龄儿童自制力薄弱、规范意识不足、缺乏良好的学习生活习惯等方面，要求幼小双方进行具体衔接。同年，《幼儿园教育纲要》修订做出回应，为实现幼小顺利衔接，除构建幼小衔接课程外，还要求幼儿园创造幼儿和小学生的交流机会、幼儿教师与小学教师交流与共同研究的机会。2017 年 1 月，中央教育审议会提出“在各阶段教育教学中全面贯彻主动学习”①，幼儿教育作为终身教育的起始阶段，目标在于培养幼儿主体性（对周围环境的兴趣及游戏活动中的反思能力等）、交流性（与他人的交流合作及相关反思等）、深入性（通过反复努力获得新的认识或加深认知等）学习能力基础。同年 4 月，《幼儿园教育纲要》修订借助于“三大能力支柱”与“十项理想状态”，以幼儿个体发展为着眼点，将幼小衔接目标由课程对接转向幼儿生活态度、习惯等自身非认知能力培养的对接。②

以上述政策为幼小衔接导向，2021 年，文部科学省就衔接情况、活动内容、信息共享等幼小衔接问题在全国范围内展开调查研究。数据显示，日本公立幼儿园实施幼小衔接措施的比例高达 91.8%。公立幼儿园幼小衔接具体活动内容为：明确与小学衔接的负责人的业务内容（25.4%），组织幼儿与小学生的交流活动（55.7%），组织幼儿园教师与小学教师共同开展研修会与研究会（40%），幼儿园教师观摩小学课堂（40.8%），小学教师观摩幼儿保育活动（41.7%），制订基于幼小衔接的课程体系（32.6%），幼儿园与小学一

---

① 中央教育審議会．幼稚園、小学校、中学校、高等学校及ひ“特別支援学校の学習指導要領等の改善及ひ”必要な方策等について（答申）［概要］［EB/OL］．（2017-01-10）［2023-10-15］．https://warp.ndl.go.jp/info:ndljp/pid/11055964/home.soka.ac.jp/～kiriyama/jugyou/jikisidouyouryou-nohaikei.pdf.

② 参见全国保育団体連絡会，保育研究所，編．保育白書 2018 年版［M］．東京：草土文化，2017：203—204.

起制定培养方案（17.5%），借助“幼儿期结束后的理想状态”对即将进入小学的幼儿培养情况进行说明（60.9%），为了让幼儿更好地适应小学生活向小学教师征求大班的活动设计建议或者寻求其他相关帮助（22.3%）。① 其他具体幼小衔接相关数据，见本书第十一章“2021 年日本幼儿教育实态调查”部分。

三、当代以“生存力”为基础的幼小衔接

1996 年，中央教育审议会发布《“生存力”的资质与能力》报告，该报告首次提出“生存力”教育理念：生存力是独立解决问题的能力，包括主动发现问题，独立思考，自主学习，合理判断并付诸行动，有丰富的人性，懂得自律又能与他人合作，有关心体谅他人的情感。② 同年 7 月，在《面向 21 世纪的日本教育》报告中针对幼儿教育提出，培养儿童健康的身心、社会生活所需要的习惯和态度、自发性与热情及丰富的情感、对事物的兴趣和关心、表现力等，作为小学及以后阶段“学习的基础”，希望幼儿园加强“生存力”方面的教育。以此强调幼儿园教育的意义在于培养儿童“学习的基础”，使得幼儿园进行幼小衔接的意识不断增强。③

21 世纪，依据 2006 年《教育基本法》修订与 2007 年《学校教育法》修订，文部科学省将“生存力”设定为贯穿整个教育系统的总目的，指出教育的根本目的是培养未来国家和社会的建设者必需的资质与能力，即面向 21 世纪的“生存力”。④ 依照新课程标准的要求，“生存力”也是幼小衔接的关键连接点。“生存力”在基础教育中指“掌握基础知识和基本技能以及独立解决问

---

① 参见文部科学省初等中等教育局幼児教育課．令和 3 年度幼児教育実態調査［EB/OL］．［2023-10-15］．https://www.mext.go.jp/a_menu/shotou/youchien/20230308－mxt_kouhou02－1.pdf.

② 参见文部科学省．「生きる力」と資質・能力について（平成 20 年中央教育審議会答申抜粋）［EB/OL］．［2023-10-15］．https://www.mext.go.jp/b_menu/shingi/chousa/shotou/095/shiryo/attach/1329017.htm.

③ 参见王幡，刘在良．20 世纪末以来日本“幼小衔接”课程演进研究［J］．外国教育研究，2023，50（6）：5.

④ 教育基本法（平成 18 年法律第百二十号）［L］．2006-12-22.

题的思考力、判断力、表现力和自主学习的态度”（第30条），在幼儿教育中则为“为义务教育及之后的教育奠定基础”（第22条）。① 2008年《幼儿园教育纲要》修订中“生存力”理念下的幼小衔接关系为：幼儿园课程是为义务教育及以后的教育奠定基础，是通过幼儿生活与其自主活动培养的“生存力”基础，包括“健康的身心”“社会交往能力”“独立的思考能力”“丰富的感性及表现力”等。② 2017年《幼儿园教育纲要》修订，将“生存力”基础培养进行强化，提出“幼儿期结束后的理想状态”，即“十项理想状态”，以期促进幼儿园教育与小学教育的顺利衔接。此外，为了进一步有效推动幼小顺利衔接，2021年7月，中央教育审议会初等中等教育分科会设立“幼儿教育与小学教育的桥梁特别委员会”，针对幼小衔接进行专门调查审议；2023年2月，作为审议总结提出《关于建立学习与生活基础的幼小教育衔接——通过幼保小的合作来充实桥梁期的教育》报告，并根据报告进一步提出幼小衔接程序的实施指南——《面向幼保小的架桥程序实施指南（初版）》，及《面向幼保小的架桥程序实施指南参考资料（初版）》。

第三节　基于幼儿理想状态的衔接点

2017年《幼儿园教育纲要》“序言”部分指出，幼儿园教育是“将幼儿园教育与小学及以后的教育、终身学习联系起来，通过幼儿自发进行的游戏活动对幼儿进行全面综合的指导”③。为了保障幼儿发展与学习的连续性，且从终身学习的角度关注幼儿的发展，《幼儿园教育纲要》提出通过“幼儿期结束后的理想状态”凸显幼儿成长发展轨迹，借此实现幼小衔接的可视化。

一、健康的身心

幼儿教育中关于“健康的身心”的理想状态为：“在幼儿园生活中，幼儿

① 学校教育法（平成19年法律第九八号）[L]. 2007-06-27.

② 参见文部科学省．幼稚園教育要領解説［M］．東京：フレーベル館，2008：220—222.

③ 全国保育团体連絡会，保育研究所，編．保育白書2018年版［M］．東京：草土文化，2017：203.

能够感觉到充实，在做自己想做的事情中充分锻炼自己的身心，有计划地以自主创造健康安全的生活为目标来安排自己的活动。”在小学生活中，如果儿童能够了解包括课程表在内的生活流程，就会有预见性地采取行动，为接下来的活动做准备，注意上下学时间和安全等问题。此外，幼儿园中沉浸于自主性较强的活动和游戏，通过大家一起愉快的游戏活动时间，与小学学习中大家一起运动、游戏、课间休息产生关联。幼儿通过在幼儿园充分享受各种活动的经历，培养其在小学生活场景中的行动力基础。

二、自立意识

幼儿教育中关于“独立性”的理想状态为：“幼儿通过积极主动地投身周围的环境中，享受各种活动的乐趣，意识到自己需要做什么。在独立完成任务的过程中进行思考与创新，不放弃完成自己想做的事情并从中获得成就感，养成自信心。”幼儿时期培养的独立性体现为在小学的学习生活中能积极主动地处理生活学习中遇到的问题。做到自己的事情自己做，并饱含热情地去做，发表自己的意见和建议，遇到困难的事情会坚持不懈地去解决，遇到不明白的问题会在询问老师和朋友的基础上继续努力，如此，让小学每天的生活都是快乐充实的。

三、合作能力

幼儿教育中关于“合作精神”的理想状态为：“在与朋友交往时，分享彼此内心的想法。为了完成共同的目标，一起进行思考、解难、合作并获得成就感。”合作精神在小学班级的集体生活中体现为与老师、同学之间的合作，比如在共同目标下，与同学合作一起发挥各自的力量、在交换意见的过程中不断产生新的想法等。

四、道德、规范意识的萌芽

幼儿教育中关于“道德与规范意识的萌芽”的理想状态为：“通过与朋友一起经历各种事情，幼儿了解什么是正确的，什么是错误的，反思自己的行为，理解朋友的感受，并设身处地为对方着想。他们也会理解遵守规则的必要性，调整自己的心情，在与朋友共同商量的前提下制定并遵守规则。”在小学生活中会以幼儿期的经历为基础，通过幼儿时期培养出的“道德与规范意识的萌芽”，自主地调整自己的情绪和行为，比如考虑别人的感受、检讨自己的行为等。

五、社会生活的融入

幼儿教育中关于“与社会生活的关联”的理想状态为：“除了有照顾家人的心情外，幼儿通过与当地社区的人接触，学会与他人交往的各种方式，学会考虑他人的感受，感受到自己的存在价值，与所居住社区产生亲近感。此外，在与幼儿园内外各种环境产生关联的同时，他们会吸收游戏和日常生活所需的信息，根据这些信息做出决定，相互交流信息并加以利用。在利用这些信息开展活动的同时，学会珍惜公共设施资源，同时意识到自己和社会的关联。”幼儿期与身边社会生活的关系延伸至小学生活中，会让儿童在考虑对方感受的同时享受人际交往的乐趣，同时也有助于儿童乐于接触当地的活动和各种文化，加深对周边事物的兴趣，感受当地的风土人情。

六、思考能力的萌芽

幼儿教育中关于“思维能力的产生”的理想状态为：“通过积极参与身边熟悉的事情，幼儿将感受到多样化的互动。如感知和注意到事物的属性和机制，学会思考、预测和设计。此外，随着他们接触到朋友的各种想法，他们会意识到别人的想法与自己的想法有时会有所不同。他们会做出自己的判断，或重新考虑自己的想法，能够体会到获得新思维的快乐，完善自己的思考。”思维能力的产生将有助于儿童对小学生活中遇到的新环境、新学科等产生兴趣，以探究的心态去思考与尝试，进而转化为主动参与其中并积极解决问题的态度。

七、与自然的连接及对生命的尊重

幼儿教育中关于“与自然的关联和对生命的尊重”的理想状态为：“幼儿们能感知到大自然的变化，以好奇心和探究精神进行思考并用语言表达自己的想法和感受，在与大自然接触过程中得到感动的体验。在对熟悉的现象产生兴趣的同时，培养幼儿对大自然的热爱和尊重。当他们被熟悉的植物和动物带动情感萌发，他们会意识到生命的神奇与宝贵，思考如何对待动植物，并怀着对生命的敬畏与珍惜之心与动植物共处。”在小学的学习生活中，与自然的关联和对生命的尊重是儿童对外在事物和自然现象感兴趣的基础。在接触中伴随着切身感受，再次加深对生命重要性的认识，加倍珍惜生命，更深入地思考生活的美好之处。

八、对数量、图形、标识和文字等的兴趣与感知

幼儿教育中关于“对数量、形状、标志和字母的兴趣及敏感度”的理想状态为：“通过游戏和日常生活，儿童熟悉数量、形状、标志和字母，意识到标志和字母的作用，并根据自己的需要运用它们，培养对它们的兴趣、关心和敏感度。”幼儿期对数量、形状、标志和字母等的兴趣及敏感度，是小学投入式学习的基础。同时，幼儿期对数量、形状、标志和字母等的真实体验也利于其在以后儿童期的日常生活中学以致用。

九、语言表达与交流

幼儿教育中关于“语言交流”的理想状态为：“在与老师和朋友交流的同时，幼儿通过熟悉图画书和故事获得丰富的语言和表达能力。他们学会用语言交流自己的经验和想法，认真倾听别人的意见，并享受通过语言进行交流的快乐。”幼儿期的语言交流可以发展为小学学习生活中与朋友之间的交流，根据自己想要表达的目的、对方的情况、接受许可等进行沟通交流。特别是在小学的衔接期，用语言合宜地表达自己的想法和看法对建立新的人际关系有很大的帮助。

十、丰富的情感和表达能力

幼儿教育中关于“丰富的感性和表达能力”的理想状态为：“在体验感动的事情时充分运用自己的感官，意识到各种材料和表达方式的特点，表达自己的感受和想法，并享受与其他朋友一起分享表达的过程，体验到表达的快乐，形成表达的动力。”幼儿期丰富的感性和表达能力会延伸至小学学习生活中，其不仅是音乐、造型、身体等表现的基础，也是今后学习生活的全部基础，比如毫不畏惧地、自信地表达自己的心情和想法、展现自己等。

第四节 活动与课程指导中的幼小衔接

一、幼小衔接课程概述

日本衔接问题研究专家清水一彦认为，学校教育的衔接是不同阶段与不同层级的学校之间建立的纵向连接，而衔接的核心问题是在保障各阶段学校课程独立性的基础上，将学校教育作为整体，建立连贯统一的课程。在连接过程中，为避免各阶段的学校彼此分离、孤立，需要从教育目标、内容、方法等方面连贯性地建设课程，借此保证学校体制内教育的整体实施与目标实现。① 幼小衔接与其他学校阶段之间的衔接相比，存在更多更复杂的差异，衔接难度更大，故文部科学省将幼小衔接课程设计与幼儿园游戏活动相结合，从幼儿园、小学双向展开。

幼小衔接课程在日语中统称为“幼小接続期カリキュラム”（幼小接续期课程体系），其中，幼儿教育机构实施的衔接接课程为“アプローチカリキュラム”（接近课程体系）、“接続カリキュラム”（接续期课程体系）；小学实施的接续课程为“スタートカリキュラム”（开端课程体系）。幼儿教育机构实施的衔接课程日臻成熟，开课时间一般为小学入学前半年（10月至次年3月）②，课程的主要任务是通过游戏、活动等创设让幼儿在环境中开发思考力、提高注意力、发展合作能力等基础要素，培养幼儿相关学习态度与习惯，借助“协同学习”“深度学习”解决“一年级问题”，让幼儿顺利适应小学的学习与生活。一般情况下，并不涉及小学知识与技能的传授。相比较于幼儿教育机构的衔接课程，小学实施的开端课程起步较晚。文部科学省于2015年颁布《开端课程开始书：从学习萌芽时期到自觉学习时期》，2018年发布《衔接发展和学习的开端课程：开端课程引进和实践指南》，这两部指导性文件是日

① 参见清水一彦．教育における接続論と教育制度改革の原理［J］．教育学研究，2016（12）：13.

② 日本学校开学为每年4月初。

本各都道府县编制幼小衔接课程的指南。开端课程最先是以小学的“生活科”为抓手，将小学新生在幼儿教育中获得的学习与生活经验编制成不分科目的统合课程，教学方法采用幼儿熟悉的游戏、自发活动等形式，提高他们对小学系统知识的兴趣，帮助幼儿从游戏性质的综合习得逐步过渡到小学系统分科教学。即让学生在综合课程中养成技能、习得经验，纠正了分科教学中偏向知识传授的倾向。①

幼儿教育中培养出来的资质和能力是小学学习生活的基础，也是培养幼儿终生发展需求的基础资质和能力。例如，幼儿园中幼儿是根据自己的兴趣，通过直接且具体的体验，按照自己的方式学习，而非完全通过教师事先设定的目标与目的有顺序地进行教导性学习。幼儿通过游戏体会到探索的乐趣，进而有积极参与的心情，正是这样的心情，产生今后学习的欲望与独立思考的能力，进而发展为进入社会后主动地投入工作的干劲儿。以下从幼小交流活动衔接、小学课程衔接两方面分别加以叙述。

二、幼小交流活动衔接

A幼儿园与小学相邻，通过幼儿园大班与一年级小学生一起种植红薯，在共同培育红薯与享受收获的喜悦过程中进行幼小交流活动。户外种植活动是幼儿和小学生都喜欢的活动之一，每次活动后教师都会抽出时间，让孩子们一起讨论活动中的习得与成长。

（一）交流活动目标及指导计划

表8-1 活动与目标

<table>
<tr><td>月份</td><td>5月</td><td>6月</td><td>7月</td><td>9月</td><td>10月</td><td>11月</td></tr>
<tr><td rowspan="2">活动</td><td>幼儿园学生</td><td colspan="5">通过种植、收获和烹饪红薯，体会集体活动的乐趣和大家一起协作的重要性；接触一年级学生，对小学生、小学生活产生兴趣和亲近感。</td></tr>
<tr><td>一年级学生</td><td colspan="5">通过种植、培育和烹饪红薯，学习植物生长的知识、照料植物的方法以及体会生命的存在等；在与幼儿相处过程中，扩大和加深对人与环境的认识。</td></tr>
</table>

① 参见田甜．日本幼小衔接课程建设及其启示［J］．教学与管理，2023（8）：73.

续表

月份	5月	6月	7月	9月	10月	11月
目标	活动1：整地 活动2：栽苗浇水 活动3：收获红薯 活动4：一起做红薯					

表8-2　5月幼儿园指导计划——种植部分

指导内容	亲近身边的动植物，对动植物随时间而变化产生兴趣，并注意到它们的变化特征。 ※幼小一起栽苗浇水等。
指导要点和环境配置注意事项	1. 幼儿一边照顾自己种植的蔬菜等植物，一边关注它们的生长情况、欣赏植物生长的样子。 2. 鼓励幼儿询问感兴趣和觉得不可思议的事情，鼓励他们通过图鉴等进行调查，并与朋友互相交流，产生共鸣。

表8-3　10月幼儿园指导计划——收割部分

指导内容	接触秋天的自然，收集树木的果实和种子等。利用果实和种子的颜色、形状、大小等特点来制作手工、进行游戏等。收割栽培的蔬菜，制作菜肴一起分享。 ※幼小一起收获红薯。
指导要点和环境配置注意事项	1. 让幼儿亲近自然，感受身边的秋天。 2. 根据兴趣将收集到的种子进行比较分类等，引导幼儿一边玩耍，一边注意其颜色、形状、大小等不同特征，准备适当的容器等。 3. 幼小儿童一起在期待中收获薯类，并烹饪自己亲手种植的蔬菜，在活动中感受植物的生长，切身体会生命与自己的关联。

（二）活动实践

“红薯交流活动”作为幼小衔接的一项活动，包括从种植到品尝的全过程。为了不让活动流于形式，幼儿园和小学每年都在幼小双方教师沟通后制订指导计划并付诸实践。以下为实践记录。

幼儿园教师记录——5月种田、浇水、种植活动

利用幼儿园和小学之间的土地，幼儿和一年级学生一起种植红薯。

“水桶好重啊，我该怎么办?”幼儿回答小学生“幼儿园有小独轮车”，两个人用幼儿园的独轮车搬运了好几次。在挖土、运土等过程中，通过协助、对话等加深彼此之间的关系。

在挖土的时候，“有条蚯蚓”“摸摸看”“真了不起”“他们发现了一只小虫”“你知道的真多”等对话不绝于耳。

幼儿用自己的手触摸泥土、感受泥土。

通过一起种植，随处可见彼此分享各种发现、讨论和学习的景象，培养了孩子们的安全感和自我肯定等。

种苗讲解由小学老师负责。“红薯朝哪边种比较好呢?”对于这样的问题，有回答“不知道”的儿童，也有回答“我觉得应该在温暖的方向”的儿童，无论是幼儿还是小学生都乐于与老师互动。

栽种后，一年级学生利用小学课间休息时间来到田里，幼儿见状也跑过去一起用塑料瓶装水、浇水。有时候会有“昨天下雨了，今天呢?”的问题。即使像“浇水”这样简单短暂的幼小接触，也是有益于幼小衔接的。

一起享受收获，体会收获的喜悦。同时采纳小学教师的意见，开展红薯计数活动。秋季，小学一年级数学课正在学习“三位数计算”单元。小学教师的想法是把收获的红薯分成大、中、小三部分来数，达成数学课的教学目标。幼儿园则引导幼儿享受数数的过程体验。以下是一年级班主任的活动记录。

小学教师记录——10月收获红薯的活动

把收获的红薯运到幼儿园的游戏室。

为了达成数学课的课程目标，事先准备好“计算食物”“大、中、小合计起来”“测量食物重量”等课件讲义。如果有表现出兴趣的幼儿，也可以和一年级学生一起挑战、学习。

幼儿也陆续加入挑战课题，几乎所有的幼儿都能和一年级学生一起完成数记的功课，而且还会模仿一年级学生非常认真地写数字、名字等。这项活动只要引导幼儿以游戏的感觉自由参加、经历数学课就好。

一年级学生还挑战回到教室里用收获的红薯完成了三位数字的计算。

（三）活动解说

在“红薯种植活动”实践中，活动的亮点是小学生一边以生活课的授课时间为理论课程学习时间，一边灵活利用休息时间进行劳动教育实践。在实践中，通过幼儿与小学生的交流，推进双方都能获得学习经验的互惠性措施。一年级学生利用休息时间浇水经常会遇到幼儿跑过来一起活动的情景，正因为有意识、有计划地安排这种自发交流，才更考验教师制订指导计划的能力。当幼儿可以完全放心地与哥哥姐姐交流时，就会被平时在园生活中遇到的各种情景所触动，进而憧憬哥哥姐姐在小学进行的活动，不会在升入小学后感到突然与陌生。在本事例中，幼儿和一年级学生一起挑战了三位数加法。能够写字和计算本身并不重要，但和小学生做一样的事情丰富了幼儿的活动经验，使幼儿对小学产生肯定的印象，进而产生期待与自信。与此同时，幼儿所抱有的憧憬及其言行的表现给小学生以自信心和自豪感，同时也能提高小学生“想要继续成为被憧憬的存在”的意识，成为“为此也必须更加努力”的契机，促进小学生的成长。

三、小学课程指导中的幼小衔接

在幼儿园活动实践中，幼儿教师经常会以读绘本、纸板戏的形式给孩子讲故事，也会定期举办家长志愿者诵读会等活动为幼儿营造童话故事氛围，借助于绘本与纸板戏帮助幼儿增加词汇积累，提升幼儿的游戏创作力、表现力等。在刚迈入一年级的阶段，语文课上教师可通过引入幼儿教育活动中常见的绘本、纸板戏，培养一年级学生的阅读能力及表达、表现能力，同时也借此助力幼小顺利衔接。

表 8-4　一年级语文课“纸板戏开始啦”读书活动

活动构想与目标	儿童通过日常生活用语环境，对语言产生兴趣，提高语言能力，与语言文化联系在一起，丰富语言环境，加深语言关联。因此，根据儿童的实际情况组织综合性的阅读活动。活动形式选择幼儿园与保育所等机构经常使用的纸板戏，通过看纸板戏、表演纸板戏等活动，提高一年级学生的语言能力。
指导计划	第一学期：看纸板戏。 1. 日常性地看纸板戏，对纸板戏有兴趣。 2. 了解纸板戏结构，对着纸板道具大声朗读叙述。 3. 听“纸板戏先生”示范演出，思考故事设定和表演方法。 4. 选择纸板戏，为准备演出练习。 5. 开“纸板戏剧场”，为幼儿园的幼儿和同年级学生、家长等演出。
	第二学期：用纸板戏重述课本教材。 1. 将课本中的神话做成纸板戏，复述、再上演。 2. 将课本中的故事做成纸板戏，复述、再上演。 3. 将课本中的说明文做成纸板戏，复述、再上演。
	第三学期：自行创作、表演纸板戏。

一年级班主任会在教室里准备丰富的纸板戏模板、舞台、纸板戏教材等，以圆桌为舞台上演纸板戏。演完纸板戏后，让学生描述自己的感想，并用学过的文字、假名写出感想。学生逐渐对纸板戏产生浓厚兴趣，到了纸板戏时间会拿着椅子争先恐后地坐在圆桌周围，一些学生还会积极参与纸板戏故事讲演。在纸板戏实践活动中，有几个学生坐在表演者的长椅子上注视着纸板戏的背面（纸板戏的背面是接下来的故事内容），不难猜测出他们不仅对“听故事”感兴趣，也对“表演故事”感兴趣。故此，小学教师按照幼儿园环境构成方法来布置教室，方便学生在自己喜欢的时间、地点进行即兴表演。于是在课间的教室里经常看到学生们阅读绘本、互相介绍纸板戏的场景。当纸板戏活动日常化，并成为一种班级文化时，绘本与纸板戏就成了学生读书生活的乐趣所在。学生在纸板戏上产生共鸣，互相表扬或鼓励，通过纸板戏，语文课变得轻松快乐。有时，学生还会模仿出场人物的台词根据场面即兴添加音效，使课堂气氛也随之高涨。一年级的小学生还会开始想“我们要开个纸板戏场，让幼儿园的小孩儿和我们的家人朋友一起观看”。纸板戏的演出通

常以小组为单位，教师反复指导下多人进行配音表演。以下以《狼和七岁的小山羊》纸板戏活动情况为例叙述。

表 8-5　《狼和七岁的小山羊》纸板戏活动情况

学生小 A 作文	幼儿园参观日演了一场纸板戏，非常开心，想再演一次。纸板戏结束后，观众为我鼓掌。演戏的时候，像“偷”和“盗”这两个词都是自己琢磨出来的。下次在幼儿园表演，我想再多练习一下，变得像真正的讲员一样。
表演纸板戏 （小学一年级）	小 A 和小组成员就位，准备纸板戏的演出。小 A 手里拿着剧本，表演狼的角色，但并没有看剧本，就像对观众倾诉一样，一边指着道具一边说台词，把角色演绎得非常完美。看完小 A 的表演，幼儿园里响起了热烈的掌声。 小 A 在刚开始准备的时候读起来并不是很顺畅，后来经过反复练习逐渐流畅。同时，小组成员一起制作纸板戏的乐趣更加激起小 A 表演的欲望，小 A 在家里也很努力地练习。小 A 认为他一边真切地感受着自己的进步，一边增强了阅读的能力，很享受整个活动过程。
幼儿园大龄儿童 观看纸板戏演出情况	幼儿喜欢把故事情节变成戏剧表演。大家一起大声地反复地用自己的方式讲述已经听过很多次的故事，然后和朋友穿上道具服装，化身为故事中的人物即兴表演。幼儿通过戏剧等形式创作游戏，逐渐掌握表现力和阅读理解能力的基础。不仅是纸板戏本身，小学生在幼儿园表演的实践也是幼儿小学学习的基础，促进幼儿对小学产生联系。在小学语文课上也提到，一年级学生开始自己阅读，并表情丰富地表演出来。另外，演员和观众可以在享受语言魅力的同时，通过交流加深对阅读的感知。在幼小衔接中，小学课程中纸板戏的活用比教师预测效果要好，其使听、说、读、写、想等多样训练活动得到综合提升。

小学一年级语文课纸板戏实践是把幼儿园经验活用到小学学科学习的事例。用幼儿园中习以为常的纸板戏作为指导语文课“阅读”的引领，一年级学生可以在幼儿园生活经验的基础上更加愉快地进行语文课学习，在感受幼儿园生活连续性的同时丰富小学学科学习经验。故此，如果从幼儿园教育的角度重新审视小学教材会有很多不一样的理解。为了实现幼小顺利衔接的目标，幼小教师之间应围绕教育内容、教材进行更深入的交流。

第九章　日本对弱势幼儿的支援

日本对障碍幼儿的特殊教育可以追溯到1878年，最初设立视听语言障碍教育机构——京都盲哑院。此后经过近一个半世纪的发展，2001年，文部科学省正式设立“特殊支援教育科”。2006年，日本《学校教育法》修正案通过，根据该法案，2007年，开始正式实施特殊支援教育。①

第一节　特殊支援教育概况

2007年4月1日，日本文部科学省发布《关于推进特殊支援教育（通知）》，对特殊支援教育的概念作出如下解释：“特殊支援教育指为了帮助有残疾的幼儿、学生能够独立、自主地参与到社会生活中，把握每一个幼儿与学生的教育需求，开发他们的潜力，通过适当的指导以及支援，帮助他们克服生活以及学习上的困难。”该通知指出：“现在，针对普通中小学班级里的LD（学习障碍）、ADHD（多动症）、孤独症儿童，对其进行特殊支援是教育的当务之急。‘特殊支援教育’中，除了常规认识中的残疾儿童外，对上述儿童也要进行适当的指导和支援。”② 故此，特殊支援教育中所指的障碍儿童除视听障碍、语言障碍、身体障碍等以外，还包括智力障碍、情感障碍、学习

① 参见文部科学省．特別支援教育について［EB/OL］．（2006-06-21）［2023-10-15］. https://www.mext.go.jp/a_menu/shotou/tokubetu/material/010.htm.

② 文部科学省．特別支援教育の推進について（通知）［EB/OL］．（2007-04-01）［2023-10-15］. https://www.mext.go.jp/b_menu/shingi/chukyo/chukyo3/044/attach/1300904.htm.

障碍、孤独症、多动症、体弱多病等问题的儿童。

《令和 4 年（2022 年）日本儿童和青年白皮书》指出："对于障碍儿童，为了充分发展他们的能力，开发他们的潜力，帮助他们具备独立参与社会活动的必要技能，要根据每个障碍儿童的教育需求，在多样化的学习场景中提供适当的指导和必要的支持。"其中针对现在为障碍儿童提供的教育支援，该报告指出："目前，在特殊学校、小学和中学的特殊班级以及普通班级的特殊指导（即"通级指导"① ）中，要求学校配备可以解决障碍儿童专属问题的设备设施，在此基础上，具备专业知识、经验丰富的教职员通过专用教科书、特殊教育课程等有效途径，根据学生的个别需要，编制个人教育支援计划和个人指导计划，进而实现对障碍儿童的教育支援。"②

此外，日本也在社会层面不断推进对特殊幼儿的支援。首先，除了增加对障碍幼儿的教育支援力度外，还通过加强特殊支援教育与医疗、卫生、社会保障、劳动等部门的合作，整合社会支援障碍人士资源，使障碍幼儿得到充分的教育，最大限度地发挥他们的潜能，使其自立自强，参与到社会活动中。其次，促进障碍幼儿与同龄幼儿、社区居民等人员交流，使他们能够作为社区一员活跃在社区生活中。为此，尽可能地让障碍幼儿与他人共同生活、学习，并培养其生存能力，为其今后丰富多彩的生活做预备。此外，还应促进人们对障碍幼儿的包容与理解，在与障碍幼儿一起学习生活中，确保关爱与尊重障碍幼儿。

2006 年 12 月，第 61 届联合国大会协商通过《残疾人权利公约》，日本于 2007 年签署了该公约，并发布了《障碍人士自立支援法》《障碍人士差别取缔法》等相关法律法规。同时，文部科学省中央教育审议会也在教育领域提出

① 通级指导：对小学、中学在籍轻度障碍的儿童进行教育。大部分课程在普通班级和正常儿童一起接受教育，同时根据他们障碍程度的不同，一部分课程在特殊场所接受特别指导教育。主要以语言障碍、孤独症、情感障碍、学习障碍、注意力缺陷、多动症、低视力、听力障碍等儿童为特殊教育对象。

② 内閣府．令和 4 年版　子供・若者白書［R/OL］．（2022-06）［2023-10-15］．https://www8.cao.go.jp/youth/whitepaper/r04honpen/pdf_index.html.

相关措施，特别是 2012 年发布了《以建立共生社会[①]为目的、以特殊支援教育为抓手的包容教育体系构建》主题报告，该报告首次提出了“包容教育系统”[②] 的教育理念，体现了日本对弱势幼儿的支援教育政策较之以往赋予更多的平等、关爱与尊重。该报告还提出，截至 2012 年，英国接受特殊指导的幼儿约为 20%，美国约为 10%，但日本仅为 3%（包括特殊支援学校、特殊班级、通级教育），预测日本还有很多需要特殊支援的幼儿因为各种原因在普通班级学习。进一步把握实际情况，给需要特殊指导的幼儿提供相应的教育支援是日本特殊教育的当务之急。[③]

目前，日本针对障碍幼儿的教育支援主要有四种形式，即正常班级教育、通级教育、特殊支援班级教育、特殊支援学校教育。正常班级教育指障碍幼儿和健康幼儿同一班级一起学习的班级教育。通级教育指障碍幼儿的学籍在普通班级中，每周根据个人情况接受几小时的特殊教育辅导。特殊支援班级指在普通小学中，为障碍幼儿专门设置的班级。特殊支援学校指为障碍幼儿特别设置的学校。据 NHK（日本广播协会）官方调查统计，截至 2022 年 4 月，接受通级教育的幼儿人数约为 133 400 人，特殊支援班级的幼儿人数约为 324 000 人，特殊支援学校的在籍幼儿人数为 79 600 人。[④] 除正常班级教育以外，学校有义务为接受特殊教育的幼儿制订针对个人具体情况的指导计划以及评价体系。

---

① 共生社会：因为周围环境等未能积极参与社会活动的残疾人也能积极参与其中并做出贡献的社会。

② 包容教育系统（inclusive education system）：尊重国民个体多样性，最大限度地从精神上和身体上发展残疾人的可能性，让他们有效地参与到自由的社会中来，在这个目的的基础上，主张残疾人与健康人一起学习。让残疾人不被排除在教育制度体系（general education system）之外，在自己生活的地方享有平等的初等、中等教育机会，能够得到个人所需要的“合理的关照”。

③ 参见文部科学省．共生社会の形成に向けたインクルーシブ教育システム構築のための特別教育の推進（報告）［EB/OL］．（2012-07-23）［2023-10-15］．https://www.mext.go.jp/b_menu/shingi/chukyo/chukyo3/044/attach/1321669.htm.

④ 参见 NHK 解説委員室．go．障害のある子とともに学ぶために［EB/OL］．（2022-04-22）［2023-10-15］．https://www.nhk.or.jp/kaisetsu－blog/700/467428.html.

在以上四种形式中，特殊幼儿教育以特殊支援学校与正常班级教育为主。

第二节　对障碍幼儿的教育支援理念与制度

一、对障碍幼儿的教育支援理念

国内学者对日本学前特殊教育的研究中所使用的名词与其所指代的意思并不完全一致。有研究将日本的幼儿特殊教育分为“分离式教育”与“统合式教育”；也有研究提出“学前特殊教育”（也称“隔离式教育”）与“混合教育”“统合教育”（也称“融合教育”）的分法。周念丽指出，“统合教育”（也称“融合教育”）指“让有发展障碍的儿童进入正常班这样一种教育形式，而且保证能满足每一个学前特殊儿童需要”① 的教育。高桥纯一和松崎博文在《特殊儿童教育发展至包容教育的变迁史与存在问题》中指出，日本的特殊教育经历了“分离教育”“统合教育”“包容教育”三大阶段。“分离教育”指根据幼儿是否有身心障碍，将幼儿区分进行教育。而随着“分离教育”受到批判，继其后的“统合教育”指障碍幼儿与健康幼儿一起进行学习生活。从形式上看，“统合教育”与最新提出的“包容教育”并无太大差别，但理念上有着根本不同。②

“统合教育”的理念首先是以“分离”为前提，即将“需要特殊教育的儿童”放到“普通的教育组织”当中进行“特殊支援教育”。有学者指出，“统合教育”存在的问题为：首先，将“需要特殊教育的儿童”和“健康儿童”进行区分，并不合乎教育初衷；其次，让“需要特殊教育的儿童”去适应已有的为“健康儿童”设计的教学制度同样违背教育常识。

日本特殊支援教育的理念经过了分离教育、统合教育阶段，目前已经进入包容教育阶段。2010 年，日本文部科学省召开“关于特殊教育形式的特别

---

① 周念丽．学前融合教育的比较与实证研究［M］．上海：华东师范大学出版社，2008：29.

② 参见高橋純一，松崎博文．障害教育におけるインクルーシブ教育への変遷と課題［J］．人間発達文化学類論集，2014（19）：13.

委员会”，在会上明确提出“包容教育”，基于儿童肩负着国家之未来的社会理念，对障碍人士的无区分支援在学校实施有利于建立一个包容性的社会。①2012年，文部科学省发布了《以建立共生社会为目的、以特殊支援教育为抓手的包容教育体系构建》报告，并对“包容教育”的实施提出具体的应对措施。该报告指出，特殊支援教育的推进是实现共生社会不可或缺的重要组成部分。报告主张，应尽可能地让障碍儿童与普通儿童共同学习交流，让不同发育阶段的儿童理解课程内容，有所习得，培养他们的生存能力，度过充实的在校时间。② 即“包容教育”的不同在于不以“区分”为前提。首先，幼儿之间不是以有无身心障碍进行区别，而是针对儿童的相关发展状态与程度的差别，采取因人而异的教育指导。其次，不是让幼儿去适应现有的教学制度，而是将每一个儿童个体都视为独特的存在，建立“包容所有幼儿”的制度。

2019年，文部科学省发布《交流与共同学习指南》，该指南指出：“我们的目标是建立一个残疾人和健康人能够互相尊重对方人格与个性的共生社会。……幼儿园、小学、中学、义务教育学校、高中以及特殊支援学校进行的障碍儿童与健康儿童或者当地有残疾人士的接触、交流，他们的共同学习、活动无论是对障碍儿童，还是对健康儿童都极具意义。这些互动不但增加了双方的生活经验，培养了其社会性，丰富了其品格，还让他们学习到了尊重别人的重要性。”③ 此外，该指南还介绍了障碍儿童与健康儿童共同学习的相关案例。2023年，文部科学省发布《与障碍幼儿共同成长生活的理解与指

---

① 参见文部科学省．特別支援教育の在り方に関する特別委員会　論点整理［EB/OL］．(2010-12-24)［2023-10-15］．https://www.mext.go.jp/b_menu/shingi/chukyo/chukyo3/044/houkoku/1300890.htm.

② 参见文部科学省．共生社会の形成に向けたインクルーシブ教育システム構築のための特別支援教育の推進（報告）［EB/OL］．(2012-07-23)［2023-10-15］．https://www.mext.go.jp/b_menu/shingi/chukyo/chukyo3/044/attach/1321669.htm.

③ 文部科学省．交流及び共同学習ガイド［EB/OL］．(2019-03)［2023-10-15］．https://www.mext.go.jp/a_menu/shotou/tokubetu/__icsFiles/afieldfile/2019/04/11/1413898_01.pdf.

导》，详细地讲解了幼儿园应对障碍幼儿的接触与指导方案。①

二、对障碍幼儿的教育支援制度

（一）升学支援制度

为了满足每个幼儿的教育需求，地方政府与相关学校均设置咨询通道。从婴幼儿期开始，政府以及学校等相关部门就接受父母关于教育等方面的育儿咨询。一方面为幼儿与家长提供充分、有效的信息，另一方面协助幼儿在园生活中，与包括家长、教师在内的相关人员互通有无，在协助特殊幼儿所需教育支援上达成共识。以此，地方行政部门、学校、家长形成一个共同体，为障碍幼儿提供教育支援。障碍幼儿升学制度在此基础上还有以下特点。

首先，大部分地方市政府会设置“升学指导委员会”。家长在这里不仅可以进行升学问题咨询，也可以针对障碍幼儿本身的学习问题进行咨询。本着最大限度开发障碍幼儿潜力的原则，培养障碍幼儿独立参加社会活动的能力。对于障碍幼儿的升学择校问题，原则上尽可能尊重本人及家长的意愿，根据幼儿教育需求，尽可能与家长达成共识，但教育委员会也会根据幼儿的障碍程度与所需支援，从教育学角度进行综合判断，最后由地方政府教育委员会做出决定。若与家长无法达成一致意见，家长可进一步寻求更高级别教育机构的研判。其次，考虑到孤独症、多动症障碍等有时不能准确判断，若家长无法确定幼儿是否有相应障碍或者障碍程度，可以通过寻求地方政府等相关教育部门获得相应的支援。再次，入学时的班级也不是固定不变的，随着幼儿个体发育、发展情况的变化，学校应及时灵活应对。最后，障碍幼儿的教育支援，除了依靠学校的力量外，还可以借助地区的力量，如学校运营协议会制度等。

（二）个人支援档案的建立

为了实现对障碍幼儿系统的指导与支援，自幼儿园起，要求相关教育部门将幼儿的成长记录、指导内容等信息记录留存建档。建立系统的支援档案，

---

① 参见文部科学省．障害のある幼児と共に育つ生活の理解と指導［EB/OL］．(2023-03-22)［2023-10-15］．https://www.mext.go.jp/a_menu/shotou/youchien/1341233_00002.htm.

以便相邻教育阶段，如幼儿园与小学、小学与中学之间共享支援信息，实现个性化特殊支援衔接。此外，还应注意涉及个人信息部分在使用时需要有相关保密措施。建立特殊支援教育档案是实现特殊支援教育不可或缺的一部分，档案通过信息一体化的现代数字科技手段，实现各教育阶段对其进行有针对性的系统化、人性化管理支援，同时也提高了各部门对障碍幼儿进行教育支援的效率。

（三）制度保障

在制度保障方面，主要通过以下有效手段，即①校内委员会的设置②相关调研③设立特殊支援教育专门负责人④特殊儿童特殊指导计划的制订⑤特殊儿童特殊支援教育计划的制订⑥巡视员的充分利用⑦相关领域专家的充分利用⑧教师接受特殊支援教育培训，确保针对障碍幼儿的特殊支援教育得以实现。以 2011 年幼儿园情况为例，以上各项支援实施率分别为①52.6%②90.5%③59.1%④40.1%⑤30.9%⑥70.3%⑦53.1%⑧50.8%。此外，在教材、设施设备、师资、课程设置等方面均有相应的对策出台。

（四）环境建设

在硬件环境建设方面，日本政府对学校设施的无障碍改造等硬件建设提供相应补助。衡量共生社会的标准之一就是残疾人士的社会参与度，以及他们对社会的贡献度。在地区软环境等支援方面，政府主要通过推动地域协作来推动包容教育的发展，最终达到实现共生社会的目的。让普通人有残疾人存在意识，同时理解他们，才能实现残疾人与当地居民之间的相互尊重、共同融洽生活。

日本于 2011 年 8 月 5 日公布的《残疾人基本法》中规定：①障碍儿童与健康儿童能够共同接受教育，具体通过改善教育方法、充实教育内容等，达到为儿童提供符合其年龄、能力的个性化教育。②为障碍儿童及其家长提供充分的信息援助，并在择校等具体事宜上尽可能地尊重当事人意愿。③相关学校应在调查与研究的基础上，通过有效手段提高师资水平、提供适当的教材、建设并完备学校设备设施等，完善特殊支援环境。①

三、ICF与障碍幼儿“自立活动”

（一）从ICIDH到ICF的转变

1980年，世界卫生组织发布了国际残损、残疾和残障分类（International Classification of Impairment，Disability and Handicap，简称ICIDH）。然而，随着卫生与保健事业的发展，以及国际残疾人活动的开展，人们对残损以及由此而产生的社会生活变化有了新的认识。随着人口的老龄化，卫生保健系统不断改善服务，卫生保健的重点从急性、传染性疾病转移到慢性、难以准确说明的疾病。医疗服务的重点从治疗转移到保健，并以提高处于疾病状态的人们的生活质量为目的。原有的有关残损、残疾与残障等模式也越来越不能满足卫生与康复事业发展的需要，迫切需要建立新的理论模式与分类系统，需要对原分类系统进行修订，以适应由于保健观念和对残疾认识所发生的社会变化的需要。世界卫生组织于2001年发布了新的残疾分类系统——国际功能、残疾和健康分类（International Classification of Functioning，Disability and Health，简称ICF）。ICF系统将残疾分为“功能和结构”“活动”“参与”三个类别。“功能和结构”包括精神机能、运动机能、视听觉机能等；“活动”包括行走能力、ADL（activities of daily living，日常生活活动能力）、职业能力等；“参与”包括参加工作、兴趣爱好、运动、地区集体活动等。其中影响因素包括环境因素与个人因素。

ICF系统的提出改变了人们对残疾的认知。在日本《学校教育法》第72条修订中，将“基于障碍的种种困难”改为“障碍导致的学习与生活上的困难”。在ICF系统基础上思考培养障碍幼儿的“自立活动”能力，除幼儿自身问题，还要考虑其他影响因素，即综合各角度制订特殊幼儿教育指导计划，并进行具体指导。

（二）《特殊支援学校幼儿部教育纲领》的颁布

《特殊支援学校幼儿部教育纲领》指出，为了促进幼儿在“健康”“人际关

---

① 参见障害者基本法の一部を改正する法律（平成23年法律第九〇号）［L］.2011-08-05.

系”“环境”“语言”“表现”等方面实现与其发展状况相符的成长，应让幼儿掌握相关知识、技能、态度与习惯，从而积极克服其学习与生活上的困难，最终实现自立的目标，即幼儿特殊支援教育应通过“自立活动”让儿童身心得到协调发展。① 其具体指导内容主要包括以下几个方面。

1. 健康的维护：

（1）养成良好的生活节奏与习惯。

（2）理解病情并能够进行相应的生活管理。

（3）理解身体各部分情况并能照顾自己。

（4）理解障碍特征并能在此基础上调整生活节奏。

（5）对健康状态的保持、改善。

2. 稳定的情绪：

（1）情绪稳定。

（2）理解并能适应情况的变化。

（3）有改善、克服因障碍导致学习、生活上现有困难的意愿。

3. 人际交往能力：

（1）具备与他人交往的基本能力。

（2）理解他人的意图与情感。

（3）调整自己的理解与行为。

（4）参与集体活动的能力。

4. 把握环境的能力：

（1）充分感受拥有的感觉。

（2）理解与应对感觉与认知的特性。

（3）充分利用感觉的辅助与代替手段。

（4）综合利用感觉认知周边环境，根据状况适当调整自己的行为。

（5）形成以认知与行为为抓手的意念。

---

① 参见文部科学省．特別支援学校幼稚部教育要領［EB/OL］．［2023-10-15］．https://www.mext.go.jp/a_menu/shotou/new-cs/youryou/tokushi/1284520.htm.

5. 运动能力：

（1）掌握关于姿势、运动、动作的基本技能。

（2）充分利用运动、动作等相关的辅助手段。

（3）掌握日常生活所需的基本动作。

（4）具有移动身体的能力。

（5）掌握并能顺利地完成某项操作所需动作。

6. 交流沟通能力：

（1）具备沟通交流的基本能力。

（2）对语言的理解与表达能力。

（3）语言的形成与运用能力。

（4）交际手段的选择与运用能力。

（5）根据场合进行交际的能力。

（三）《与障碍幼儿共同成长生活的理解与指导》的颁布

2023年3月，文部科学省与厚生劳动省、内阁府联合颁布了《与障碍幼儿共同成长生活的理解与指导》，对幼儿特殊支援教育进行了最新的解读。在此就文件中部分内容加以概述。

1. 注意事项：

幼儿教育以“构建环境进行教育”为抓手，进行“开展适合幼儿特征的生活”“通过游戏进行综合教育”“针对每个幼儿的发展特征进行个别指导”等教育活动。幼儿教育通过周边环境的构建给予幼儿相应的感官刺激，让他们产生主动与周边环境产生关联、开展活动的欲望，继而通过活动得到充实感与满足感，这种经历的积累对幼儿来说非常重要。“构建环境”时，不仅要考虑玩具、游具等物理环境，还要考虑其他幼儿、教师、自然现象、社会现象、空间条件、时间条件、氛围等要素。幼儿不但具有旺盛的好奇心、主动参加各种活动的积极性，同时具有与其他幼儿进行沟通的社会性。教师根据幼儿的这些特性设计开发幼儿潜力的活动环境，同时在活动中，在幼儿需要的时候给予恰当的支援。游戏作为活动的主要形式，为幼儿提供成长与发育的各种体验。在游戏的过程中，幼儿可以掌握各种技能。基于对幼儿的成长过程进行综合的考量，要求教师在具体指导过程中创造适当的环境与游戏内容。需要注意的是，“针对每个幼儿的发展特征进行个别指导”并非一味地迎合幼儿需求，而是要在对幼儿提出的要求与行动背后的真实心理的研判基础上，以“幼儿期结束后的理想状态”为最终目标，对每个幼儿给予关注与支援，同时让班级成为一个发挥每个人特色的集体。

2. 具体思路：

首先，在入园手续阶段，如果已经接受了诊断的话，幼儿园通过与相关机构共享信息，尽快为对幼儿进行教育支援做准备；如果还没有接受诊断，幼儿园则可以为家长提供相应的专业咨询与建议。

其次，在教育支援实施的过程中，幼儿园所做的工作一般有三个方面：

（1）“个别指导计划”的制订，包括对游具、玩具等的考量。

（2）相关师资、专业支持等支援体制的构建。

（3）相关设备设施的完善。

再次，幼儿园课程中通常不单独为障碍幼儿制订培养方案，而是将重心放在“个人指导计划”中。在制订“个人指导计划”过程中，对幼儿进行“综合评价”是非常重要的。“综合评价”是指从专业的角度对幼儿进行观察、评价。如幼儿擅长的事情与不擅长的事情；可以完成的事情和不可以完成的事情；在什么情况下幼儿有什么样的反应；等等。在“综合评价”的基础上，思考幼儿所需要的特殊支援教育，继而制订指导计划。在根据培养方案进行教育过程中，针对各个幼儿的具体特点为其进行环境的构筑与支援，即为特殊支援教育的“个人指导计划”。

在对障碍幼儿的教育支援过程中，教师首先要改变自己的观念，站在障碍幼儿的立场上思考问题，多观察，多反思实施教学活动的内容。在具体实施过程中，教师要努力发现幼儿的优点、特长、爱好等，尽可能地发挥他们的长处。同时，教师之间要经常交流，互通有无，形成幼儿园全体教师共同培育的氛围。

幼儿园、教师在对幼儿进行专业角度的特殊支援教育时，也应考虑到家庭在幼儿成长中的重要作用，故此，幼儿园与家长的信息沟通也非常重要。在与家长沟通的过程中，幼儿园可以从专业的角度给予家长教育上的建议、精神上的支持等。在不伤害家长的隐私、情感的基础上，建立家、校、政府机构的合作支援机制。

(四)《交流与共同学习指南》的颁布

2019 年，文部科学省发布《交流与共同学习指南》，该指南对交流与共同学习的意义、目的、展开方法等进行了进一步的说明。该指南指出：“障碍儿童与健康儿童或者当地有残疾人士的接触、交流，他们的共同学习、活动无论是对障碍儿童，还是对健康儿童都极具意义。这些互动不但增加了双方的生活经验，培养了其社会性，丰富了其品格，还让他们学习到了尊重别人的重要性。……这样的活动在他们毕业后也会产生持续影响。障碍儿童通过这样的活动，获得与他人互助共存的能力，逐渐学会积极参与社会活动。普通儿童通过活动学会自然地向弱势群体伸出援助之手，理解人类的多样性，养成与残疾人士的互助意识。”①

在具体实施过程中，首先，让学校、幼儿、家长等相关人员对活动的意义、目标、内容等有充分的了解。其次，在校长（园长）领导下，以学校为主体组织参加的实施体制。再次，针对活动前期准备、活动计划、活动后反馈等制订通年计划和每一次活动的指导计划，每一次活动的指导计划要为整体计划服务。在活动实施时，要让幼儿充分理解活动的目的与内容，充分发挥幼儿的主动性，让幼儿真正参与到活动中，并将活动后的反思、反馈活用在今后的学校生活指导中——针对幼儿的表现，进行总体评价，并有待于与后续活动进行衔接。

下面简要介绍兵库县姬路市立城乾幼儿园“友好日”的案例。参加主体为幼儿园 5 岁幼儿、特殊支援学校 4、5 岁幼儿。根据场所与内容，幼儿园的 4 岁幼儿、特殊支援学校的 3 岁幼儿也可以从后半年开始参加互动活动。

1. 活动概要：

幼儿园与特殊支援学校（听觉障碍）幼儿部的幼儿进行学校互访活动。

---

① 文部科学省．交流及び共同学習ガイド［EB/OL］．(2019-03)［2023-10-15］．https://www.mext.go.jp/a_menu/shotou/tokubetu/__icsFiles/afieldfile/2019/04/11/1413898_01.pdf.

活动全年进行7次。在“友好日”活动中，让幼儿通过沟通交流体会一起做游戏的快乐。

2. 活动目标：

(1) 一起沟通交流、玩耍，建立友好关系。

(2) 发现他人的优点，体会与人心灵互通的快乐。

(3) 通过共同活动，形成对障碍、残疾的正确认识。

3. 活动方案：

年度之初，双方教师确认目标，制订年度计划。场地负责方根据自己学校各个时期的特点制订年度具体活动方案，双方共同探讨，制订最终计划。确定本年度一起活动的小组，第一次活动时为各小组拍照，将照片贴在双方学校的公告栏中，便于双方幼儿记住对方学校幼儿的名字，既而产生亲切感。活动后，针对活动中的具体内容，通过幼儿园告知家长。家长也通过幼儿的反映，如“教给家里人手语”“回家分享他的新见闻”等，切身体会到共同学习的好处。

4. 总结：

在活动中，使用手语，同时也要考虑说话语速问题。在运动游戏环节，选择击大鼓计算活动时间等方案，以便让所有的幼儿都能享受到活动的乐趣。此外，考虑到天气、气温、幼儿体力等因素，活动一般为室内活动。数次活动后，双方中有部分幼儿彼此建立了友谊，进而能更加愉快地参与到游戏中。健康幼儿大多可以叫出特殊支援学校幼儿的名字，也有幼儿学会了用简单的手语打招呼，并对家里人展示所学的手语等。

5. 成果与展望：

幼儿园幼儿在与障碍幼儿接触中，知道了很多以前不知道的事情，如特殊支援学校的设备设施、人工耳蜗、与听觉障碍幼儿打招呼的方法等。通过相关活动，加深了幼儿们对障碍幼儿的理解。

四、特殊支援学校中的幼儿教育支援

如前所述，日本障碍幼儿教育主要以正常班级教育和特殊支援学校两种为主。下面简单介绍特殊教育学校中幼儿部的教育支援。

根据 2020 年日本文部科学省统计，日本特殊支援学校共计 1149 所，在校人数 144 823 人。就幼儿部而言，幼儿园、认定幼儿园与特殊支援学校的幼儿部学生总数为 1 838 838 人。其中，特殊支援学校 167 所，儿童人数 1329 人，占幼儿总数的 0.07%。具体分为视觉障碍 196 人，听觉障碍 1042 人，智力障碍 208 人，身体障碍 100 人，身体病弱 15 人（含个体多障碍者）。

2017 年 4 月，日本文部科学省公布了《特殊支援学校教育指南——幼儿部、小学部、初中部》修订版（以下简称《指南》）①，并规定 2018 年在幼儿部、2020 年在小学部、2021 年在中学部正式实施。2018 年 3 月，文部科学省补充公布了《特殊支援学校教育指南与学习指南解说——幼儿部、小学部、初中部》（以下简称《指南解说》）②。在以上文件中，针对特殊支援学校幼儿部的教育理念、课程、实施原则等进行说明，具体如下。

（一）幼儿部教育的根本

《指南》指出，幼儿部教育的根本是“在遵循幼儿特性的基础上，为达到《学校教育法》第 72 条③所规定的目标，通过环境进行教育”。为了实现上述目标，教师在充分考虑周边环境与幼儿本身状况的基础上，努力与幼儿建立信赖关系，与幼儿一起创造良好的教育环境。为此，需要重视以下事项。

1. 幼儿只有在稳定的情绪下才能充分发挥自己的才智，获得利于成长的体验。鉴于这点，教师要为幼儿提供适合其发展特性的活动，促进幼儿主动参加活动。

2. 对于幼儿来说，自发的游戏活动是有利于身心协调发展的重要学习活

---

① 参见文部科学省．特別支援学校学習指導要領等［EB/OL］．［2023-10-15］．https://www.mext.go.jp/a_menu/shotou/new—cs/youryou/tokushi/1284518.htm.

② 参见文部科学省．特別支援学校学習指導要領解説［EB/OL］．［2023-10-15］．https://www.mext.go.jp/a_menu/shotou/new—cs/youryou/1278527.htm.

③《学校教育法》第 72 条：特殊支援学校的目的是，对视觉障碍者、听觉障碍者、智力障碍者以及身体残弱者（包括身体虚弱者）实施与幼儿园、小学、中学以及高等中学同等教育的同时，教授他们必要的知识与技能，让他们克服身体残障所带来的学习与生活上的困难，实现独立。

动，所以要结合目标，以游戏为中心进行指导。

3. 幼儿的成长受身心活动等多方面影响，是一个复杂的过程。此外，每个幼儿的生活经历不同，鉴于这一点，应根据每个幼儿的特性，针对该幼儿成长中的问题进行指导。

在整个过程中，教师需要有计划地构建环境，因材施教。

（二）幼儿部教育的目标

幼儿部充分考虑幼儿的障碍情况、特性以及发育程度，在遵守上述基本原则的基础上，通过携手家庭共同努力，培养幼儿的"基本生存能力"。具体包括：

1. 《学校教育法》第 23 条[①]规定的幼儿园教育的目标。

2. 通过养成必要的学习生活态度与习惯，培养身心协调发展的基础，进而改善、克服因障碍导致的学习、生活上的困难，最终实现具备独立生活的能力。

3. 培养以下知识与能力：知识与技能基础；思考力、判断力、表现力的基础；学习力、品格。

（三）幼儿部教育的理想状态

教师在根据目标设计活动时要考虑到以下"幼儿期结束后的理想状态"：

1. 健康的身心。

2. 自立意识。

3. 合作能力。

4. 道德、规范意识的萌芽。

5. 社会生活的融入。

6. 思考能力的萌芽。

---

① 《学校教育法》第 23 条：为实现上一条所规定目的，幼儿园教育应达成以下目标。一，使幼儿养成健康、安全和幸福生活所必需的基本习惯，促进其身体各种机能的协调发展。二，通过集体生活，培养幼儿自愿参与集体生活的态度，加深其对家人及身边人的信任感，培养独立、自律、合作的精神以及规范意识。三，让幼儿对熟悉的社会生活、生命及自然界产生兴趣，形成对它们的正确认识、态度及思考能力。四，通过日常会话、绘本、童话等，引导幼儿正确使用语言，同时让幼儿养成积极理解他人的态度。五，通过音乐、肢体表达、手工制作等，培养幼儿丰富的感性和表达能力。

7. 与自然的连接及对生命的尊重。

8. 对数量、图形、标识、文字等的兴趣与感知。

9. 语言表达与交流。

10. 丰富的情感和表达能力。

（四）幼儿部教育课程

各学校根据“幼儿期结束后的理想状态”这一目标设置课程体系。在设置课程体系时，需要明确本校的教学目标，同时在课程设置的基本方针上要与家长达成共识，并在此基础上制定课程体系。

1. 课程体系：

（1）以教育目标为出发点，充分考虑幼儿“自我意识萌芽”“意识到他人的存在”“自我抑制意识萌芽”等幼儿期的特性，基于入学到毕业的长期视角设置课程。

（2）每学年的教育周数标准为39周，各校根据幼儿的残障情况、特性、发展程度可自行酌情安排。

（3）每日的教学时间标准为4小时。各校根据幼儿的残障情况、特性、发展程度以及季节等可自行酌情安排。

2. 特殊支援教育课程体系制定的注意事项：

（1）注意障碍幼儿与其他幼儿的相互关联与影响，制订适合双方发展的活动。

（2）考虑不同年龄幼儿的不同点。3岁幼儿需要注意与家庭的紧密沟通，包括生活节奏、安全问题等。3岁以上中途入学幼儿，需要考虑安抚幼儿的情绪，让幼儿安心地度过幼儿园生活。

（3）在重视以幼儿为主体的活动的同时，确保幼儿在园安全，在园所与教室的设备设置上以及教学活动指导上下功夫。

（4）充分考虑幼儿园阶段的教育对打好小学以及以后的教育基础有着重要的作用这一点，通过适合幼儿期的生活，培养幼儿创造性思维和积极的生活态度的基础。

（5）为了实现从幼儿园到小学的顺利过渡，要与特殊支援学校小学部或者小学教师进行意见交流和协同研究，顺利实现幼小衔接。

（五）指导计划的制订与评价

指导计划需要根据幼儿的发展程度制订，计划的开展要符合幼儿期的生活特征。首先，目标和内容的设定。目标和内容需要在展望幼儿整个教育过程的基础上，考虑到幼儿教育的连续性、季节变化、幼儿障碍状况、特性、发展程度、经验策划难度、兴趣爱好等因素。其次，环境的设置。环境需要以实现最终目标为基础进行设置。理想的环境是能够让幼儿自发地在环境中进行各种活动从而获得各种体验。幼儿部要时刻注意为幼儿提供这样的环境。再次，幼儿的具体活动在实际实施中会不断发生变化。为了让幼儿按照自己的意志将活动进行下去，教师需要适当地进行必要的支援。

在对幼儿进行评价时需要注意以下事项：

1. 通过指导过程反思，加深对幼儿的理解，把握每个幼儿的优点与潜能，不断改善指导。在评价过程中不能与其他幼儿进行比较，也不可以基于某个评价标准进行判断。

2. 要努力提高评价的准确性和可信性，有组织、有计划地实施评价。同时恰当地将幼儿评价共享下一阶段的年级、小学等行为。

第三节　对其他弱势幼儿的教育支援

一、对外国人子女与归国子女的教育支援

关于对外国人子女与归国子女的教育支援问题，冈上直子针对 1079 所幼儿园进行了调查，其中 544 所幼儿园回答了问卷（分析时去除了认定幼儿园）。①调查显示，有外国人子女在籍的幼儿园共 267 所。按照地区比例来看，东京都最多，为 81.5%；爱知县次之，为 60.2%；其次是神奈川县，为 55.6%。在针对幼儿入园时的具体行为调查中，“不理解教师的指示”的幼儿占

---

① 参见岡上直子．外国人幼児の受入れにおける現状と課題について［R/OL］．(2019-11-26)［2023-10-15］．https://www.mext.go.jp/content/1422191_02.pdf.

59.6%，“对绘本没兴趣，不开心”的幼儿占29.1%，“没有排队、顺序意识”的幼儿占28.5%。其他还有“不爱说话”“不爱唱歌”“只收拾自己用过的东西，不收拾其他小朋友用过的物品”“不和其他小朋友玩耍”“十分依赖老师”“不喜欢和别人有身体接触”等行为。

在被调研的幼儿园中，通常会针对外国幼儿在指导上注意以下几点：“放慢日语语速，清晰地发音”约占92.6%；“坐在幼儿近处，牵手，单独接触”约占87.9%；“除班主任外，幼儿园整体给予幼儿相应的关注”约占86.1%；“使用插图等视觉工具”约占65.7%；“督促其他小朋友积极地和外国幼儿接触”约占61.9%；“设置专门支援人员（包括翻译人员）”约占49.7%；“教师日常跟幼儿打招呼时使用幼儿的母语”约占49.2%；“教师进修或者研修外国文化”约占28.5%；“引进该幼儿国家的文化与生活相关的教育与游戏”约占24.7%。

该报告还指出，有少部分幼儿在2个月内基本能适应幼儿园的生活，60%的幼儿适应班级生活的周期一般为半年，但也存在40%的幼儿始终无法适应日本幼儿园生活。其中，也存在幼儿的家长“不理解幼儿园的通知”“不知道幼儿园的规定”等问题。确切地说，归国子女与外国人子女有根本的不同，如父母的日语能力，父母对日本国情、学校教育情况的了解，幼儿接触日语以及日本文化的多寡，等等。考虑到归国子女的情况本身比较复杂，如有父母双方都为日本人的幼儿，也有父母一方为外国人的幼儿；有在国外时接触日语与日本文化非常多的幼儿，也有完全没有日语与日本文化背景的幼儿。同时，也有虽为外国籍但是对日本文化较为熟悉的外国人子女或者混血幼儿。鉴于两者最大的问题都是语言，所以在本节中，以外国人子女、对日本情况基本不了解或者了解较少的归国子女为讨论对象，针对这些外国幼儿及其家长，日本幼儿园通常通过下述途径进行教育支援。

（一）入园阶段

在入园之前，首先要将幼儿园的生活情景与规则等对家长进行说明。考虑到家长的语言与文化差异问题，幼儿园方面根据需要事先对对方国家的文化进行调查，在了解对方国家的幼儿园教育制度、文化、习惯、宗教等的基础上，结合照片及视频等视觉化资料，使用简单明了的语言进行说明。最重要的是互相理解对方的意思，所以可以与地方政府沟通，根据需要申请翻译人员的援助，同时也可以使用官方发布的幼儿园多语言对应资料。

幼儿园的说明事项一般包括幼儿园入学年龄、有无延时服务、上学放学的规则、食堂或者便当的规则等。另外，细节上还包括每天需要带的物品、教师的名字、幼儿园的联系方式、缺席迟到时的联系方法、幼儿园的年月日指导计划、所需费用明细以及付费方法等。除了说明以外，还需要跟家长确认一些基本信息，如在幼儿园中使用名字的标记方法与读法，预计在日本的生活时间，等等。

（二）指导注意事项

无论是外国幼儿还是普通幼儿，“幼儿在稳定的情绪下才能发挥自己的潜力得到成长所需的体验”这一点是不变的，所以确保幼儿的情绪稳定至关重要。在指导过程中，为了缓解幼儿的紧张情绪，教师需要根据幼儿的文化背景设置教学任务，如导入幼儿熟悉的歌曲、简单的绘本等。同时，还需要借助个人档案的建立对幼儿进行适当的评价，有的放矢地帮助幼儿克服困难。

毋庸置疑，外国人幼儿与归国幼儿在幼儿园生活中最大的问题是语言问题。虽然部分场合可以通过地方政府翻译志愿者得到援助，但是和小学、中学等相比，幼儿教师在幼儿语言教学方面的作用要更大。教师在与幼儿沟通时，可以放慢语速、注意发音清晰、结合动作、借用视觉资料等传词达意。同时还应鼓励幼儿勇敢地表达自己，不过分拘泥于发音问题，并通过模范示范，循序渐进地对幼儿进行引导。总之，不要一味地强迫幼儿适应日语环境。此外，幼儿时常会有身体不适的情况，不能准确表达可能会带来比较严重的后果，所以应优先将身体部位等基本词汇教给幼儿。同时考虑到紧急联系人的实际情况，幼儿园应提前确认父母的工作环境中是否有可做翻译之人。

除了语言，因宗教、国家、民族等不同，文化与习惯也各异，幼儿园游戏活动中应尊重每一个幼儿的文化与习惯。此外，在幼儿园大班阶段还需要考虑到幼小衔接问题，包括教师针对该幼儿的日语能力进行综合评价，并在家长同意的前提下，将相关资料信息共享给小学。

（三）其他问题

国际化发展迅速的今天，特别是在一些大城市，今后外国人幼儿的数量还会增加，如何按照《幼儿园教育纲要》实现对这些幼儿的教育是需要继续思考的问题。首先，在人数不断增加的情况下，针对每一个幼儿进行个性化的指导会给教师带来很大的负担。其次，针对幼儿与家长的语言支援制度还需要进一步完善。再次，部分日本幼儿的家长对外国人幼儿在籍还持有排斥态度，日本幼儿、家长以及教师的国际化意识还需要进一步增强。

二、对贫困幼儿与单亲家庭幼儿的教育支援

2019 年，据日本厚生劳动省发布的“国民生活基础调查”结果显示，国家相对贫困率为 15.4%，其中儿童贫困率为 13.5%。日本总务省发布的“全国家计构造调查”结果显示，国家相对贫困率为 9.5%，其中儿童贫困率为 8.3%，总体来说，儿童贫困率的比例较高。此外，以上两项调查还显示，单亲家庭贫困率分别为 48.1%、57%。这一数据虽然在不同年份有变化，但是可以看出，单亲家庭贫困率的比例是非常高的。① 据 2018 年“国民生活基础调查”统计，由夫妻与未婚子女构成的家庭平均收入为 753.8 万日元，而由单亲与未婚子女构成的家庭平均收入仅为 369.4 万日元。在升学率方面两者也有显著差异，普通家庭中子女的高中升学率为 99%，大学升学率为 73%，而单亲家庭中子女的高中升学率为 95.9%，大学升学率仅为 58.5%。②

针对以上问题，日本于 2013 年制定了《推进儿童贫困对策的法律》；2014 年拟定了《儿童贫困对策大纲》；2019 年 6 月，制定了《推进儿童贫困对策的法律修订案》；同年 11 月颁布《儿童贫困对策大纲》修订。

在《儿童贫困对策大纲》③ 中规定了如下基本方针：

---

① 参见厚生労働省．2019 年　国民生活基礎調査の概況［R/OL］．［2023-10-15］．https://www.mhlw.go.jp/toukei/saikin/hw/k—tyosa/k—tyosa19/index.html.

② 参见厚生労働省．2018 年　国民生活基礎調査の概況［R/OL］．［2023-10-15］．https://www.mhlw.go.jp/toukei/saikin/hw/k—tyosa/k—tyosa18/index.html.

③ 参见内閣府．子供の貧困対策に関する大綱［EB/OL］．（2014-08-29）［2023-10-15］．https://www8.cao.go.jp/kodomonohinkon/pdf/taikou.pdf.

1. 要建立从孕期到儿童能够自立期间的持续支援体制。

2. 要考虑到还没有得到支援，或者支援很难到达的儿童、家庭的支援对策。

3. 充实地方官方组织的支援措施。

依照以上基本方针，对儿童进行教育方面支援、生活方面支援、父母就业保障支援以及直接经济支援等。

其中，在教育支援方面，内阁府、文部科学省、厚生劳动省都采取了相应措施。首先，无论家庭经济条件如何，日本政府从幼儿教育到高等教育的教育各阶段都提供了不同程度的教育费用减免，其中自 2019 年 10 月起实施幼儿教育、保育无偿化。幼儿园、保育所、认定幼儿园中的 3—5 岁全体幼儿、0—2 岁住民税免税家庭幼儿免交园所费。其次，从政策角度提供多方支持，如积极向家长提供学习就业机会等相关信息，针对家庭教育进行免费咨询等服务。2015 年 4 月 1 日始，厚生劳动省实施《贫困人口自立支援法》；2018 年制定并于 2019 年 4 月 1 日开始实施该法案修订法案，从法律的角度将对贫困家庭的支援制度化、具体化。

在生活支援方面，以厚生劳动省为主体，针对育儿问题等提供相关信息及咨询服务。根据《母子、父子以及丧偶家庭福祉法》等法律制度，对单亲家庭进行综合性支援，包括延时服务、生活习惯教育、学习支援、饮食支援等。如对经济困难家庭的父母提供“儿童抚养补助”“母子、父子丧偶福祉借款”等支援政策。此外，日本政府也提供就职支援与改善家庭生活支援。如接受“教育训练课程”时政府承担部分学费；在学习一些有利于就业的职业训练课程时，政府酌情提供全部或者部分费用，其中包括护士、保育员、IT 相关行业资格以及其他民间资格等。其他各个部门也提出了针对贫困家庭的经济支援政策。如国土交通省提供租金较低的住房，为低收入人群提供保障住房，同时确保有幼儿的家庭能切实租到保障住房。另外通过重建、修缮房屋等支援，为育儿家庭提供更利于育儿的房屋、环境等。

第十章　日本幼儿教育的周边产业

在日本，从幼儿园到小学，学校一般都会指定必须购买的学习、生活用品。虽然日本近年来少子化现象持续加剧，但是幼儿教育相关产业依然保持着较大的规模。本章以幼儿园教育为中心，针对与其相关的主要产业，包括服饰、日常用品、餐饮、幼儿用品、教育产业、特色活动、家政服务等相关领域进行分别阐述。

第一节　幼儿园服饰

一、制服

通常我们所说的制服指在学校和公司所穿的指定统一服装。制服的作用是在一个组织或团体内部营造统一的氛围，并给外界一种内部团结的形象。同时，制服还可以消除个人时尚感，排除地位差异和个体差异。

过去，日本幼儿园的校服一般是男孩儿为上衣加短裤、女孩儿为上衣加短裙，但近年来，基于尊重两性之间的平等考量，在校服设计上对性别区别变得敏感，设计逐渐变为男女通用，同时材料和样式也会优先考虑方便幼儿活动。在保育所，无论是公立还是私立，几乎不存在类似于幼儿园的校服。由于保育所的设立前提是幼儿的父母双方都在工作，而且是为0—5岁幼儿提供的托儿所，因此幼儿穿校服的情况并不常见。认定幼儿园虽然与保育所一样都是接收0—5岁的幼儿，但从幼儿3岁开始，认定幼儿园与幼儿园一样以进行教育为主，所以在幼儿3岁以后，一般会改为制服制。

在日本，学生穿着制服的历史悠久，同时制服某种程度上也代表了幼儿园对教育品质与水平的追求等，近年来制服的价格呈现上升趋势。2008 年 3 月 19 日，日本文部科学省向全国的教育委员会和其他机构发出通知，要求妥善处理校服及学习用品等问题。该通知敦促学校应注意不要给家长或其他人带来沉重的经济负担，并鼓励学校尽可能地以低成本购买质量好的制服以及学习用品。同时，也责令教育委员会敦促其管辖范围内的学校贯彻执行该通知。

二、制服周边服饰

除制服以外，大多幼儿园还会对室内鞋、帽子、袜子、雨衣等其他服饰提出要求。

幼儿园和保育所使用的鞋子可以追溯到幼儿园刚刚出现的明治时代。最初，幼儿在园穿的是在家里穿的鞋子，后来效仿欧美幼儿园穿室内鞋。开始被选用为幼儿园室内鞋的是带有鞋带的鞋，但是存在幼儿自己穿脱不便、运动起来鞋带开脱等问题。20 世纪 60 年代，带魔术贴和弹力鞋带等便于穿脱的运动鞋作为幼儿园等场所专用鞋子被推出，这类鞋子能够灵活调节、易穿脱且轻便透气。因为幼儿鞋子的尺码半年左右就要更换一次，所以与制服一样，对家长来说也是一笔不小的开支。

与室内鞋一样，帽子在幼儿园和保育所的使用也可以追溯到明治时代对欧美幼儿园的效仿。幼儿园使用的帽子设计多与制服保持一致。常用设计有以下几种。

1. 贝雷帽：明治时代幼儿园教师多戴贝雷帽，后来幼儿也开始使用。现在，依然有很多幼儿园帽子的设计保留着贝雷帽的设计要素。

2. 带檐帽：现在最多见的种类。比较适合运动，男女通用，颜色鲜艳，常被印上幼儿园的校徽。

3. 广檐帽：这类帽子设计有宽大的帽檐和丝带或花朵，很受女孩儿欢迎。

这些帽子在确立幼儿园的个性特色方面发挥着重要作用。此外，帽子还具备可以彰显儿童个性、创造幼儿享受在园生活的契机等功能，同时因为帽子颜色比较显眼，还可以起到一定的保护作用。

此外，很多幼儿园也会要求幼儿统一购置袜子、雨衣等物品。

第二节　幼儿园日常用品

一、幼儿活动用品

幼儿园一般会让幼儿带一些自用物品。部分用品需要幼儿每天带回家清洗，其他一般一周清洗一次即可。每天洗手后用来擦手的手帕，一般要求带挂带，便于幼儿擦手时辨认自己的手帕。上学带的水壶、室内鞋、跳绳等都要求用指定号码的小包进行收纳，故此家长需要准备大小不同的提包，通常商场或者超市皆有贩卖。此外，在需要自带便当的幼儿园，幼儿需要准备包括杯子等在内的用具以外，还需携带餐巾、便当盒袋子、餐具袋子、杯子袋子等。

在幼儿园的手工课上需要准备手工制作工具盒，包括画本、彩笔、胶水、画板、橡皮泥等。此外，为了避免弄脏衣服，还需要准备幼儿手工用围裙。这些幼儿园内的用品通常既可通过幼儿园购买，也可由家长自行购买。

如果幼儿放学后参加课外班，一般还需要准备一个课外班专用的学习袋子或者装书袋。

部分幼儿园用品或者小学用品，即使学校不做要求，但是为了让孩子和其他小朋友保持一致，家长们也会不约而同地选择购买统一大小与样式的相关用品。

另外，无论是带去幼儿园还是保育所的物品，园所一般会要求家长粘贴全名的贴纸。所以记名用贴纸也是幼儿教育必备品之一，贴纸的材料、使用方法、适用物品等也品类杂多。

二、教师用品——围裙

无论是幼儿园还是保育所，一般都会让教师或者保育员备有围裙。围裙几乎可以称得上是幼儿教师的另一种工作服。之所以在幼儿园使用围裙，首先，因为保育对象为幼儿，围裙可以防止弄脏衣物。其次，如果因为食物呕吐物等弄脏了的话，可以迅速更换，保持室内环境与个人卫生。再次，方便年龄偏小的幼儿根据围裙记忆教师。出于对幼儿安全与育儿便利的考虑，一般幼儿教育机构都会选择容易穿脱、无纽扣、材质亲肤、透气性好、有口袋的围裙。在毕业季，家长们会共同或者单独送给教师们小礼物表达感谢之情，通常围裙成为赠送幼儿教师礼物的首选。

第三节　幼儿园餐饮

与保育所相比，幼儿园在餐食提供制度上大有不同。据民间团体所做调查显示，完全提供餐食的幼儿园占比为30%，一周中部分提供餐食的幼儿园占比为11%，一周中部分提供便当的幼儿园占比为32%，餐食与便当交叉的幼儿园占比为18%，完全便当制的幼儿园占比为9%。①

幼儿园的餐食提供一般可分为园内制作和外部委托两种形式。园内制作是指幼儿园内有厨房、专门的营养师与厨师进行餐食制作。它的优点是可以提供热气腾腾的饭菜和汤食，同时如有特殊原因临时更改菜单也比较自由。但是分配餐食会增加教师一定的负担。外部委托又分为利用集中食堂中心和外卖配送两种。前者与园内制作型类似，只是园内不配备厨房；外卖配送虽然在菜单选择上有一定的自由，但是温度难以掌控，费用相比集中供给要高。此外，外部委托也无法照顾到有过敏症幼儿的个别需求。无论是哪一种餐食供给，相较于自带便当，对于父母来说负担都会减少很多。当然，自带便当也有相应的好处，如孩子能吃到家的味道而感到安心；对于有过敏症状的孩子，父母自行准备便当的话会更安全。就餐时，幼儿会以展示自己的便当为乐趣，所以父母也会绞尽脑汁为孩子设计各种卡通人物等图案便当，自带便当某种程度也是父母与幼儿以及幼儿之间的一种沟通交流纽带。

---

① 参见28ルートサンプリング. 幼稚園へのアンケート調査報告［EB/OL］.（2018-03）［2023-10-15］. https://routesampling.info/article2/kindergarten/report190509_kindergarten.html.

第四节　幼儿用品相关企业

从制服到小的日常用品，生产幼儿相关用品的企业众多，本节将介绍部分在日本知名度较高的企业。

米奇屋与familiar皆为日本著名幼儿高端品牌，在各大商场都能看到它们的店铺。米奇屋创立于1971年，业务内容涉及幼儿服装、日用品、出版物、文化教育相关产品等。familiar创立于1950年，以生产高质量幼儿衣物为起点，产品涉及婴幼儿衣物、日常用品等，在日本是婴幼儿出生、升学、生日等节日礼物的首选品牌。伊藤洋华堂、永旺这两家日本零售业巨头公司，除了销售其他品牌的幼儿衣物、食品以外，也都有自创品牌产品，其自创品牌一般以物美价廉为宣传卖点。此外，婴幼儿衣物与用品专营店中比较著名的有西松屋、婴儿本铺（又译：阿卡将本铺）等。西松屋创立于1956年，经过近70年的发展，店铺已经遍布日本，因为价格便宜而受到消费者的青睐。婴儿本铺创立于1932年，致力于为每个家庭提供从怀孕生产到育儿成长的全方位服务。通常0—6岁儿童的衣物、日常用品、学习用品以及女性孕期、产后的用品在婴儿本铺全部都可以买到。西松屋和婴儿本铺两者都在销售其他品牌的同时有自创品牌产品。除上述全国性的大企业外，地方企业在幼儿教育产业中的实力也不容小觑。千叶县柏市的平和堂就是其中之一。平和堂的主要业务是为柏市周边的中学、小学、幼儿园、保育所等提供制服、体操服、书包、室内鞋、帽子等学校相关用品。这类地方企业一般经营历史悠久，且受到当地政府、学校、家长的支持。值得指出的是，近年日本的百元店也开始增加幼儿用品的产品种类，虽然质量上不能与以上企业相比，但是因为其价格低廉，也给家长们增加了更多的选择机会。

虽然很多家长选择购买成品，但是在日本依然保持着手工制作的传统。有很多妈妈会选择亲自为孩子制作各种包包、手帕甚至衣物，也有妈妈会亲手制作礼物赠送其他小朋友。而综合百货也可以见到提供各种布料、纽扣等制作材料的专门店，汤泽屋就是其中一家。汤泽屋创立于1955年，除销售业务以外，还经营着艺术学校。此外，因部分幼儿园或者保育所的一些要求，幼儿保育准备物品中有一些需要家长手工制作，所以现在有很多手工做得好的妈妈也会把制作好的东西拿到网络上作为商品出售，不但可以增加经济收入，同时也能够解决不会做手工的妈妈的烦恼。

第五节　幼儿教育产业

一、出版业

在幼儿的文化教育中，适合于各个年龄段的绘本、学习参考用书、智力开发玩具为主要产品。小学馆、集英社、讲谈社、岩崎书店、福音馆书店、偕成社、学研教育出版、公文教育出版等都是婴幼儿图书出版行业家喻户晓的公司。

在绘本方面当首推福音馆书店。福音馆书店创立于 1952 年，主要业务为儿童图书出版。其月刊《儿童之友》《科学之友》自 1956 年创刊以来受到很多幼儿园、保育所以及家长的欢迎。《儿童之友》按照年龄段分为 0—1—2 岁用、小幼（2—4 岁）、中幼（4—5 岁）、大幼（5—6 岁）版本。《科学之友》分为 3—4—5 岁版、5—6 岁版。此外还有适合小学生与育儿妈妈的系列杂志丛书。此外，福音馆书店也通过与幼儿园、保育所合作，方便家长订购绘本，进而扩大产品销量。

学研出版社以学习类书籍出版为主。学研公司创立于 1947 年，业务包括教育领域与医疗福祉领域。学研出版社在绘本、幼儿教材、幼儿手工制作、智力开发教材、读物、百科书籍、学习漫画、教学参考书等方面都有涉及，全方面地覆盖了幼儿教育相关内容。同时，学研出版社的教材也应用于其经营的幼儿教育机构。此外，学研出版社和公文出版社还致力于智力开发玩具领域。

二、早教机构

在日本，公司的历史和信誉非常重要，教育领域尤甚。日本幼儿教育的龙头企业一般都是专门从事儿童早期教育的公司，且历史悠久。

倍乐生（Benesse）：倍乐生公司创立于1955年，总部位于日本冈山县。其在儿童早期教育领域开发了许多儿童熟悉的品牌，如乐智挑战（Kodomo Challenge）和巧虎（Shimajiro）系列。乐智挑战是针对0—6岁的幼儿教材，旨在让家长和儿童在一起快乐地学习。教材中包括绘本、DVD、CD和益智玩具，旨在帮助儿童获得幼儿期必要的基本知识和技能。巧虎是面向幼儿的一个卡通人物，备受家长和幼儿们的喜爱。公司除了开发很多巧虎相关的教材外，还会举办很多与巧虎相关的活动，可以说巧虎在倍乐生的儿童早期教育业务中发挥着重要作用。倍乐生公司于2004年开始进入中国市场，2007年成立倍乐生商贸（中国）有限公司，打造了《乐智小天地》学习系列，推出了适应各个年龄段幼儿的学习教材，同时也将巧虎推广到中国市场。根据倍乐生官方网站数据显示，该公司2020年的销售额为4485亿日元，其中海外教育占比12.6%。①

学习研究社（Gakken）：在日本，学习研究社广为人知，常被称为“学研”，是日本儿童早期教育的先驱者。该公司生产和销售学习参考书、教材、书籍、杂志，也有发布视频材料、录制电视节目等。该公司同时还广泛开展教育业务，包括科学教室、英语教室和幼儿编程课程教室等。“学研幼儿教室”以0—6岁的幼儿为对象，旨在通过游戏达到学习的目的以及培养幼儿参与社会和与他人沟通的能力。其中有幼儿单独参与的课程，也有父母和幼儿共同参与的课程。比较有名的是提高运动技能和刺激感官的活动，通过节奏游戏和英文歌曲进行的语言教育，以及通过手工和绘画培养幼儿创造力的课程等。学研社通过专业教师指导与教材并用，为幼儿提供一个可以带着好奇心学习的环境，培养幼儿自主思考和积极行动的能力。

小学馆—集英社出版公司：该出版公司由小学馆和集英社这两家出版商合资而成，是日本最大的出版公司。该公司在幼儿教育方面开展的业务有：朵拉儿童早期教育，英语教室和绘画教室，使用原创教材的保育所和托儿所，

① 参见倍乐生．集团概要［EB/OL］．［2023-10-15］．https://www.benesse.com.cn.

企业内部托儿所的委托经营，幼儿保姆派遣服务，教育应用程序的制作和销售，等等。因为是出版公司，所以它拥有利用大家都熟悉的卡通人物进行教材开发的优势，如哆啦A梦、宠物小精灵和柯南等都是该公司的教材使用人物。

公文教育研究会（KUMON）：公文教育研究会创立于1958年。据其官网统计，截至2022年12月，在日本国内有52所分部，15 600间教室；海外有67所分部，8300间教室；学习人数为日本国内136万，海外225万，合计361万。① 公文教育以注重学习内容与方法为主要特点，以数学、英语、语文科目教育为中心，同时开展多种业务，其中包括婴儿早教、书籍出版、益智玩具的开发与销售等。

第六节　幼儿相关特色活动

日本幼儿教育对文化教育较为重视，特别在春分、端午、七夕、夏日祭、盂兰盆节等传统节日，幼儿园一般都会举行一些庆祝活动。除文化活动以外，还有入园式、生日会、春游、远足、运动会、劳动（种菜、采摘）、表演大会、圣诞节、毕业仪式等其他活动。这些活动一般都会有专业摄影，相关摄影照片以有偿的形式出售，家长可以自愿选择一部分购买，活动中家长也可以自行拍照。

此外，日本很多地方都有自己的代表吉祥物，它们在学校教育特别是幼儿教育中也发挥着积极作用。如在幼儿园活动中经常可以看到吉祥物的身影，幼儿在与吉祥物近距离接触中，一方面可以培养对家乡的亲近热爱之情，另一方面也会对吉祥物相关文创产品产生兴趣，起到一定的产业创收作用。

---

① 参见公文教育研究会．会社概要［EB/OL］．［2023-10-15］．https://www.kumon.ne.jp/corporate/company/index.html.

第七节　幼儿相关家政服务

幼儿教育中除有形物质投资与无形知识投资外，服务产业也不容忽视。众所周知，幼儿入园、离园的接送与父母的工作经常会有冲突，除了幼保机构延时服务外，也有个人家政服务公司、地方政府主导的家庭互助服务。以下简单介绍地方政府主导的家庭互助服务。家庭互助服务是由地方政府主导，旨在帮助在本地生活有需要帮助的育儿家庭，由帮扶会员与被帮扶会员组成，会员也可以同时兼具以上两种身份。被帮扶的对象一般为在本市居住或者在本市工作满 6 个月的育儿家庭。帮扶会员需要参加研修会以后方可上岗，帮扶内容包括幼儿园、保育所、课外班的接送，以及幼儿看护人生病时照看幼儿等。家庭互助服务的费用一般相较于家政公司来说要便宜很多。以日本千叶县柏市为例，家庭互助服务每小时的费用为 700—800 日元（不包含交通、餐饮等）。这一帮扶政策解决了很多育儿家庭的困难，但同时也存在着供不应求的问题。同以柏市为例，截至 2022 年 3 月末，被帮扶会员人数为 2198 人，帮扶会员仅为 329 人，其中双重身份会员为 139 人。① 可见，在日本，幼保机构的课后服务还是一个需要继续努力解决的问题。

---

①　参见柏市子育て.かしわファミリー・サポート・センター［EB/OL］.（2023-05-15）［2023-10-15］.https://www.city.kashiwa.lg.jp/kosodateshien/haguhagu/navi/azukari/ichiji/familysupport－c.html.

第十一章　2021年日本幼儿教育实态调查

2021年，日本文部科学省从各级行政单位和各类幼儿教育设施两个方向对全国幼儿教育情况进行了调研。① 其中，各级行政单位包括47个都道府县（即日本所有省级行政单位），以及1717个市镇村级行政单位（部分市镇村）；各类幼儿教育设施包括日本全国8446所幼儿园（公立2820所、私立5626所）与5678所认定幼儿园（公立865所、私立4813所）。具体调研项目如下。

一、都道府县、市镇村

1. 市镇村中幼儿园、保育所、认定幼儿园的设置情况。

2. 幼儿园的主要管理部门及幼儿教育中心的设置情况。

3. 幼儿教育顾问②的配置情况以及其工作经验、业务范围。

4. 研修的开展情况及提高教师相关资质指标③的制定情况。

5. 市镇村中幼儿园、保育所、认定幼儿园的幼小衔接情况。

二、幼儿园、认定幼儿园

1. 幼儿园中幼儿教师双证持有者（幼儿教师资格证④与保育员资格证双

---

① 因为调查是在新冠疫情较严重时期进行的，所以有部分幼儿园开展的活动较正常时期有所减少。

② 幼儿教育顾问：专门负责对幼儿教育、保育进行指导、建言献策的职员。

③ 指标：基于《教育公务员特例法》（第22条第三款第一项）的规定，公立幼儿园、认定幼儿园中专任教师的任命人有义务指定相应的标准，以提高专任教师的水平。简称为“指标”。

④ 幼儿教师资格证：包括专修资格证（研究生学位）、一类资格证（本科学位）、二类资格证（专科学位）。

证、幼儿教师资格证与小学教师资格证双证）的情况。

2. 中途录取教师的职前工作种类以及离职教师的去向。

3. 研修的参加与实施情况。

4. 幼小衔接实施情况、活动内容、信息共享方法。

5. 对需要特殊支援的幼儿以及其家长的支援、针对家庭情况支援的开展情况。

6. 幼儿园中延时保育的开展情况。

7. 育儿支援相关活动的开展情况。

8. 接收幼儿生源地的信息情况。

9. ICT① 的使用情况以及使用意向。

10. 现有绘本数量及使用情况。

以上调研数据截至 2021 年 5 月 1 日，反映了现当代日本幼儿教育的现状。

第一节　都道府县、市镇村的调查结果

一、市镇村中幼儿园、保育所、认定幼儿园的设置情况

对 1717 个市镇村级行政单位进行的调查结果显示，开设了幼儿园、保育所和认定幼儿园的市镇村为 79.6%（1367 个），只开设了幼儿园的市镇村为 2.2%（38 个），只开设了保育所的市镇村为 16.8%（289 个），而三者都未开设的市镇村为 1.3%（23 个，包含未回答问卷的市镇村）。

从变化趋势来看，只开设了幼儿园的市镇村从 2005 年的 3.0%（73 个）减少到 2021 年的 2.2%（38 个），减少了 0.8 个百分点。虽然中间有部分年份有所回升，但总体呈减少趋势。只开设了保育所的市镇村从 2005 年的 22.6%（543 个）减少到 2021 年的 16.8%（289 个），同样呈减少趋势。而三

① ICT（information and communications technology）：信息与通信技术。

者均未设置的市镇村（包括未回答问卷的市镇村）也从 2005 年的 1.7%（40 个）减少到 2021 年的 1.3%（23 个），无论从比例上还是数量上，都呈减少趋势。

而本次对开设认定幼儿园的市镇村的调查为首次调查，虽然不能与过去的数值进行对比，但可以预想呈现以上结果的原因是部分只开设幼儿园或者保育所以及两者皆未开设的地方行政在逐渐完善幼保一体化设施。

二、幼儿园的主要管理部门及幼儿教育中心的设置情况

（一）幼儿园的主要管理部门

针对各级行政单位中各幼儿设施管理职能部门的调查显示，在 47 个都道府县中，幼儿的教育、保育管理部门主要为首长部局①和教育委员会。主要负责管理部门为二者之一（也称“一元化”）的数目为 12，占比为 25.5%。一元化的具体情况为，管理部门为首长部局的都道府县数为 2，占比为 16.7%；管理部门为教育委员会的都道府县数为 10，占比为 83.3%。可见绝大多数都道府县的幼儿教育、保育都由教育委员会负责管理。同时有 35 个省级行政单位并未实现一元化。

表 11-1　都道府县幼儿教育主管部门调查结果

序号	幼儿园、保育所类别	首长部局	教育委员会	无相应部门
1	接受补助的私立幼儿园	28	19	0
2	没有补助的私立幼儿园	27	18	2
3	私立认定幼儿园	31	16	0
4	公立幼儿园	2	45	0
5	公立认定幼儿园	25	21	1
6	保育所	35	12	0

① 首长部局：在日本地方行政组织中，由直接接受县长、知事、市长等指挥的人员组成的组织，也称为“知事部局”。

而在 1717 个市镇村级行政单位中，实现一元化的市镇村数为 1215，占比为 70.8%；未实现一元化的市镇村数为 502，占比为 29.2%。一元化的具体情况为，管理部门为首长部局的市镇村数为 870，占比为 71.6%；管理部门为教育委员会的市镇村数为 345，占比为 28.4%。也就是说，在市镇村级行政单位中，幼儿教育、保育的主要管理部门是首长部局。

表 11-2　市镇村幼儿教育主管部门调查结果

序号	幼儿园、保育所类别	首长部局	教育委员会	无相应部门
1	接受补助的私立幼儿园	504	148	1065
2	没有补助的私立幼儿园	354	213	1150
3	私立认定幼儿园	741	108	868
4	公立幼儿园	152	540	1025
5	公立认定幼儿园	238	131	1348
6	保育所	1252	276	189

（二）幼儿教育中心的设置情况

从数量上来看，本次调查中，设置了幼儿教育中心的都道府县为 57.4%，而设置了幼儿教育中心的市镇村仅为 5.2%。另外，虽未设置幼儿教育中心，但是会组织相关部门参加教育、保育会议的都道府县为 10.6%（5）、市镇村为 9.6%（165）。从发展情况来看（见表 11-3），在各级行政单位中，幼儿教育中心的数量都呈逐年递增趋势。

表 11-3　幼儿教育中心的设置情况

行政区划	2016 年度	2019 年度	2021 年度
都道府县	11	19	27
市镇村	29	79	90

三、幼儿教育顾问的配置情况以及其工作经验、业务范围

(一) 幼儿教育顾问的配置情况

1. 都道府县中幼儿教育顾问的配置情况

本次调查结果显示，有83.0%的省级行政单位配置了幼儿教育顾问，数目自2019年的24个增加至39个。(详见表11-4) 而在顾问的人数方面，配置5人以上的情况居多。(详见表11-5) 顾问的总人数为409人，其中93人(22.7%)为专任，96人(23.5%)为外聘，而220人(53.8%)为临时职员。可见，都道府县层面专任顾问的数量还较少。

表11-4　都道府县中幼儿教育顾问的配置情况

配置情况	2016年度	2019年度	2021年度
配置数量	12	24	39
配置百分比(%)	26	51	83

表11-5　2021年度都道府县中幼儿教育顾问的配置人数情况

人数	合计	专任	专任与外聘、临时皆有	外聘、临时
1人	5	2	0	3
2人	3	2	0	1
3人	1	0	1	0
4人	3	0	1	2
5人以上	27	1	20	6

2. 市镇村中幼儿教育顾问的配置情况

本次调查结果显示，1717个市镇村中，配置了幼儿教育顾问的为41.2%(708)。(详见表11-6) 顾问的总人数为2090人，其中1205人(57.7%)为专任，544人(26.0%)为外聘，而341人(16.3%)为临时职员。可见，市镇村层面专任顾问居多，但只配置1位顾问的占多数。(详见表11-7)

表 11-6　市镇村中幼儿教育顾问的配置情况

配置情况	2016 年度	2019 年度	2021 年度
配置数量	200	300	708
配置百分比（%）	11	18	41

表 11-7　2021 年度市镇村中幼儿教育顾问的配置人数情况

人数	合计	专任	专任与外聘、临时皆有	外聘、临时
1 人	311	199	0	112
2 人	159	82	39	38
3 人	79	39	31	9
4 人	43	14	25	4
5 人以上	116	28	79	9

（二）幼儿教育顾问的工作经验

在以上幼儿教育顾问中，都道府县中曾有工作经验的人数为 339 人，市镇村中曾有工作经验的人数为 1583 人。具体情况见表 11-8。无论是在都道府县中还是在市镇村中，曾有过幼儿园、保育所与认定幼儿园工作经历的人占比最多。

表 11-8　幼儿教育顾问的工作经验情况①

序号	工作经验	都道府县	市镇村
1	有幼儿园工作经历	206（50.4%）	634（30.3%）
2	有认定幼儿园工作经历	46（11.2%）	194（9.3%）
3	有保育所工作经历	87（21.3%）	755（36.1%）
4	没有以上三种经历，但有与幼儿直接接触的工作经历（儿童福利院、幼儿教室等）	3（0.7%）	43（2.1%）

① 有部分人有两种以上的工作经历，故数据有重复。

续表

序号	工作经验	都道府县	市镇村
5	相关专业学者	77（18.8%）	447（21.4%）
6	没有以上五种工作经历	83（20.3%）	394（18.9%）

（三）幼儿教育顾问的业务内容

此问卷回答数为都道府县 39 份、市镇村 708 份。

从业务内容上来看，在都道府县与市镇村中，“为教育、保育的内容、指导方法、环境改善等提供指导与建议”均居首位。详见表 11-9。

表 11-9　幼儿教育顾问的业务内容情况

序号	业务内容	都道府县	市镇村
1	为教育、保育的内容、指导方法、环境改善等提供指导与建议	39（100.0%）	649（91.7%）
2	幼小衔接工作（包括研修的企划与实施）	37（94.9%）	542（76.6%）
3	幼儿园、保育所、认定幼儿园的协作（包括研修的企划与实施）	28（71.8%）	371（52.4%）
4	2、3 之外的幼儿期教育相关研修的企划与实施	32（82.1%）	298（42.1%）
5	对需要特殊支援的幼儿（障碍幼儿，或因为语言与文化背景等不同需要支援的幼儿）以及其家长的支援（不包括研修的企划与实施）	11（28.2%）	499（70.5%）
6	与以下需要专门知识的岗位之间的协作，如负责幼儿教育设施的公众卫生、危险管理、儿童心理健康、营养管理、特殊支援教育的职位（保健员、医生、护士、心理医生、语言矫正员、理学疗法员等，不包括研修的企划与实施）	13（33.3%）	373（52.7%）
7	管辖区内幼儿教育相关研究与研究内容的普及（不包括研修的企划与实施）	22（56.4%）	235（33.2%）
8	管辖区内幼儿教育相关互动的策划与提交等	23（59.0%）	213（30.1%）
9	对幼儿家长的育儿支援（不包括研修的企划与实施）	12（30.8%）	206（29.1%）

续表

序号	业务内容	都道府县	市镇村
10	以需要帮助的家长为对象的特定支援（不包括研修的企划与实施）	3（7.7%）	117（16.5%）
11	对于幼儿教育的宣传活动（不包括研修的企划与实施）	21（53.8%）	169（23.9%）

四、研修的开展情况及提高教师相关资质指标的制定情况

（一）私立幼儿园教师参加都道府县、政令指定城市①开展的法定研修情况

表 11-10　私立幼儿园教师参加法定研修情况

参加情况	岗前基础培训②		骨干教师业务培训	
	私立幼儿园、私立认定幼儿园的专任教师	保育所的保育员	私立幼儿园、私立认定幼儿园的专任教师	保育所的保育员
可参加且有一人以上参加过	43	14	30	12
可参加但是未有人参加过	3	4	3	4
不可参加	18	46	23	41

以上私立幼儿园教师不可参加法定研修的数量分别为，岗前基础培训 64 团体、骨干教师业务培训 64 团体。理由如表 11-11 所列。其中，不可参加“岗前基础培训”的理由最多的，除“其他”外，是“3. 研修是以对象是公务

① 政令指定城市：日本的一种行政区制，以《地方自治法》为基础，一般为人口 50 万以上，在经济、工业等领域发挥重要作用的城市，也称“政令市”“指定市”。截至 2022 年，日本共有 20 个政令指定城市。

② 岗前基础培训：对公立学校新入职教师进行的基础培训。目的在于使教师掌握广博的知识与实践的能力，同时培养教师的使命感。一般分为校内与校外两种。

员为前提制订的，不适合私立幼儿园参加”；而不可参加“骨干教师业务培训”的理由最多的是“5. 有都道府县以外的组织提供的别的研修机会”。

表 11-11 法定研修中私立幼儿园教师不可参加的理由

序号	理由	岗前基础培训	骨干教师业务培训
1	无参加对象	2（3.1%）	2（3.1%）
2	不了解该职位的研修需求	6（9.4%）	7（10.9%）
3	研修是以对象是公务员为前提制订的，不适合私立幼儿园参加	19（29.7%）	17（26.6%）
4	都道府县提供的别的研修机会	16（25.0%）	19（29.7%）
5	都道府县以外的组织提供的别的研修机会	18（28.1%）	22（34.4%）
6	可接收人数有限	11（17.2%）	13（20.3%）
7	其他	20（31.3%）	17（26.6%）

（二）都道府县开展的法定研修以外的研修活动

开展法定研修以外研修活动的都道府县数目为 45（95.7%）。其中，研修活动内容为“与小学的协作”与“特殊支援教育”者居多。详见表 11-12。

表 11-12 都道府县开展的法定研修以外的研修活动情况

研修活动内容	数量	研修活动内容	数量
制订培养方案	32	校务的数据化	4
通过游戏的全面指导	33	可持续发展的教育（ESD）	3
制订指导计划	28	人权教育	24
发挥学生主体性、能动性的深层次学习	19	男女平等社会教育	2
基于幼儿理解的评价	32	公务员伦理、服务意识	7
环境的构成	28	性骚扰问题	5
让学生亲近绘本与故事	18	危机管理意识	15
幼儿的理解	34	注意劳动时间	6

续表

研修活动内容	数量	研修活动内容	数量
育儿支援、保育支援	19	精神健康	9
预防体罚	8	交际能力	13
针对厌学幼儿的对策	8	发掘学生自主能动性的指导能力	4
针对虐待幼儿的对策	14	访谈能力	11
特殊支援教育	35	与家长的沟通协作	29
心理沟通	8	与地区的沟通协作	17
针对归国、外国人子女的指导	7	与小学的协作（包括幼小衔接）	40
国际理解教育	1	班级运营	8
幼儿贫困	7	年级运营	5
食育（食堂指导、过敏幼儿的应对）	21	学校运营（包括组织管理）	21
安全指导（生活、交通、灾害等）	18	学校评价	15
保健教育	9	其他（传染病对策、人才培养等）	7
利用ICT的指导，关于信息道德问题	9		

（三）市镇村开展的法定研修以外的研修活动

开展法定研修以外研修活动的市镇村数目为557（32.4%）。与都道府县的情况相同，研修活动内容中以“特殊支援教育”与“与小学的协作”居多。

表11-13　市镇村开展的法定研修以外的研修活动情况

研修活动内容	数量	研修活动内容	数量
制订培养方案	224	校务的数据化	28
通过游戏的全面指导	332	可持续发展的教育（ESD）	21
制订指导计划	200	人权教育	168
发挥学生主体性、能动性的深层次学习	160	男女平等社会教育	37
基于幼儿理解的评价	210	公务员伦理、服务意识	94
环境的构成	258	性骚扰问题	45
让学生亲近绘本与故事	110	危机管理意识	120

续表

研修活动内容	数量	研修活动内容	数量
幼儿的理解	333	注意劳动时间	64
育儿支援、保育支援	91	精神健康	73
预防体罚	62	交际能力	81
针对厌学幼儿的对策	31	发掘学生自主能动性的指导能力	28
针对虐待幼儿的对策	112	访谈能力	31
特殊支援教育	359	与家长的沟通协作	172
心理沟通	26	与地区的沟通协作	81
针对归国、外国人子女的指导	27	与小学的协作（包括幼小衔接）	336
国际理解教育	18	班级运营	100
幼儿贫困	21	年级运营	41
食育（食堂指导、过敏幼儿的应对）	155	学校运营（包括组织管理）	81
安全指导（生活、交通、灾害等）	151	学校评价	54
保健教育	77	其他（传染病对策、人才培养等）	42
利用 ICT 的指导，关于信息道德问题	53		

（四）幼儿园教师和保育员不断提高自身水平的“指标”的制定情况

对于相关“指标”的调查显示，40.4%的都道府县有独立的指标。

表 11-14　都道府县中“指标”的制定情况

有独立的“指标”	19（40.4%）
没有制定以幼儿园或认定幼儿园教师为主体的“指标”，但是将根据《教育公务员特例法》第 22 条第三款第一项所规定的“指标”应用于教师水平的提高	15（31.9%）
无“指标”限定	13（27.7%）

表11-15　市镇村中“指标”的制定情况

有独立的“指标”	183（10.7%）
根据《教育公务员特例法》第22条第三款第一项，将都道府县制定的“指标”作为自己的“指标”	405（23.6%）
无“指标”限定	831（48.4%）
其他（包含未回答问卷）	298（17.4%）

五、市镇村中幼儿园、保育所、认定幼儿园的幼小衔接情况

针对市镇村中1563所幼儿园、保育所、认定幼儿园进行了幼小衔接情况的调查。在此项调查中，将幼小衔接分为0—4四个阶段。具体情况如表11-16所示。从调查结果可以看出，目前最多的情况是每年有数次授课、交流、研讨活动，但还没有考虑设置或者实施衔接课程。而处于0、1阶段的幼儿园占比为34.9%，在幼小衔接方面，还需要继续完善。

表11-16　幼小衔接情况

有进行计划的想法，但没有具体计划方案	233（14.9%）
已经着手开始，还在商讨阶段	139（8.9%）
每年有几次授课、交流、研讨活动，但还没有考虑到衔接课程的设置与实施	646（41.3%）
授课、交流、研讨活动充实，并有考虑到衔接课程的设置与实施	409（26.2%）
在考虑到衔接课程的设置与实施基础上，进一步改进、完善制度	136（8.7%）

第二节　幼儿教育师资建设的调查结果

一、幼儿园中幼儿教师双证持有者的情况

双证持有者指同时持有幼儿教师资格证与保育员资格证，或同时持有幼儿教师资格证与小学教师资格证。

调查结果显示，幼儿园园长、副园长和教导主任、专任教师中，同时持有幼儿教师资格证与保育员资格证的人数占比为 86.8%。

表 11-17　幼儿园中双证持有者的情况

教师身份	证件类型	共计		公立		私立	
		人数	比例	人数	比例	人数	比例
园长	幼儿教师资格证	5099	×	2082	×	3017	×
	保育员资格证	3174	62.2	1415	68.0	1759	58.3
	小学教师资格证	1890	37.1	996	47.8	894	29.6
副园长、教导主任	幼儿教师资格证	3903	×	1029	×	2874	×
	保育员资格证	3020	77.4	825	80.2	2195	76.4
	小学教师资格证	978	25.1	382	37.1	596	20.7
专任教师	幼儿教师资格证	80899	×	13245	×	67654	×
	保育员资格证	71864	88.8	11826	89.3	60038	88.7
	小学教师资格证	11360	14.0	3916	29.6	7444	11.0
共计	幼儿教师资格证	89901	×	16356	×	73545	×
	保育员资格证	78058	86.8	14066	86.0	63992	87.0
	小学教师资格证	14228	15.8	5294	32.4	8934	12.1

二、中途录取教师的职前工作种类以及离职教师的去向

对 2020 年 16 225 名学年中途录取教师进行调查的结果显示，除“其他或不明”外，这些教师的上一工作最多的是幼儿园或认定幼儿园教师，占比 25.2%；其次为幼儿园以外的保育设施工作，占比 18.9%。而针对离职后的去向对 17 139 人进行的调查显示，离职教师去向最多的是其他的幼儿园、认定幼儿园或者保育设施。详见表 11-18 和表 11-19。

表11-18　中途录取教师的职前工作种类情况

幼儿园或认定幼儿园教师	4096（25.2%）
上述以外的保育设施工作	3067（18.9%）
上述以外与幼儿相关的工作	352（2.2%）
小学或其他义务教育学校	226（1.4%）
与幼儿无关的行业	1043（6.4%）
家庭育儿、看护	1503（9.3%）
其他或者不明	5938（36.6%）

表11-19　幼儿园、认定幼儿园离职教师的去向情况

别的幼儿园或认定幼儿园教师	2544（14.8%）
上述以外的保育设施工作	2903（16.9%）
幼儿教育、保育以外的工作	1425（8.3%）
退休	603（3.5%）
家庭育儿、看护	2969（17.3%）
其他或者不明	6695（39.1%）

三、研修的参加与实施情况

（一）研修的参加情况

本项调查涉及公立2820所、私立5626所幼儿园；公立865所、私立4813所认定幼儿园。调查结果显示，公立幼儿园参加各类研修的比例都要高于私立幼儿园。

表11-20　幼儿园、认定幼儿园教师研修参加情况

序号	参加方式	幼儿园		认定幼儿园	
1	本园组织实施	公立	2592（91.9%）	公立	780（90.2%）
		私立	4276（76.0%）	私立	4123（85.7%）
		全体	6868（81.3%）	全体	4903（86.4%）

续表

序号	参加方式	幼儿园		认定幼儿园	
2	都道府县组织的法定研修	公立	1262（44.8%）	公立	639（73.9%）
		私立	2251（40.0%）	私立	2252（46.8%）
		全体	3513（41.6%）	全体	2891（50.9%）
3	都道府县或者市镇村组织的法定研修以外的研修	公立	2229（79.0%）	公立	702（81.2%）
		私立	2268（40.3%）	私立	3033（63.0%）
		全体	4497（53.2%）	全体	3735（65.8%）
4	上述 1—3 以外的研修	公立	1391（49.3%）	公立	495（57.2%）
		私立	1525（27.1%）	私立	1914（39.8%）
		全体	2916（34.5%）	全体	2409（42.4%）
5	没有人参加过	公立	9（0.3%）	公立	1（0.1%）
		私立	309（5.5%）	私立	66（1.4%）
		全体	318（3.8%）	全体	67（1.2%）

（二）研修的实施形式

本项调查涉及公立 2592 所、私立 4276 所幼儿园；公立 780 所、私立 4123 所认定幼儿园。

表 11-21 的结果显示，在幼儿园中，无论是公立还是私立，“5. 反思与小组讨论、探讨”形式为最多。在讲座形式部分，公立幼儿园倾向于聘请外部教师讲授，外部教师多于内部；而私立幼儿园倾向于本园园长及骨干教师讲授，内部教师多于外部。此外需要注意的是，“3. 公开保育”形式，私立幼儿园远远低于公立幼儿园。

在研修的实施频率方面，在学期中，每月 1—2 次研修的幼儿园最多；在寒暑假等长假期间，每年 1—2 次研修的幼儿园最多，其次为每月 1—2 次研修。

表 11-21　幼儿园、认定幼儿园教师研修实施形式情况

序号	实施形式	幼儿园		认定幼儿园	
1	聘请外部教师讲授或者实践展示	公立	1311（50.6%）	公立	411（52.7%）
		私立	2046（47.8%）	私立	2034（49.3%）
		全体	3357（48.9%）	全体	2445（49.9%）
2	园长或者主任的讲授或者实践展示	公立	872（33.6%）	公立	331（42.4%）
		私立	2416（56.5%）	私立	2414（58.5%）
		全体	3288（47.9%）	全体	2745（56.0%）
3	公开保育	公立	802（30.9%）	公立	335（42.9%）
		私立	348（8.1%）	私立	536（13.0%）
		全体	1150（16.7%）	全体	871（17.8%）
4	研究（园内互相参观学习）	公立	1609（62.1%）	公立	534（68.5%）
		私立	1508（35.3%）	私立	1491（36.2%）
		全体	3117（45.4%）	全体	2025（41.3%）
5	反思与小组讨论、探讨	公立	2252（86.9%）	公立	668（85.6%）
		私立	2829（66.2%）	私立	2933（71.1%）
		全体	5081（74.0%）	全体	3601（73.4%）
6	其他	公立	341（13.2%）	公立	134（17.2%）
		私立	502（11.7%）	私立	721（17.5%）
		全体	843（12.3%）	全体	855（17.4%）

第三节　幼儿园、认定幼儿园活动的调查结果

一、幼小衔接实施情况、活动内容、信息共享方法

（一）幼小衔接实施情况

从表 11-22 可以看出，无论是幼儿园还是认定幼儿园，公立园幼小衔接的实施比例皆高于私立园。

表 11-22　幼儿园、认定幼儿园中幼小衔接实施情况

实施情况		实施	未实施
幼儿园	公立	2590（91.8%）	230（8.2%）
	私立	3681（65.4%）	1945（34.6%）
	全体	6271（74.2%）	2175（25.8%）
认定幼儿园	公立	775（89.6%）	90（10.4%）
	私立	3736（77.6%）	1077（22.4%）
	全体	4511（79.4%）	1167（20.6%）

（二）活动内容

幼小衔接中开展的具体活动内容如表 11-23 所述。据调查结果显示，在幼儿园中，无论公立还是私立，采取的活动最多的都是“2. 幼儿与小学生的交流活动”；公立幼儿园接下来居多的依次是 5、4、3；而私立幼儿园接下来居多的依次是 1、6。在认定幼儿园中，公立认定幼儿园活动最多的是“2. 幼儿与小学学生的交流活动”，接下来依次是 5、4、3，这与公立幼儿园是一致的；而私立认定幼儿园最多的是“6. 制定基于幼小衔接的课程体系”，接下来依次是 1、2、4。

表 11-23　幼儿园、认定幼儿园中幼小衔接的活动内容情况

序号	活动内容	幼儿园		认定幼儿园	
1	明确与小学衔接的负责人的业务内容	公立	657（25.4%）	公立	207（26.7%）
		私立	1065（28.9%）	私立	1496（40.0%）
		全体	1722（27.5%）	全体	1703（37.8%）
2	幼儿与小学生的交流活动	公立	1442（55.7%）	公立	417（53.8%）
		私立	1241（33.7%）	私立	1349（36.1%）
		全体	2683（42.8%）	全体	1766（39.1%）
3	幼儿园教师与小学教师共同开展研修会和研究会	公立	1036（40.0%）	公立	295（38.1%）
		私立	816（22.2%）	私立	881（23.6%）
		全体	1852（29.5%）	全体	1176（26.1%）

续表

序号	活动内容	幼儿园		认定幼儿园	
4	幼儿园教师观摩小学课堂	公立	1057（40.8%）	公立	361（46.6%）
		私立	934（25.4%）	私立	1230（32.9%）
		全体	1991（31.7%）	全体	1591（35.3%）
5	小学教师观摩幼儿保育	公立	1081（41.7%）	公立	407（52.5%）
		私立	834（22.7%）	私立	1135（30.4%）
		全体	1915（30.5%）	全体	1542（34.2%）
6	制定基于幼小衔接的课程体系	公立	844（32.6%）	公立	243（31.4%）
		私立	1045（28.4%）	私立	1525（40.8%）
		全体	1889（30.1%）	全体	1768（39.2%）
7	与小学一起制订培养方案	公立	454（17.5%）	公立	150（19.4%）
		私立	346（9.4%）	私立	496（13.3%）
		全体	800（12.8%）	全体	646（14.3%）
8	其他	公立	555（21.4%）	公立	146（18.8%）
		私立	984（26.7%）	私立	842（22.5%）
		全体	1539（24.5%）	全体	988（21.9%）

（三）信息共享方法

本项调查涉及公立2590所、私立3681所幼儿园；公立775所、私立3736所认定幼儿园。根据调查结果，幼儿园、认定幼儿园中，信息共享方法最多的皆是“2. 使用‘幼儿期结束后的理想状态’对即将进入小学的幼儿的培养情况进行说明”。

表11-24　幼儿园、认定幼儿园与小学信息共享方法情况

序号	共享方法	幼儿园		认定幼儿园	
1	将电子版的指导记录发送给小学	公立	354（13.7%）	公立	125（16.1%）
		私立	949（25.8%）	私立	1312（35.1%）
		全体	1303（20.8%）	全体	1437（31.9%）

续表

序号	共享方法	幼儿园		认定幼儿园	
2	使用“幼儿期结束后的理想状态”对即将进入小学的幼儿的培养情况进行说明	公立	1578（60.9%）	公立	474（61.2%）
		私立	2141（58.2%）	私立	2286（61.2%）
		全体	3719（59.3%）	全体	2760（61.2%）
3	为了让幼儿更好地适应小学生活，向小学教师征求大班的活动设计建议或者寻求帮助	公立	578（22.3%）	公立	192（24.8%）
		私立	762（20.7%）	私立	906（24.3%）
		全体	1340（21.4%）	全体	1098（24.3%）
4	幼儿园教师为小学教师制定起始课程体系提出建议或者帮助	公立	398（15.4%）	公立	116（15.0%）
		私立	753（20.5%）	私立	561（15.0%）
		全体	1151（18.4%）	全体	677（15.0%）
5	其他	公立	1012（39.1%）	公立	235（30.3%）
		私立	1774（48.2%）	私立	1275（34.1%）
		全体	2786（44.4%）	全体	1510（33.5%）

二、对特殊幼儿支援的开展情况

（一）与障碍幼儿及其家长的协作中今后需要充实的支援措施

1. 幼儿园的情况

对包括2820所公立幼儿园、5626所私立幼儿园在内的8446所幼儿园为对象进行调查，结果如表11-25、表11-26所示。

表11-25 幼儿园中障碍幼儿情况

幼儿园类别	障碍儿童人数	有障碍儿童的幼儿园数	有障碍儿童的幼儿园比例	每所园中障碍幼儿比率
公立幼儿园	18774	2319	82.2%	8.1
私立幼儿园	37627	4203	74.7%	9.0
全体	56401	6522	77.2%	8.6

表 11-26　幼儿园中针对障碍幼儿采取的支援措施情况

序号	支援措施	幼儿园	
1	配置有幼儿教师资格证的老师（包括财政支援）	公立	1470（52.1%）
		私立	3028（53.8%）
		全体	4498（53.3%）
2	配置特殊支援教育支援员、障碍幼儿支援方面的专业人士（包括财政支援）	公立	2408（85.4%）
		私立	3731（66.3%）
		全体	6139（72.7%）
3	通过巡回咨询活动，针对相关问题为教师提供建议与研修机会。如：如何发现幼儿的障碍情况、与障碍幼儿的相处方式等（包括撰写个别指导计划书）	公立	2328（82.6%）
		私立	3903（69.4%）
		全体	6231（73.8%）
4	与家庭、地区、医疗、福祉、保健等部门进行协作（包括撰写个别教育支援计划书），提供建议与研修机会	公立	2221（78.8%）
		私立	3536（62.9%）
		全体	5757（68.2%）
5	针对与障碍幼儿父母的沟通方式提供建议与研修机会	公立	2240（79.4%）
		私立	3916（69.6%）
		全体	6156（72.9%）
6	上述1—5以外的支援措施	公立	83（2.9%）
		私立	226（4.0%）
		全体	309（3.7%）
7	迄今为止，没有障碍幼儿在籍过的幼儿园	公立	17（0.6%）
		私立	163（2.9%）
		全体	180（2.1%）

2. 认定幼儿园的情况

对包括865所公立认定幼儿园、4813所私立认定幼儿园在内的5678所认定幼儿园为对象进行调查，结果如表11-27、表11-28所示。

表 11-27　认定幼儿园中障碍幼儿情况

认定幼儿园类别	障碍儿童人数	有障碍儿童的幼儿园数	有障碍儿童的幼儿园比例	每所园中障碍幼儿比率
公立认定幼儿园	7212	647	74.8%	11.1
私立认定幼儿园	17388	2751	57.2%	6.3
全体	24600	3398	59.8%	7.2

表 11-28　认定幼儿园中针对障碍幼儿采取的支援措施情况

序号	支援措施	幼儿园	
1	配置有幼儿教师资格证的老师（包括财政支援）	公立	318（36.8%）
		私立	1867（38.8%）
		全体	2185（38.5%）
2	配置特殊支援教育支援员、障碍幼儿支援方面的专业人士（包括财政支援）	公立	701（81.0%）
		私立	3263（67.8%）
		全体	3964（69.8%）
3	通过巡回咨询活动，针对相关问题为教师提供建议与研修机会。如：如何发现幼儿的障碍情况、与障碍幼儿的相处方式等（包括撰写个别指导计划书）	公立	718（83.0%）
		私立	3600（74.8%）
		全体	4318（76.0%）
4	与家庭、地区、医疗、福祉、保健等部门进行协作（包括撰写个别教育支援计划书），提供建议与研修机会	公立	698（80.7%）
		私立	3410（70.8%）
		全体	4108（72.3%）
5	针对与障碍幼儿父母的沟通方式提供建议与研修机会	公立	722（83.5%）
		私立	3502（72.8%）
		全体	4224（74.4%）
6	上述 1—5 以外的支援措施	公立	27（3.1%）
		私立	228（4.7%）
		全体	255（4.5%）
7	迄今为止，没有障碍幼儿在籍过的认定幼儿园	公立	3（0.3%）
		私立	85（1.8%）
		全体	88（1.5%）

从表11-26、表11-28可以看出，在障碍幼儿支援方面，配置专门人员、培训教育、与地方相关部门协作、与家长沟通方面的培训等是大部分幼儿园、认定幼儿园认为重要的举措。

（二）对外籍幼儿今后需要充实的支援措施

1. 幼儿园的情况

对包括2820所公立幼儿园、5626所私立幼儿园在内的8446所幼儿园为对象进行调查，结果如表11-29、表11-30所示。

表11-29　幼儿园中外籍幼儿情况

幼儿园类别	外籍幼儿人数	在籍幼儿园数	在籍幼儿园比例	每所园中在籍幼儿比率
公立幼儿园	2066	805	28.5%	2.6
私立幼儿园	4122	1316	23.4%	3.1
全体	6188	2121	25.1%	2.9

表11-30　幼儿园中针对外籍幼儿采取的支援措施情况

<table>
<tr><th>序号</th><th>支援措施</th><th colspan="2">幼儿园</th></tr>
<tr><td rowspan="3">1</td><td rowspan="3">保育过程中配置支援职员或者教师助手</td><td>公立</td><td>1605（56.9%）</td></tr>
<tr><td>私立</td><td>2635（46.8%）</td></tr>
<tr><td>全体</td><td>4240（50.2%）</td></tr>
<tr><td rowspan="3">2</td><td rowspan="3">为了顺利交流配置翻译人员</td><td>公立</td><td>1628（57.7%）</td></tr>
<tr><td>私立</td><td>2255（40.1%）</td></tr>
<tr><td>全体</td><td>3883（46.0%）</td></tr>
<tr><td rowspan="3">3</td><td rowspan="3">通过绘本、歌曲等，让外籍幼儿积极参与到游戏中</td><td>公立</td><td>1209（42.9%）</td></tr>
<tr><td>私立</td><td>1719（30.6%）</td></tr>
<tr><td>全体</td><td>2928（34.7%）</td></tr>
<tr><td rowspan="3">4</td><td rowspan="3">对教师进行关于幼儿国家的文化、习惯、游戏的培训</td><td>公立</td><td>1184（42.0%）</td></tr>
<tr><td>私立</td><td>1607（28.6%）</td></tr>
<tr><td>全体</td><td>2791（33.0%）</td></tr>
</table>

续表

序号	支援措施	幼儿园	
5	上述1—4以外的支援措施	公立	86（3.0%）
		私立	377（6.7%）
		全体	463（5.5%）
6	没有外籍幼儿在籍过的幼儿园	公立	717（25.4%）
		私立	1088（19.3%）
		全体	1805（21.4%）

2. 认定幼儿园的情况

对包括865所公立认定幼儿园、4813所私立认定幼儿园在内的5678所认定幼儿园为对象进行调查，结果如表11-31、表11-32所示。

表11-31　认定幼儿园中外籍幼儿情况

认定幼儿园类别	外籍幼儿人数	在籍幼儿园数	在籍幼儿园比例	每所园中在籍幼儿比率
公立认定幼儿园	960	236	27.3%	4.1
私立认定幼儿园	1447	578	12.0%	2.5
全体	2407	814	14.3%	3.0

表11-32　认定幼儿园中针对外籍幼儿采取的支援措施情况

序号	支援措施	认定幼儿园	
1	保育过程中配置支援职员或者教师助手	公立	423（48.9%）
		私立	1786（37.1%）
		全体	2209（38.9%）
2	为了顺利交流配置翻译人员	公立	453（52.4%）
		私立	1816（37.7%）
		全体	2269（40.0%）

续表

序号	支援措施	认定幼儿园	
3	通过绘本、歌曲等引导外籍幼儿积极参与游戏中	公立	371（42.9%）
		私立	1398（29.0%）
		全体	1769（31.2%）
4	对教师进行关于幼儿国家的文化、习惯、游戏的培训	公立	338（39.1%）
		私立	1476（30.7%）
		全体	1814（31.9%）
5	上述 1—4 以外的支援措施	公立	34（3.9%）
		私立	244（5.1%）
		全体	278（4.9%）
6	没有外籍幼儿在籍过的认定幼儿园	公立	224（25.9%）
		私立	1524（31.7%）
		全体	1748（30.8%）

（三）与外籍幼儿家长的协作中今后需要充实的支援措施

调查显示，“1. 幼儿园的活动、通知等文件中的笔译”“2. 幼儿园的活动、通知等文件中的口译”“3. 为家长提供日本幼儿园生活与教育相关的简明资料”“5. 设置家长咨询窗口”这四项需求较大。从以上四项需求可以看出，目前与外籍幼儿家长的沟通困难依然主要体现在语言问题上。

表 11-33　与外籍幼儿家长的协作中今后需要充实的支援措施情况

序号	支援措施	幼儿园		认定幼儿园	
1	幼儿园的活动、通知等文件中的笔译	公立	1713（60.7%）	公立	507（58.6%）
		私立	2787（49.5%）	私立	2042（42.4%）
		全体	4500（53.3%）	全体	2549（44.9%）
2	幼儿园的活动、通知等文件中的口译	公立	1751（62.1%）	公立	455（52.6%）
		私立	2508（44.6%）	私立	1858（38.6%）
		全体	4259（50.4%）	全体	2313（40.7%）

续表

序号	支援措施	幼儿园		认定幼儿园	
3	为家长提供日本幼儿园生活与教育相关的简明资料	公立	1649（58.5%）	公立	510（59.0%）
		私立	2672（47.5%）	私立	2125（44.2%）
		全体	4321（51.2%）	全体	2635（46.4%）
4	对幼儿国家的文化、习惯、宗教等进行培训学习	公立	940（33.3%）	公立	280（32.4%）
		私立	1244（22.1%）	私立	1105（23.0%）
		全体	2184（25.9%）	全体	1385（24.4%）
5	设置家长咨询窗口	公立	1606（57.0%）	公立	449（51.9%）
		私立	2471（43.9%）	私立	2098（43.6%）
		全体	4077（48.3%）	全体	2547（44.9%）
6	上述 1—5 以外的支援措施	公立	50（1.8%）	公立	18（2.1%）
		私立	248（4.4%）	私立	171（3.6%）
		全体	298（3.5%）	全体	189（3.3%）
7	从未有外籍幼儿在籍	公立	686（24.3%）	公立	212（24.5%）
		私立	1017（18.1%）	私立	1455（30.2%）
		全体	1703（20.2%）	全体	1667（29.4%）

（四）为了防止虐待幼儿今后需要充实的支援措施

在幼儿园与认定幼儿园中，“1. 建立咨询员定期咨询机制，以便能够及时发现家长的烦恼，为他们提供咨询”选项比例最大。从调查中可以看到，为了防止虐待幼儿事件的发生，需要从家长、环境、政策、幼儿等多角度完善政策。

表 11-34　为了防止虐待幼儿今后需要充实的支援措施情况

序号	支援措施	幼儿园		认定幼儿园	
1	建立咨询员定期咨询机制，以便能够及时发现家长的烦恼，为他们提供咨询	公立	2275（80.7%）	公立	653（75.5%）
		私立	3750（66.7%）	私立	3346（69.5%）
		全体	6025（71.3%）	全体	3999（70.4%）

续表

序号	支援措施	幼儿园		认定幼儿园	
2	建立社会保障工作人员定期咨询机制，以便能够从社会福利的角度针对幼儿与家长的处境提供咨询、给予建议	公立	2190（77.7%）	公立	664（76.8%）
		私立	3014（53.6%）	私立	3107（64.6%）
		全体	5204（61.6%）	全体	3771（66.4%）
3	针对与有问题家庭的幼儿的相处方式，给教师提供培训与建议	公立	2122（75.2%）	公立	656（75.8%）
		私立	3410（60.6%）	私立	3096（64.3%）
		全体	5532（65.5%）	全体	3752（66.1%）
4	针对与有问题家庭的相处方式，给教师提供培训与建议	公立	2108（74.8%）	公立	642（74.2%）
		私立	3122（55.5%）	私立	2906（60.4%）
		全体	5230（61.9%）	全体	3548（62.5%）
5	与地方协议会、儿童咨询所进行协作	公立	1892（67.1%）	公立	565（65.3%）
		私立	3093（55.0%）	私立	3081（64.0%）
		全体	4985（59.0%）	全体	3646（64.2%）
6	家长与教师进行有关生活与心理压力咨询时适当的对接窗口	公立	1907（67.6%）	公立	534（61.7%）
		私立	3153（56.0%）	私立	3014（62.6%）
		全体	5060（59.9%）	全体	3548（62.5%）
7	上述1—6以外的支援措施	公立	26（0.9%）	公立	14（1.6%）
		私立	136（2.4%）	私立	130（2.7%）
		全体	162（1.9%）	全体	144（2.5%）

（五）对需要经济支援的家庭今后需要充实的支援措施

表11-35的调查结果显示，对于今后需要充实的支援措施，公立、私立幼儿园和公立、私立认定幼儿园的结果是一致的，最多的是“2. 建立社会保障工作人员定期咨询机制，以便能够从社会福利的角度对幼儿与家长的处境提供咨询、给予建议”。

表 11-35 对需要经济支援的家庭今后需要充实的支援措施情况

序号	支援措施	幼儿园		认定幼儿园	
1	建立咨询员定期咨询机制，以便能够及时发现家长的烦恼，为他们提供咨询	公立	2046（72.6%）	公立	632（73.1%）
		私立	3259（57.9%）	私立	3078（64.0%）
		全体	5305（62.8%）	全体	3710（65.3%）
2	建立社会保障工作人员定期咨询机制，以便能够从社会福利的角度对幼儿与家长的处境提供咨询、给予建议	公立	2295（81.4%）	公立	687（79.4%）
		私立	3291（58.5%）	私立	3351（69.6%）
		全体	5586（66.1%）	全体	4038（71.1%）
3	为了让贫困家庭的幼儿在幼儿园能够享受幼儿园生活，为教师提供相应的指导与研修	公立	1571（55.7%）	公立	482（55.7%）
		私立	2239（39.8%）	私立	2309（48.0%）
		全体	3810（45.1%）	全体	2791（49.2%）
4	针对与贫困家庭的沟通协作，为教师提供相应的指导与研修	公立	1769（62.7%）	公立	521（60.2%）
		私立	2375（42.2%）	私立	2419（50.3%）
		全体	4144（49.1%）	全体	2940（51.8%）
5	家长与教师进行有关生活与心理压力咨询时适当的对接窗口	公立	2026（71.8%）	公立	583（67.4%）
		私立	3262（58.0%）	私立	3127（65.0%）
		全体	5288（62.6%）	全体	3710（65.3%）
6	上述 1—5 以外的支援措施	公立	41（1.5%）	公立	11（1.3%）
		私立	222（3.9%）	私立	161（3.3%）
		全体	263（3.1%）	全体	172（3.0%）

三、幼儿园中延时保育的开展情况

根据调查，2021 年开展延时保育的幼儿园与认定幼儿园的比例为 90.1%，其中，私立幼儿园为 96.9%，公立幼儿园为 76.4%。从开展天数来看，每周周一至周五开展 4—5 日的幼儿园与认定幼儿园占 82.1%、3—4 日的占 2.5%，2—3 日、1—2 日、1 日以下占比分别为 0.9%、1.0%、1.1%，没有延时保育或者未回答问卷的幼儿园占12.4%。星期六开展延时保育的幼儿园占比为16.6%。从延时保育的时间来看，17点—19点的幼儿园最多，占比为51.9%，17点的为15.5%，19点以后的为4.8%，17点以前或者未开展的为15.3%。从人数来看，参加平日延时保育的幼儿为平均每园19.4人。而担任延时保育的教职员工有67.1%为本园教职员工兼任，只有18.9%是延时保育专任教师。

四、育儿支援相关活动的开展情况

首先，幼儿园会为未满3岁幼儿提供定期保育或者临时保育。临时保育指的是以未满3岁、非本幼儿园在籍幼儿为对象进行的保育活动。据调查，开展临时保育的幼儿园的比例为18.8%。平均每园每日3名幼儿。其次，幼儿园与认定幼儿园会以全体家长为对象提供交流、育儿咨询、信息服务等育儿支援。据统计，幼儿园、认定幼儿园中每周开展1次以上活动的比例分别为12.9%、30.5%，每月1—2次的比例分别为19.4%、21.2%，每年数次的比例分别为27.1%、27.1%，没有实施（包括未回答）的比例分别为40.6%、21.3%。再次，幼儿园的育儿支援活动还包括设置开放日、与包括家长在内的当地居民进行交流等。此类活动幼儿园、认定幼儿园中每周开展1次以上活动的比例分别为18.0%、34.8%，每月1—2次的比例分别为23.3%、24.6%，每年数次的比例分别为16.1%、13.3%，没有实施（包括未回答）的比例分别为42.6%、27.4%。最后，还有“适应保育制度”“亲子入园日”等针对3岁以下幼儿的育儿支援。“适应保育制度”指的是在正式入园前，通过缩短入园时间让幼儿适应幼儿园生活的短期保育制度。“亲子入园日”顾名思义，即当日家长可以陪伴幼儿一同入园，借此缓解幼儿入园焦虑等问题。

五、接收幼儿生源地的信息情况

从幼儿的接收情况来看，幼儿园、认定幼儿园中只从1个市乡村接收幼儿的比例分别为51.3%、59.0%。公立园从1个市乡村接收幼儿的比例远大于私立园。而私立园从2—3个市乡村接收幼儿的比例要大于公立园。

表 11-36 幼儿接收情况

生源地情况	幼儿园		认定幼儿园	
1 个市乡村	公立	91.9%	公立	77.9%
	私立	31.0%	私立	55.6%
	全体	51.3%	全体	59.0%
2—3 个市乡村	公立	6.1%	公立	15.8%
	私立	43.4%	私立	31.3%
	全体	30.9%	全体	29.0%
3 个以上市乡村	公立	1.5%	公立	2.2%
	私立	24.4%	私立	7.5%
	全体	16.7%	全体	6.7%

六、ICT 的使用情况以及使用意向

据调查结果显示，目前 ICT 的使用还停留在幼儿园业务中，而幼儿教育活动中 ICT 的使用尚未普及，仅有小部分幼儿园已经实现 ICT 化。

而在“今后 ICT 的使用意向”调查中，今后希望在幼儿教育活动中使用 ICT 的幼儿园大幅增加，幼儿园从 510 所增加至 2705 所，认定幼儿园从 409 所增加至 1671 所。

表 11-37 ICT 的使用情况

序号	使用环境	幼儿园		认定幼儿园	
1	教育活动时使用	公立	163	公立	12
		私立	347	私立	397
		全体	510	全体	409
2	延时保育时教育活动中幼儿使用	公立	33	公立	29
		私立	196	私立	179
		全体	229	全体	208

续表

序号	使用环境	幼儿园		认定幼儿园	
3	幼儿教育与保育无偿化以及儿童与育儿支援新制度相关业务中使用	公立	1514	公立	405
		私立	4298	私立	3815
		全体	5812	全体	4220
4	与外部开会、开展培训活动时使用	公立	2038	公立	584
		私立	4061	私立	3949
		全体	6099	全体	4533
5	与家长联络、提供信息时使用	公立	1788	公立	451
		私立	4149	私立	3733
		全体	5937	全体	4184
6	关于在籍幼儿相关业务中使用	公立	2250	公立	590
		私立	3259	私立	3778
		全体	5509	全体	4368
7	教职员相关内部业务使用	公立	2211	公立	596
		私立	2944	私立	3382
		全体	5155	全体	3978
8	其他内部业务	公立	2403	公立	633
		私立	4101	私立	3807
		全体	6504	全体	4440

七、现有绘本数量及使用情况

在对8446所幼儿园、5678所认定幼儿园的调查中，园内购置绘本500—1000册为最多比例。

表 11-38 绘本购置情况

册数	幼儿园		认定幼儿园	
50 册以下	公立	5（0.2%）	公立	1（0.1%）
	私立	47（0.8%）	私立	24（0.5%）
	全体	52（0.6%）	全体	25（0.4%）
50—100 册	公立	30（1.1%）	公立	9（1.0%）
	私立	178（3.2%）	私立	177（3.7%）
	全体	208（2.5%）	全体	186（3.3%）
100—300 册	公立	307（10.9%）	公立	112（12.9%）
	私立	868（15.4%）	私立	917（19.1%）
	全体	1175（13.9%）	全体	1029（18.1%）
300—500 册	公立	358（12.7%）	公立	149（17.2%）
	私立	886（15.7%）	私立	853（17.7%）
	全体	1244（14.7%）	全体	1002（17.6%）
500—1000 册	公立	651（23.1%）	公立	192（22.2%）
	私立	1207（21.5%）	私立	1086（22.6%）
	全体	1858（22.0%）	全体	1278（22.5%）
1000—1500 册	公立	528（18.7%）	公立	173（20.0%）
	私立	739（13.1%）	私立	622（12.9%）
	全体	1267（15.0%）	全体	795（14.0%）
1500—2000 册	公立	418（14.8%）	公立	100（11.6%）
	私立	456（8.1%）	私立	338（7.0%）
	全体	874（10.3%）	全体	438（7.7%）
2000 册以上	公立	519（18.4%）	公立	127（14.7%）
	私立	1164（20.7%）	私立	737（15.3%）
	全体	1683（19.9%）	全体	864（15.2%）

为了让儿童多接触绘本与故事书所做的努力主要有以下内容，详见表 11-39。首先，近 93%的幼儿园会为幼儿准备相关绘本；其次，80%以上的幼儿

园会在日常的表演与游戏中加入绘本与故事元素。

表11-39　为了让儿童多接触绘本与故事书所做的努力

序号	相关措施	幼儿园		认定幼儿园	
1	准备幼儿感兴趣的绘本	公立	2735（97.0%）	公立	815（94.2%）
		私立	5113（90.9%）	私立	4392（91.3%）
		全体	7848（92.9%）	全体	5207（91.7%）
2	以绘本或故事为题材的戏剧表演或游戏	公立	2517（89.3%）	公立	740（85.5%）
		私立	4343（77.2%）	私立	3834（79.7%）
		全体	6860（81.2%）	全体	4574（80.6%）
3	通过绘本朗读与小学生、中学生进行交流	公立	601（21.3%）	公立	154（17.8%）
		私立	410（7.3%）	私立	509（10.6%）
		全体	1011（12.0%）	全体	663（11.7%）
4	参加民间团体或者当地志愿者举行的故事会、绘本朗读会	公立	1913（67.8%）	公立	512（59.2%）
		私立	1099（19.5%）	私立	1324（27.5%）
		全体	3012（35.7%）	全体	1836（32.3%）
5	与幼儿一起访问当地的图书馆或小学的图书馆	公立	896（31.8%）	公立	209（24.2%）
		私立	433（7.7%）	私立	714（14.8%）
		全体	1329（15.7%）	全体	923（16.3%）
6	通过讲座等让家长知道绘本朗读的重要性	公立	1152（40.9%）	公立	232（26.8%）
		私立	1403（24.9%）	私立	1218（25.3%）
		全体	2555（30.3%）	全体	1450（25.5%）
7	教师利用幼儿园周边的当地图书馆借阅绘本	公立	1809（64.1%）	公立	571（66.0%）
		私立	2077（36.9%）	私立	2232（46.4%）
		全体	3886（46.0%）	全体	2803（49.4%）

附　　录

附录一　《教育基本法》(幼儿教育相关部分)

教育基本法（抄）

平成 18 年（2006）12 月 22 日法律第百二十号

第十一条　鉴于幼儿期教育对人的终身品格形成十分重要，国家和地方政府应提供有利于幼儿健康成长的良好环境，并采取其他适当方式，努力振兴幼儿教育。

附录二　《学校教育法》(幼儿教育相关部分)

学校教育法（抄）

昭和22年（1947）3月31日法律第二十六号

部分修订：令和元年（2019）6月26日法律第四十四号

第三章　幼儿园

第二十二条　幼儿园教育的目的，是通过幼儿保育以及为幼儿提供适合其健康成长的环境，促进其身心发展，打好义务教育和后续教育的基础。

第二十三条　为实现上一条所规定目的，幼儿园教育应达成以下目标。

一，使幼儿养成健康、安全和幸福生活所必需的基本习惯，促进其身体各种机能的协调发展。

二，通过集体生活，培养幼儿自愿参与集体生活的态度，加深其对家人及身边人的信任感，培养独立、自律、合作的精神以及规范意识。

三，让幼儿对熟悉的社会生活、生命及自然界产生兴趣，形成对它们的正确认识、态度及思考能力。

四，通过日常会话、绘本、童话等，引导幼儿正确使用语言，同时让幼儿养成积极理解他人的态度。

五，通过音乐、肢体表达、手工制作等，培养幼儿丰富的感性和表达能力。

第二十四条　除提供上述第二十二条为目的的教育外，幼儿园应针对家庭和地区的幼儿教育提供相应支援。例如在家长、当地居民和其他有关人员针对幼儿教育的各种问题向幼儿园进行咨询时，幼儿园应提供必要的信息和建议。

第二十五条　幼儿园的课程及相关保育内容，由文部科学省大臣根据第二十二条和第二十三条的规定制定。

第二十六条　幼儿园的入园适龄幼儿为年满 3 周岁至未满学龄的幼儿。

第八章　特殊支援教育

第八十一条　在幼儿园、小学、初级中学、义务教育学校、高级中学和中等教育学校等教育机构中，属于下一条各项的幼儿、儿童和学生以及其他有特殊教育需要的幼儿、儿童和学生，应当按照文部科学省大臣的规定，为其提供相应的教育，以帮助他们克服因残疾造成的学习或生活困难。

学校教育法实施规则（抄）

昭和 22 年（1947）5 月 23 日文部省令第十一号

部分修订：令和 2 年（2020）4 月 1 日文部科学省令第十五号

第三章　幼儿园

第三十七条　除特殊情况外，幼儿园每学年的教育周数不得少于 39 周。

第三十八条　除本章规定的内容外，幼儿园的教育课程和保育内容应以文部科学省大臣另行公布的《幼儿园教育纲要》为基准进行制定。

附录三　《儿童基本法》

儿童基本法

令和 4 年（2022）法律第七十七号

第一章　总则

（目的）

第一条　根据《日本宪法》以及《儿童权利公约》，儿童肩负着日本的未来，无论其身心状态如何、处于何种环境，政府必须为儿童终生人格发展打好基础、使其能够作为独立个体健康成长提供保障。为保障儿童以上权利，实现让其可以终生幸福的社会目标，政府制定基本理念，明确国家职责，通过设置儿童政策推进会议，综合地推进儿童政策。为了实现以上目的，制定本法。

（定义）

第二条　本法中的“儿童”指的是身心处于发育阶段的个人。本法所称“儿童政策”指的是以下相关政策、其他与儿童相关政策以及其他与儿童相关法律。

一，贯穿从新生儿、幼儿、学龄期、青春期到成人的各个阶段的成长支援政策。

二，为创建父母能体会到育儿喜悦的社会，在就职、结婚、怀孕、生产、育儿等各个阶段所进行的支援政策。

三，完善对家庭养育环境以及其他儿童养育环境的支援政策。

（基本理念）

第三条　儿童政策应以以下事项为基本理念。

一，每个儿童享有基本人权得到保障、作为个体受到尊重、不受到歧视的权利。

二，每个儿童享有得到适当的养育与爱护、生活得到保障的权利，儿童的健康成长、发育、独立等社会福利相关权利受到保护。同时，根据《教育基本法》，儿童享有平等地接受教育的权利。

三，根据儿童的年龄以及发育阶段，儿童享有对与自己直接相关的事项表达意见的权利、参与多样化社会建设的机会与权利。

四，根据儿童的年龄以及发育阶段，儿童享有意见被尊重、利益受到优先保护的权利。

五，儿童养育以家庭养育为基本，父母与其他监护人为第一义务抚养人。政府与社会给予家庭与监护人适当支援。在家庭养育难以实现的情况下，政府与社会应尽可能地为儿童创造与家庭相同的养育环境，使儿童身心健康地成长。

六，改善社会环境，让国民感受家庭和育儿的美好与喜悦。

（国家责任）

第四条 国家基于上一条的基本理念（以下简称“基本理念”），制定并实施儿童政策。

（地方行政机关的责任）

第五条　地方行政机关基于基本理念，与国家及其他地方行政机关协作，制定并实施符合本地区儿童的政策。

（公司组织的责任）

第六条　公司组织等基于基本理念，改善劳动环境，提升被雇佣者的职业生活与家庭生活质量。

（国民责任）

第七条　国民基于基本理念，关注并理解儿童政策，配合国家与地方行政机关实施政策。

（年度报告）

第八条　政府每年在国会上针对上一年度的儿童状况、儿童政策实施情况进行调研报告，并公开调查结果。调研报告需包含以下内容。

一，《少子化社会对策基本法》（2005 年法律第一百三十三号）第九条第一项中规定的少子化状况以及政府采取的对策。

二，《儿童、青少年育成支援推进法》（2011 年法律第七十一号）第六条第一项中规定的儿童、青少年的状况以及政府所采取的支援政策。

三，《儿童贫困对策推进相关法律》（2013 年法律第六十四号）第七条第一项中规定的儿童贫困状况以及政府所采取的对策。

第二章　基本措施

（儿童政策纲要）

第九条　为了全面推进儿童政策，制定本儿童政策纲要（以下简称“儿童纲要”）。

一，儿童纲要就以下事项做出规定。

1. 儿童政策的基本方针。

2. 儿童政策的重要事项。

3. 1、2 中指出的儿童政策推进中注意事项以外的其他注意事项。

二，儿童纲要需包含以下内容。

1.《少子化社会对策基本法》第七条第一项中规定的针对少子化的全面长期政策。

2.《儿童、青少年育成支援推进法》第八条第二项中规定的内容。

3.《儿童贫困对策推进相关法律》第八条第二项中规定的内容。

三，儿童纲要中规定的儿童政策，原则上需规定该儿童政策的具体目标以及目标实现的预定期限。

四，内阁总理大臣就儿童纲要草案向议会征求决议。

五，在内阁进行决议后，内阁总理大臣及时公布儿童纲要，不得延迟。

六，前二项规定内容，随儿童纲要的修改而变更。

（都道府县和市町村的儿童政策）

第十条　都道府县在儿童纲要的基础上制定本都道府县的儿童政策（以下本条中简称“都道府县儿童政策”）。市町村在儿童纲要的基础上制定本市町村的儿童政策（如果所属都道府县制定了都道府县儿童政策，需要同时参考儿童纲要与都道府县儿童政策)。都道府县以及市町村在制定或者修改儿童政策时需要及时公布，不得延误。都道府县儿童政策应作为《儿童、青少年育成支援推进法》第九条第一项所规定的都道府县儿童与青少年政策、《儿童贫困对策推进相关法律》第九条第一项中所规定的都道府县政策以及其他相关法令规定的其他政策的组成部分来制定。市町村儿童政策应作为《儿童、青少年育成支援推进法》第九条第二项所规定的市町村儿童与青少年政策、《儿童贫困对策推进相关法律》第九条第二项中所规定的市町村政策以及其他相关法令规定的其他政策的组成部分来制定。

(儿童政策中儿童意见的体现)

第十一条　国家和地方政府在制定、实施、评价儿童政策时，应采取措施确保政策能够反映儿童、儿童监护人以及其他相关人员的意见。

(建立全面综合的支援儿童政策实施的体制)

第十二条　国家应采取措施，建立全面综合的确保儿童政策实施的体制，使相关支援政策不受原因、提供支援的机构、被支援者的年龄与居住地区等限制，得以持续顺利开展。

(确保相关各方面之间的有机协作)

第十三条　国家应努力确保医疗、保健、福利、教育、康复等有关机构之间的有机协调，以保证儿童政策适当顺利地实施。都道府县以及市町村应确保前项所规定的机构与本地区儿童支援相关机构的有机协作，以保证儿童政策适当顺利地实施。为了确保前项所述有机协调地实现，都道府县以及市町村可组织协议会，以便商议调整儿童相关政策。前项所说协议会由第二项所述相关机构、民间团体和其他都道府县以及市町村政府承认的机构组成。

第十四条　为了实现上条第一项中所述的有机协作，在确保妥善处理个人信息的前提下，国家可采取适当的信息通信技术以及其他必要措施促进相关机构的信息共享。为了实现上述有机协作，在确保妥善处理个人信息的前提下，都道府县以及市町村可采取适当的信息通信技术以及其他必要措施促进相关机构以及民间组织的信息共享。

（本法和《儿童权利公约》的宗旨以及内容的宣传）

第十五条　国家应通过宣传活动等工作使国民了解本法以及《儿童权利公约》，并取得国民的理解。

（儿童政策的完善、财政的保障）

第十六条　政府应根据儿童纲要的规定，广泛深入地实施儿童政策，同时确保实施中所需的财政支持。

第三章　儿童政策推进会议

（机构设置与业务内容）

第十七条　作为特殊部门，在儿童家庭厅中设置儿童政策推进会议（以下简称“会议”）。会议负责以下业务：

一，制定儿童纲要草案。

二，除上一项所列事项外，审议与儿童政策有关的重要事项，促进儿童政策的实施。

三，在儿童政策方面与其他相关部门进行协调。

四，除前面三项指出的内容以外，其他法令所规定的属于本会议的业务内容。

会议在制定儿童纲要草案时，需要听取儿童、儿童监护人、专业人士、地区儿童支援工作者或者民间组织以及其他相关人士的意见。

（组织等）

第十八条　会议由会长以及委员组成。会长由内阁总理大臣担任。委员由以下人员担任：

一，根据《内阁府设置法》［平成十一年（1999）法律第八十九号］第九条第一项中规定，内阁总理大臣任命特命大臣。特命大臣根据上述法律第十一条第三项的规定掌管会议事务。

二，会长以及上述人员之外的政府部长级官员中，内阁总理大臣所指定的人员。

（协同配合）

第十九条　会议在执行其管辖事务过程中，必要时有权要求相关行政机关提交材料、陈述意见、做出解释和提供其他必要的配合。会议在执行其管辖事务过程中，必要时有权要求前项所述以外的部门或者人员提供必要的配合。

(政令授权)

第二十条　除上述规定外，会议组织以及运作所涉及其他未尽事项，通过政令规定。

附则

(实施日期)

第一条　本法自令和五年（2023）4 月 1 日起施行。

附录四　《儿童与育儿支援法大纲》

儿童与育儿支援法大纲

第一　总则

一、目的

鉴于我国急速少子化的趋势以及家庭和地方环境的变化，与《《儿童福利法》》和其他与儿童相关的法律相结合，为儿童与育儿支援补助以及其他养育儿童的人提供所需支援，以实现每个儿童都能健康成长的社会迫在眉睫，为了实现以上目的制定本法。(第一条相关)

二、基本理念

1. 儿童养育的首要责任应由父母和其他监护人承担，在这一基本认识基础上，儿童与育儿支援需包括家庭、学校、地方、职场以及其他社会领域的所有社会成员分工协作，共同为儿童提供支援。(第二条第一款相关)

2. 儿童与育儿支援补助及其他儿童与育儿支援的标准，应以支持所有儿童健康成长为目标，必须是高质量且适当的支援。(第二条第二款相关)

3. 儿童与育儿支援补助及其他儿童与育儿支援应根据地区实际情况，进行综合而高效的支援。(第二条第三款相关)

三、市町村等的职责

一，市町村在本法的实施方面应承担以下职责。

1. 为了确保儿童健康成长所需要的环境，市町村应全面且有计划地提供儿童与育儿支援补助，开展地区儿童与育儿支援项目。(第三条第一款第一项相关)

2. 为了确保儿童和其监护人能够切实得到儿童与育儿支援补助，顺利利用儿童与育儿支援项目及其他支援政策，市町村应与相关机构进行联络协调并提供帮助。(第三条第一款第二项相关)

3. 根据儿童和其监护人所处环境，基于监护人的选择，市町村应确保以下提供机制，即从多样化设施或企业获得高质量、适当的教育保育以及其他儿童与育儿支援，并以全面高效的方式提供给儿童及其监护人。（第三条第一款第三项相关）

二，都道府县应向市町村提供建议和适当的支援，同时负责在儿童与育儿支援措施中拟定专业性较强或者需要跨市町村区域协调的政策。（第三条第二款相关）

三，国家应与市町村和都道府县相互合作，采取各种相关措施来确保儿童与育儿支援体系的建立。（第三条第三款相关）

四、企业的责任

企业应通过改善劳动环境使员工的职业生活和家庭生活得以协调，以实现对被雇佣者的育儿支援。同时还应配合国家以及地方政府开展儿童与育儿支援。（第四条相关）

五、国民的责任

国民应加大对儿童与育儿支援重要性的关注和理解，同时积极参与国家或地方政府开展的儿童与育儿支援政策。（第五条相关）

六、定义

（一）儿童和学龄前儿童

“儿童”是指个人在 18 岁生日之后第一个 3 月 31 日之前的个体。“学龄前儿童”是指“儿童”中未达到小学入学年龄的个体。（第六条第一款相关）

（二）儿童、育儿支援

“儿童、育儿支援”是指为了确保所有儿童的健康成长，国家、地方政府或地区内从事育儿支援工作的组织与个人对儿童和儿童监护者提供的支援。（第七条第一款相关）

（三）教育和保育

“教育”指根据《教育基本法》所规定，学校中针对年满 3 岁的学龄前儿童进行的为义务教育和后续教育打基础的教育。“保育”指的是《儿童福利法》规定的保育行为。（第七条第二款和第三款相关）

（四）教育和保育机构

“教育和保育机构”指的是认定幼儿园、幼儿园和保育所。（第七条第四款相关）

（五）地方审定型保育和地方审定型保育机构

“地方审定型保育”包括家庭保育、小规模保育、家庭访问型保育和企业内保育。“地方审定型保育机构”指的是从事地方审定型保育的团体机构。（第七条第五款相关）

第二　儿童与育儿支援补助

一、儿童与育儿支援补助定义

儿童与育儿支援补助包括为儿童提供的现金补助以及为儿童提供的教育和保育补助。（第八条相关）

二、为儿童提供的现金补助

为儿童提供的现金补助以儿童津贴形式发放。除本法另有规定外，应按《儿童津贴法》规定发放现金补助。（第九条和第十条相关）

三、为儿童提供的教育和保育补助

（一）为儿童提供的教育和保育补助内涵

为儿童提供的教育和保育补助包括提供设施型补助、特例设施型补助、地方审定型保育补助和特例地方审定型保育补助。（第十一条相关）

（二）补助资格审核等

1. 补助条件

为儿童提供的教育和保育补助适用于学龄前儿童的家长，用于学龄前儿童的特定教育保育、特殊利用保育、特殊利用教育、特例地方审定型保育或特例保育等。（第十九条第一款相关）

（1）满 3 岁的学龄前儿童［不包括（2）中所指儿童］。

（2）家长因工作、疾病或其他内阁令规定的原因难以在家中提供必要保育的满 3 岁或以上的学龄前儿童。

（3）家庭因（2）中所述内阁令规定的原因难以在家中提供必要保育的未满 3 岁的学龄前儿童。

2. 市町村的审核等

(1) 1 (1) 到 (3) 的学龄前儿童的监护人，在寻求儿童的教育和保育补助时，应就申请资格以及儿童身份向市町村申请审核与认定。(第二十条第一款相关)

(2) 上述 (1) 的认定原则上由监护人居住地的市町村执行。(第二十条第二款相关)

(3) 在有 (1) 的申请时，该学龄前儿童如符合 1 (2) 或者 1 (3) 的情况，市町村应审核该儿童的保育所需量 (指需要支付设施型补助的保育量)。

(4) 关于 (1) (3) 的认定在有效期内有效。(第二十一条相关)

(5) 获得补助认定的监护人 (以下称“补助认定监护人”) 应向市町村报告其工作或疾病情况等，并提交相关文件和证明。(第二十二条相关)

(三) 设施型补助和地方审定型保育补助等的支付

1. 设施型补助的支付

(1) 获得补助认定的学龄前儿童 (以下称“补助认定儿童”) 从教育保育设施 (以下称“特定教育保育设施”) 接受教育保育时，市町村应向补助认定监护人支付教育和保育费用。[此处的教育保育仅限于以下情况，即 (二) 1. (1) 的学龄前儿童在认定幼儿园接受教育保育或者在幼儿园接受教育；(二) 1. (2) 的学龄前儿童在认定幼儿园接受教育保育或者在保育所接受保育；(二) 1. (3) 的学龄前儿童在认定幼儿园接受教育保育或者在保育所接受保育。] (第二十七条第一款相关)

(2) 设施型补助金额计算方法为，从内阁总理大臣根据特定教育保育一般所需费用制定的标准金额中扣除市町村根据补助认定家庭的收入情况所确定的金额。(第二十七条第三款相关)

(3) 补助认定儿童在特定教育保育设施接受特定教育保育后，市町村可以代表补助认定监护人向该特定教育保育设施支付应由监护人支付的费用，限额为教育保育补助金额。(第二十七条第五款相关)

2. 特例设施型补助的支付

(二) 1. (1) 所指学龄前儿童从特定教育保育设施 (仅限保育所) 接受

特殊利用保育（指根据该儿童的情况内阁府令所规定的一日标准保育时间与时间段内所提供的保育）后，以及（二）1.（2）所指学龄前儿童从特定教育保育设施（仅限幼儿园）接受特殊利用教育［指根据（二）1.（2）中所说学龄前儿童提供的教育，除特定教育保育外］，或其他认定为有需要时，市町村可以支付特例设施型补助。（第二十八条第一款相关）

3. 地方审定型保育补助的支付

（1）当补助认定儿童［仅限（二）1.（2）所指学龄前儿童］从市町村认定的地方审定型保育机构（以下称“特定地方审定型保育机构”）得到地方审定型保育（以下称“特定地方审定型保育”）时，市町村应向该儿童的补助认定监护人支付地方审定型保育补助金。（第二十九条第一款相关）

（2）地方审定型保育补助金额计算方法为，从内阁总理大臣根据特定地方审定型保育一般所需费用制定的标准金额中扣除市町村根据补助认定家庭的收入情况所确定的金额。（第二十九条第三款相关）

（3）未满 3 岁保育认定儿童在特定地方审定型保育机构接受特定地方审定型保育后，市町村可以代表补助认定监护人向该特定地方审定型保育机构支付费用，限额为地方审定型保育补助金额。（第二十九条第五款相关）

4. 特例地方审定型保育补助的支付

对于居住在无法保障接受特定教育保育以及特定地方审定型保育的离岛等偏远地区的补助认定儿童，在接受特例保育或者其他认定为有需要的保育时，市町村应支付特例地方审定型保育补助金。（第三十条第一款相关）

第三　特定教育保育设施以及特定地方审定型保育机构

一、特定教育保育设施

（一）特定教育保育设施的认定

1. 教育保育设施的认定由市町村长执行。教育保育设施的设立者提出申请，市町村长根据教育保育设施的分类确定各阶段学龄前儿童的招生人数。（第三十一条第一款相关）

2. 市町村长在确定特定教育保育设施的招生人数之前，应事先征求第七部分第二条规定的合议制机构的意见。（第三十一条第二款相关）

3. 市町村长在确定特定教育保育设施的招生人数之前，应事先与都道府县知事进行协商。(第三十一条第三款相关)

(二) 特定教育保育设施设立者的责任

1. 特定教育保育设施的设立者除非有正当理由，否则不得拒绝补助认定监护人的申请。(第三十三条第一款相关)

2. 特定教育保育设施的设立者应根据学龄前儿童的所处环境等与相关机构紧密合作，有效地开展高质量的教育保育。(第三十三条第四款至第六款相关)

(三) 特定教育保育设施的标准

特定教育保育设施的设立者必须遵守教育保育设施的认可标准。(第三十四条第一款相关)

(四) 警告、命令等

市町村长认为特定教育保育设施的设立者未按市町村规定的标准进行正当的特定教育保育设施运营等情况时，可以发出警告、公示、命令等，同时可以撤销或暂停对该设施的认定。(第三十九条和第四十条第一款相关)

(五) 市町村的调整和要求

1. 必要的情况下，市町村可以对儿童进入特定教育保育设施进行调整，并根据需要要求特定教育保育设施的设立者接收补助认定儿童。(第四十二条第一款相关)

2. 对于上述调整与要求，特定教育保育设施的设立者必须配合。(第四十二条第二款相关)

二、特定地方审定型保育机构

(一) 特定地方审定型保育机构的认定

特定地方审定型保育机构的认定由市町村长执行。特定地方审定型保育机构提出申请，市町村长根据地方审定型保育种类以及开展各类保育的机构数量确定招生人数，同时认定可以向市町村长所管辖的地区居民进行地方审定型保育补助以及特例地方审定型保育补助。(第四十三条第一款和第二款相关)

（二）特定地方审定型保育机构的责任

1. 特定地方审定型保育机构除非有正当理由，否则不得拒绝补助认定监护人的申请。（第四十五条第一款相关）

2. 特定地方审定型保育机构应根据学龄前儿童的所处环境等与相关机构紧密合作，有效地开展高质量的地方审定型保育。（第四十五条第四款至第六款相关）

（三）特定地方审定型保育机构的标准

特定地方审定型保育机构必须遵守地方审定型保育机构的认可标准。（第四十六条第一款相关）

（四）警告、命令等

市町村长认为特定地方审定型保育机构未按市町村规定的标准进行正当的特定地方审定型保育机构运营等情况时，可以发出警告、公示、命令等，同时可以撤销或暂停对该机构的认定。（第五十一条和第五十二条第一款相关）

（五）市町村的调整和要求

1. 必要的情况下，市町村可以对儿童进入特定地方审定型保育机构进行调整，并根据需要要求特定地方审定型保育机构接收补助认定儿童。（第五十四条第一款相关）

2. 对于上述调整与要求，特定地方审定型保育机构必须配合。（第五十四条第二款相关）

三、业务管理体系的建设等

特定教育保育设施的设立者和特定地方审定型保育机构（以下简称“特定教育保育提供者”）必须建立业务管理体系，并向市町村长等报告有关业务管理体系事项。（第五十五条第一款和第二款相关）

四、关于教育保育的信息报告和公开

为确保学龄前儿童的监护人能够恰当且顺利地让学龄前儿童获得教育保育，政府需要公开相关信息。而特定教育保育提供者必须向设施或机构所在都道府县知事提供教育保育内容、设施或机构的运营情况等上述所需相关信

息。（第五十八条第一款相关）

第四　地区儿童与育儿支援工作

市町村按照市町村儿童与育儿支援工作计划开展以下工作。

根据儿童或儿童监护人的咨询提供必要的信息和建议等服务；通过提供对保育的全部或部分费用的补贴确保必要的保育；根据家庭收入状况和其他情况，按照市町村规定的标准，为符合资格的补助认定监护人提供购买教育保育所需物品的全部或部分费用补贴；促进设立或运营多功能的特定教育保育设施；课后延时服务；短期育儿支援；婴儿期全户家庭访问；养育支援家访；地区育儿中心；临时保育；生病幼儿保育；育儿援助活动补助；孕妇健康检查等工作。（第五十九条相关）

第五　儿童与育儿支援工作计划

一、基本方针

内阁总理大臣须建立教育保育和地区儿童与育儿支援工作体系。同时为确保儿童与育儿支援补助、地区儿童与育儿支援工作顺利开展与全面推进，内阁总理大臣制定基本方针（以下简称“基本方针”）。基本方针应明确儿童与育儿支援工作的意义，确保儿童与育儿支援工作补助相关的教育保育体系的建立，规定有关地区儿童与育儿支援工作实施的基本事项等。（第六十条第一款和第二款相关）

二、市町村儿童与育儿支援工作计划、都道府县儿童与育儿支援工作计划

市町村和都道府县必须根据基本方针，建立五年为一期的教育保育及地区儿童与育儿支援工作体系，以及其他依据本法的基本计划，以确保工作的顺利开展。（第六十一条第一款和第六十二条第一款相关）

第六　费用等

一、都道府县负责部分和补助

1. 在都道府县与市町村以外设置（由市町村支付）的特定教育保育设施费用、设施型补助费用、特例设施型补助费用、地方审定型保育补助费用、特例地方审定型保育补助费用，根据政令计算结果，国家与都道府县负责承

担部分（以下称“设施型补助费等负担对象金额”）的四分之一应由都道府县承担。（第六十七条第一款相关）

2. 为了补贴市町村支付的地区儿童与育儿支援工作所需费用，在都道府县的预算范围内，都道府县可以给予市町村一定的财政补贴。（第六十七条第二款相关）

二、给予市町村财政补贴的支付

1. 在都道府县与市町村以外设置（由市町村支付）的特定教育保育设施费用、设施型补助费用、特例设施型补助费用、地方审定型保育补助费用、特例地方审定型保育补助费用，设施型补助费等负担对象金额的二分之一应由国家承担。（第六十八条第一款相关）

2. 为了补贴市町村支付的地区儿童与育儿支援工作所需费用，政府可以向市町村提供财政补贴。（第六十八条第二款相关）

三、资金的征收和支付义务等

1. 为了确保儿童津贴及地区儿童与育儿支援工作（仅包括为确保超时保育的全部或者部分费用，课后儿童服务工作费用，生病幼儿保育等内容）所需资金，政府须从一般企业征收税金，一般企业有义务缴纳相关费用。（第六十九条相关）

2. 根据政令规定，征收资金比例为千分之一点五。（第七十条第二款相关）

第七　儿童、育儿会议等

一，内阁办公厅必须设立儿童与育儿会议。（第七十二条相关）

二，根据条例，为听取关于特定教育保育设施的招生人数等相关事项的意见，市町村必须尽力设置审议会等合议制机构。（第七十七条第一款相关）

三，根据条例，为听取关于特定教育保育设施的招生人数等相关事项的意见，都道府县必须尽力设置审议会等合议制机构。（第七十七条第四款相关）

第八　其他

制定其他需要的章程。

第九　生效日期

为确保社会福祉资金来源，政府进行了税收改革，推出《消费税法修正案》[平成 24 年（2012）法律第六十八号]。本法自上述修正案附则第一条第二款规定的生效日期所属年度的次年 4 月 1 日之前，政令规定的日期（以下称“生效日”）开始生效。以下规定按各条款规定的日期开始生效。（附则第一条相关）

一，第七及第十一，平成 25 年（2013）4 月 1 日。

二，第十四 为确保社会福祉资金所进行的税收改革中推出的《消费税法修正案》的生效日期（所属年度的次年 4 月 1 日）之前，政令规定的日期（以下称“生效日”）开始生效。

第十　待议

一，政府须对将生育和育儿休假的补助定为儿童与育儿支援补助进行协议，并根据需要采取必要的措施。（附则第二条第一款相关）

二，政府须对平成 27 年度（2015）之后出生的儿童培养支持措施推进法进行协议，并根据需要采取必要的措施。（附则第二条第二款相关）

三，政府须对幼儿园教师、保育员和课后延时服务工作人员等的待遇改善政策，以及促进具备保育员资格但未从事保育相关工作人员就业等儿童与育儿支援工作的人才保障问题进行协议，并根据需要采取必要的措施。（附则第二条第三款相关）

四，政府须在本法公布之后的两年内，探讨利于全面开展儿童与育儿支援工作的政府组织形式，并根据需要采取必要的措施。（附则第二条第四款相关）

五，政府须确保稳定的财政资金，以实现儿童与育儿支援工作的量的增加与质的提高。（附则第三条相关）

第十一　保育需求和供应状况的掌握

国家和地方政府必须在生效日期前掌握保育需求和供应情况，以作为推进儿童与育儿支援工作的基本资料。（附则第四条相关）

第十二　保育园委托费的支付等

根据《儿童福利法》第二十四条第一款的规定，补助认定儿童在特定教育保育设施接受保育后，按照内阁总理大臣规定的标准计算所得费用（以下称“保育费用”），作为委托费由市町村支付给教育保育设施。市町村长向监护人以及扶养义务人收取保育费用，保育费用根据家庭收入，考虑保育费用对家庭生活产生的影响的基础上得出。（附则第六条相关）

第十三　有关过渡措施的事项

一，确定特定教育保育设施等过渡措施。（附则第七条和第八条相关）

二，确定符合第二部分三（二）2（1）所指的学龄前儿童的教育保育补助的金额以及费用负担等过渡措施。（附则第九条相关）

第十四　保育资源紧急保障工作

一，在《儿童与育儿支援法》及《全面推进学龄前儿童相关教育保育的法律修正案》［平成 24 年（2012）法律第六十七号］生效前，修正前《儿童福利法》规定的特定市町村须根据《儿童福利法》，考虑市町村保育计划，在学龄前儿童的保育等儿童与育儿支援工作（以下称“保育资源紧急保障工作”）中开展保育资源紧急保障工作。（附则第十条第一款相关）

二，特定市町村以外的市町村（以下称“工作开展市町村”）可以在生效日期前开展保育资源紧急保障工作。（附则第十条第二款相关）

三，政府可以在其预算范围内为开展保育资源紧急保障工作的特定市町村或工作开展市町村提供部分财政补助。（附则第十条第四款相关）

（待议）

第三条本法施行五年后，政府需要结合本法的实施状况以及儿童政策的实施状况，从儿童政策是否遵循基本理念等角度进行现状总结，并进行公正准确的评价，进一步探讨如何推进儿童政策。基于以上结果修订完善相关法律法规。

附录五 《幼儿园教育纲要》

幼儿园教育纲要

文部科学省第六十二号公告

根据《学校教育法实施条例》[文部省昭和22年(1947)文部省令第十一号]第38条的规定,对《幼儿园教育纲领》[文部省平成20年(2008)文部科学省告示第二十六号]进行全面修订,具体内容如下。修正案自平成30年(2018)4月1日起实施。

平成29年(2017)3月31日

文部科学省大臣 松野博一

前　言

正如《教育基本法》第一条所规定,开展教育的目的是培养具有健全人格、健康身心的公民,使其具备建设和平、民主的国家和社会所必需的素质。基于此目的,应努力实现该法第二条所列的以下目标。

1. 掌握广泛的知识与文化,养成追求真理的态度,培养丰富的情感和道德感,养成健康的身体。

2. 尊重个人价值,发展个人能力,培养个人创造力,激发独立自强的精神。重视职业与日常生活的关系,尊重劳动。

3. 重视公正和责任、男女平等,尊重自我以及他人,重视与他人合作。具有公共精神,培养主动参与社会建设、为社会发展做贡献的意识。

4. 尊重生命、珍爱自然,培养为保护环境做贡献的意识。

5. 尊重传统和文化,同时热爱孕育了这些传统和文化的祖国和家乡;尊重其他国家,培养为国际社会的和平与发展做贡献的意识。

此外,正如该法第十一条所述,鉴于幼儿期教育对人的终身品格形成十分重要,国家和地方政府应提供有利于幼儿健康成长的良好环境,并采取其他适当方式，努力振兴幼儿教育。

作为学校教育的开端，未来的幼儿园应致力于实现这种教育的目的和目标，同时要培养以下能力，即确保每个幼儿认识到自己的优点和潜力，认同他人的价值并给予尊重，与不同的人通过合作克服各种社会变化所带来的困难，开拓自己丰富的人生，成为创造可持续发展社会的一员。各个幼儿园系统地、有计划地制定的教育课程，即是为实现以上目标的教育形式的具体体现。

为了通过课程实现未来时代所需的教育，实行面向社会的开放式教育课程是非常重要的。首先学校和社会都认同通过更好的学校教育创造更好的社会这一理念。在此基础上，各幼儿园在教育课程中明确如何开展适合幼儿期的生活，培养哪些素质和能力等内容，同时通过与社会的合作和协作实现培养目标。

《幼儿园教育纲要》为纲领性文件，规定了针对实现上述理念所需课程的标准。其作用之一是确保在全国范围内保持具有公共性质的幼儿园的教育水准。各幼儿园还须充分发挥自己的特色，利用多年来积累的教育实践经验和学术研究成果，掌握幼儿和当地地区的现状与问题，与家庭、地方合作，在《幼儿园教育纲领》的基础上进一步充实教育活动。

创造所需环境、激发幼儿自主进行游戏、注重培养每个幼儿的特质和能力，这些不仅是以教职工为首的幼儿园工作人员的职责，同时也是家庭和当地居民的任务。在幼儿培养过程中，成人应从不同的角度发挥自己的作用。希望幼儿园与家庭密切合作，将幼儿教育与小学及以后的教育、终身学习联系起来，通过幼儿自发进行的游戏活动对幼儿进行全面综合的指导。

在此过程中，希望各幼儿园广泛应用《幼儿园教育纲领》。

第一章　总则

一、幼儿园教育的本质

幼儿期的教育对人格形成十分重要。为实现《学校教育法》规定的目的和目标，幼儿园教育的基本原则应基于幼儿期的特性，通过环境进行教育。

为此，教师应与幼儿建立信任关系，努力与幼儿一起创造更好的教育环境。利用幼儿期教育的观点和思维，让幼儿积极地接触身边的环境，主动参与、反复尝试、思考，意识到如何与周围环境打交道及其意义。基于上述情况，在进行教育时必须重视以下事项。

1. 在稳定的情绪下，幼儿通过充分展示自己获得成长所需的经验。考虑到这一点，应鼓励幼儿主动、独立地开展活动，创造适合其幼儿时期的生活。

2. 幼儿自发进行的游戏活动，是培养幼儿身心协调发展基础的重要学习活动。考虑到这一点，应以游戏教育为主，综合实现第二章提出的目标。

3. 幼儿的成长涉及身心各方面，成长过程因人而异，此外幼儿的成长经历也各不相同，因此应根据每个幼儿的特点针对其成长中遇到的问题来开展教育活动。

在此过程中，教师必须基于对各个幼儿行为的理解和预测，系统地构建环境，以确保幼儿能够独立活动。教师还必须考虑到幼儿与人和物关联的重要性，设计教学材料，构建物品环境和空间环境。此外，教师还须在各幼儿的活动场景中，发挥各种作用，丰富幼儿活动内容。

二、幼儿园教育应培养的能力素质与幼儿期结束后的理想状态

1. 为了培养幼儿基本的生存能力，基于本章第一节中规定的幼儿园教育的本质，幼儿园应努力综合发展幼儿的下列能力和素质。

(1) “基础知识和基本技能”，即通过丰富的体验，使幼儿能够感受、意识、理解、实践的能力。

(2) “基本的思考能力、决策能力和表达能力”，即幼儿利用已意识到的事物、已掌握的技能等进行思考、尝试、实验、设计和表达的能力。

(3) “学习能力、品格”，即在培养感情、动机和态度的过程中养成的追求与创造更美好生活的能力。

2. 根据第二章所示的目标和内容，通过整个活动培养 1 中所示的能力和素质。

3. 以下“幼儿期结束后的理想状态”是指根据第二章所示的目标和内容，在幼儿园教育结束时，通过整个期间的活动培养出来的儿童的能力和素质的具体结果。教师在进行指导时需要参考。

（1）健康的身心

在幼儿园生活中，幼儿能够感觉到充实，在做自己想做的事情中充分锻炼自己的身心，有计划地以自主创造健康安全的生活为目标来安排自己的活动。

（2）自立意识

幼儿通过积极主动地投身周围的环境中，享受各种活动的乐趣，意识到自己需要做什么。在独立完成任务的过程中进行思考与创新，不放弃完成自己想做的事情并从中获得成就感，养成自信心。

（3）合作能力

在与朋友交往时，分享彼此内心的想法。为了完成共同的目标，一起进行思考、解难、合作并获得成就感。

（4）道德、规范意识的萌芽

通过与朋友一起经历各种事情，幼儿了解什么是正确的，什么是错误的，反思自己的行为，理解朋友的感受，并设身处地为对方着想。他们也会理解遵守规则的必要性，调整自己的心情，在与朋友共同商量的前提下制定并遵守规则。

（5）社会生活的融入

除了有照顾家人的心情外，幼儿通过与当地社区的人接触，学会与他人交往的各种方式，学会考虑他人的感受，感受到自己的存在价值，与所居住社区产生亲近感。此外，在与幼儿园内外各种环境产生关联的同时，他们会吸收游戏和日常生活所需的信息，根据这些信息做出决定，相互交流信息并加以利用。在利用这些信息开展活动的同时，学会珍惜公共设施资源，同时意识到自己和社会的关联。

（6）思考能力的萌芽

通过积极参与身边熟悉的事情，幼儿将感受到多样化的互动。如感知和注意到事物的属性和机制，学会思考、预测和设计。此外，随着他们接触到朋友的各种想法，他们会意识到别人的想法与自己的想法有时会有所不同。他们会做出自己的判断，或重新考虑自己的想法，能够体会到获得新思维的快乐，完善自己的思考。

(7) 与自然的连接及对生命的尊重

幼儿们能感知到大自然的变化，以好奇心和探究精神进行思考并用语言表达自己的想法和感受，在与大自然接触过程中得到感动的体验。在对熟悉的现象产生兴趣的同时，培养幼儿对大自然的热爱和尊重。当他们被熟悉的植物和动物带动情感萌发，他们会意识到生命的神奇与宝贵，思考如何对待动植物，并怀着对生命的敬畏与珍惜之心与动植物共处。

(8) 对数量、图形、标识和文字的兴趣与感知

通过游戏和日常生活，儿童熟悉数量、形状、标志和字母，意识到标志和字母的作用，并根据自己的需要运用它们，培养对它们的兴趣、关心和敏感度。

(9) 语言表达与交流

在与老师和朋友交流的同时，幼儿通过熟悉图画书和故事获得丰富的语言和表达能力。他们学会用语言交流自己的经验和想法，认真倾听别人的意见，并享受通过语言进行交流的快乐。

(10) 丰富的情感和表达能力

在体验感动的事情时充分运用自己的感官，意识到各种材料和表达方式的特点，表达自己的感受和想法，并享受与其他朋友一起分享表达的过程，体验到表达的快乐，形成表达的动力。

三、教育课程的作用与编写

1. 课程的作用

根据《教育基本法》《学校教育法》等法律法规和《幼儿园教育纲要》，各幼儿园应根据幼儿身心发展特点，结合本园和本地区的实际情况，编制适当的课程体系。

此外，各幼儿园应在注意 6 所示的总体规划的基础上，根据“幼儿期结束后的理想状态”来制定课程体系，同时注意评估和改进课程体系，保证实施课程和改进课程所需的人力和物力资源等。通过以上活动，幼儿园有组织、有计划地提高基于课程的教学质量（以下简称“课程体系管理”）。

2. 各幼儿园的教育目标和课程设置

应明确每所幼儿园的教育目标，同时基于幼儿园教育所要培养的能力和素质来组织课程，并与家庭和地区分享关于组织课程的基本方针。

3. 组织课程的基本事项

（1）为了通过整个幼儿园生活全面实现第二章所述的目标，组织具体的目标和内容时应考虑到课程所涉及的教育时期以及幼儿的生活经历和发展过程。应特别考虑到幼儿期的发展特点，即自我意识萌芽、对他人存在的认识和自我克制等。基于幼儿进入幼儿园到幼儿园毕业的长远考虑，力求为幼儿创造充实的生活。

（2）除特殊情况外，幼儿园每学年的课程周数不应少于 39 周。

（3）幼儿园课程中，每天的标准教育时长为 4 小时。在适当考虑幼儿的身心发展水平和季节问题等基础上可以适当调整。

4. 组织课程时的注意事项

在安排课程时，应考虑到以下事项。

（1）幼儿的幼儿园生活是不断变化的。刚入园时通过个人游戏以及与教师的互动熟悉幼儿园生活，之后与其他幼儿的接触中独立自主的活动开始增加，幼儿逐渐意识到对方存在的必要性，最终幼儿一起或者以集体为单位形成有目的的合作。幼儿园课程活动的开展也应与每个时期相适应。

（2）入园初，特别是 3 岁幼儿，应与其家庭保持密切合作，充分考虑到幼儿日常生活节奏和安全问题。此外，对于在学年中进入幼儿园的三岁儿童，应充分照顾幼儿的情绪，确保他们安心地度过在园时光。

（3）为保证幼儿安全，教职工必须相互配合，在重视幼儿自主活动的同时，充分考虑到校园内的操场、教学楼等的环境安全问题，同时做好安全教育。

5. 与小学教育衔接时应注意的事项

（1）幼儿园教育是打好小学及以后生活和学习基础的关键，因此幼儿园要注意通过适合幼儿期的生活方式，培养幼儿创造性思维和独立生活的态度等。

(2) 为保证小学教育的顺利实施，在幼儿园教育培养的能力和素质的基础上，幼儿园应加强与小学的协作，努力营造与小学教师交流意见和共同研究的机会，分享“幼儿期结束后的理想状态”，促进幼儿园教育与小学教育的顺利衔接。

6. 制订完整计划

幼儿园应以教育课程为中心，同时将教育课程与第三章所示的与课程有关的教育时间结束后开展的教育活动计划、学校保健计划、学校安全计划等统筹规划，形成整体教学计划。

四、指导计划的制订与基于对幼儿理解的评价

1. 指导计划的理念

幼儿园教育是通过幼儿对环境的自觉参与所产生的具体活动来实现教育目标。

在此基础上，幼儿园必须根据各自幼儿园的课程设置，制订统一的、有组织的、不断改进的指导计划，并根据幼儿的活动情况进行灵活的指导，使幼儿能够形成与幼儿期相适应的生活，并得到适当的指导。

2. 编制指导计划的基本事项

(1) 指导计划的编制应具体到每个幼儿，使其能够按照自己的成长规律，开展适合自己的幼儿期生活，并从中得到需要的经历。

(2) 编制指导计划时，应明确规定具体的目标和内容，并通过构建适当的环境等方式选择和开展活动，具体做法如下。

①在制订具体目标和内容时，应基于幼儿的成长过程，考虑到幼儿生活的连续性、季节性变化等因素，根据幼儿的兴趣、关注点和发育状况制订。

②环境的建构应考虑是否适用于实现特定的目标，让幼儿利用环境开展各种活动时能够获得必要的经历。在此过程中，环境的构建应重视幼儿的发展过程以及想象力。

③幼儿在生活过程中进行的具体活动是不断变化的，幼儿园应关注这一点并提供必要的支持，使幼儿能够按照预期方向开展自己的活动。

在此过程中，应根据幼儿的实际情况和周围环境的变化，对教学过程进

行适当的评价，并随时完善指导计划。

3．编制指导计划的注意事项

编制指导计划时，应注意以下事项。

（1）既要编制涵盖年、学期、月等的长期指导计划，又要编制与长期计划紧密相关而更加具体的适合幼儿生活的周、日等短期指导计划，以确保提供适当的指导。尤其是短期的周计划和日计划，应考虑到幼儿的生活节奏，确保这些活动在幼儿的认知、兴趣上保持连贯，自然地融入幼儿生活之中。

（2）保证幼儿通过与各种人和事的关联，获得多样化的经历，促进幼儿身心的协调发展。在此过程中，必须确保实现符合幼儿发展规律的独立、互动、深层次的学习，并确保各种经历相互联系、环环相扣，让幼儿的在园生活充实。

（3）鉴于语言能力发展与思维能力发展密切相关，在整个幼儿园生活中，应根据幼儿的成长情况创造语言环境，丰富幼儿的语言活动。

（4）为使幼儿对下一次活动有期待和动力，结合幼儿的实际情况，设计一些活动，让幼儿在与教师或与其他幼儿的互动和生活中，对自己的游戏和生活进行思考和反思。

（5）在指导庆祝活动时，要在幼儿园的日常生活中自然加入，通过活动丰富幼儿生活，让幼儿能主动享受活动的乐趣。要认真考虑每次活动的教育价值，精心选择合适的活动，以免成为幼儿的负担。

（6）鉴于直接经验在幼儿期的重要性，在使用视听材料、计算机等信息设备时，要考虑与幼儿实际经历的关系，设置一些幼儿园生活中难以获得的活动体验，起到辅助作用。

（7）为了促进幼儿的自主活动，教师必须以多种方式参与，教师应扮演各种角色，如理解者、合作者等。为了让幼儿在活动中获得成长中所必须的丰富的体验，教师要根据活动的场景进行适当指导。

（8）鉴于幼儿开展活动的形式有个人、小组、全班等多种方式，全园教师应相互配合，提供适当的帮助，使每个幼儿的兴趣和需要得到充分满足。

4. 基于理解的评价

进行基于对每个幼儿成长理解的评价时，应注意以下事项。

(1) 通过指导过程反思，加深对幼儿的理解，把握每个幼儿的优点与潜能，不断改善指导。在评价过程中不能与其他幼儿进行比较，也不可以基于某个评价标准进行判断。

(2) 要努力提高评价的准确性和可信性，有组织、有计划地实施评价。同时恰当地将幼儿评价共享下一阶段的年级、小学等行为。

五、需特殊关照幼儿的指导

1. 障碍幼儿的指导

对障碍幼儿等进行教育时，应考虑通过集体生活促进其全面发展，通过利用特殊学校等机构的建议和帮助，有组织、有计划地为每个幼儿提供符合其具体障碍情况的教学内容和教学方法。此外，为了与家庭、当地社区和医疗、福利、保健服务的相关机构合作，从长远角度为幼儿提供教育支持，应努力编制和利用特殊教育支援计划，并准确掌握障碍幼儿的实际情况，为其编制和利用特殊教学计划。

2. 归国幼儿与日常生活用语有困难的幼儿适应幼儿园生活的情况

对于归国幼儿与日常生活所必需的日语有困难的幼儿，应根据每个幼儿的实际情况，有计划、有步骤地设计教学内容和方法，使他们能安心地发挥自己的才能。

六、幼儿园运营注意事项

1. 在各幼儿园中，以园长为核心，教职工应根据职责分工适当分担角色，同时相互配合，改进课程设置和教学方法。此外，考虑到课程的组织、实施和改进是幼儿园教育活动和管理的核心，各幼儿园进行的学校评估应与课程体系管理相挂钩。

2. 幼儿的生活是以家庭为基础逐步扩展的，所以幼儿园的活动要确保与家庭充分合作，保持与家庭和当地社区的连续性。在此过程中，应积极利用当地资源，如自然、人力资源，包括老人和不同年龄段的儿童、区域活动和公共设施等，努力给予幼儿丰富的生活体验。在与家庭的合作中，应考虑通过增加与家长交流的机会，设置家长与幼儿共同参加的活动等，来加深家长对幼儿教育的了解。

3. 根据本地区和幼儿园的实际情况，除其他幼儿园外，幼儿园应与保育所、认定幼儿园、小学、初中、高中和特殊支援学校之间建立联系和交流。特别是为了确保幼儿园教育与小学教育的顺利衔接，应积极为幼儿园幼儿和小学儿童提供交流的机会。此外，应提供与障碍儿童交流和共同学习的机会，培养他们在日常生活中相互尊重和合作的态度。

七、教育课程结束后相关教育活动

幼儿园应根据《学校教育法》规定的目的和目标以及本章第一节所示的幼儿园教育的本质，开展第三章所示的教育课程结束后的其他教育活动。此外，为了促进幼儿园目标的实现，应努力支持家庭和社区的幼儿教育，使幼儿的生活整体上得到丰富。

第二章　目标和内容

本章所指出的“目标”是指，从幼儿日常生活中捕捉到的，在幼儿园教育中要培养的素质和能力；而“内容”则是为实现目标而要教授的项目。各个领域是从幼儿成长的某个角度提出的，总结为如下几个领域，包括与身心健康相关的“健康”领域，与他人接触相关的“人际关系”领域，与身边环境相关的“环境”领域，与语言习得输出相关的“语言”领域，与感情表达相关的“表现”领域。实施策略是基于幼儿规律进行指导时的注意事项。

应该注意的是，每个领域的目标应该是相互关联，并通过整个幼儿园生活和各种经历的积累逐步实现的；内容则是通过对幼儿在具体环境中开展的具体活动进行指导完成的。

此外，基于“幼儿期结束后的理想状态”是儿童在幼儿园教育结束时的具体形象，而这个形象所具备的素质与能力是基于目标和内容设置的幼儿园活动所培养的，所以在进行指导时需要考虑到以上内容。在必要情况下，可以在每个领域所指出的目标基础上制定和增加适当的具体内容。但是需要注意，增减的内容应确保不偏离第一章第一节所指出的幼儿园教育的基本内容。

一、健康

培养儿童健康的身心和为自己营造健康、安全生活的能力。

（一）达成目标

1. 开朗活泼，生活充实。

2. 充分活动自己的身体，积极参加锻炼。

3. 养成健康和安全生活所需的习惯和态度，并有预见性地行动。

（二）领域内容

1. 与老师和朋友交往，行动伴有安全感。

2. 在各种游戏活动中充分地活动身体。

3. 愿意在户外玩耍。

4. 熟悉并喜欢各种活动。

5. 喜欢与老师和朋友一起用餐，对食物感兴趣。

6. 培养健康的生活节奏。

7. 让自己干净整洁，能够独立完成穿衣、吃饭和上厕所等日常生活活动。

8. 知道如何在幼儿园生活，可以整理自己的生活空间，并能有计划地采取行动。

9. 关注自己的健康，积极通过各种活动来预防疾病。

10. 了解危险的场所、危险的游戏和发生灾害时的应有行为等，在进行活动时能够注意安全。

（三）领域内容实施策略

1. 心理和身体健康密切相关，幼儿在与教师和其他幼儿的亲切接触中体验到自我存在感和成就感，促进了他们柔和的心理和柔韧的身体的长成。

2. 使幼儿在各种游戏活动中，根据自己的兴趣、关注点和能力，活动全身，体验运动的乐趣，并培养幼儿珍惜自己身体的心理。同时督促幼儿在体验各种运动的过程中调整自己的身体动作。

3. 考虑到幼儿在大自然中自由地活动游戏可促进身体各种机能的发展，教师应引导幼儿将兴趣和关注点转向户外。同时，操场的布局和操场设备的设计应考虑到幼儿的行动路线。

4. 为了培养幼儿健康的身心，必须通过饮食教育使幼儿形成理想的饮食习惯。考虑到幼儿实际的饮食情况，要为幼儿提供一个融洽的就餐氛围，让幼儿体验与老师和其他幼儿一起享受饮食的快乐和乐趣，培养对各种食物的兴趣。培养幼儿珍惜食物，积极尝试不同食物的习惯。

5. 在基本生活习惯的养成上，要考虑幼儿在家庭中的生活经验，培养幼儿的独立性。让幼儿在与其他幼儿交往中开展独立活动，同时帮助幼儿养成必要的生活习惯，并逐步使幼儿能够有预见性地开展活动。

6. 在安全教育方面，应培养儿童情绪的稳定性，通过游戏培养其安全意识，识别危险场所和危险物品，加深对安全的理解。让幼儿养成注意交通安全的习惯，并通过疏散演习，让幼儿在发生灾难或其他紧急情况时能够采取适当的行动。

二、人际关系

培养独立精神和与他人交往的能力，为其以后与他人友好相处以及相互扶持做准备。

（一）达成目标

1. 享受幼儿园生活，体验主动行动的满足感。

2. 熟悉周围的人，加深人际关系，享受通过智慧和合作共同活动的乐趣，培养亲近感和信任感。

3. 养成社会生活中所需的理想习惯和态度。

（二）领域内容

1. 体验与老师和朋友相处的快乐。

2. 自己思考和行动。

3. 自己能做的事情自己做。

4. 喜欢各种游戏，有完成任务的欲望。

5. 与朋友分享喜怒哀乐，同时积极与他们交流。

6. 分享自己的想法，能体会、觉察到别人的想法。

7. 意识到自己朋友的优秀品质，体验到合作的快乐。

8. 通过与朋友愉快地活动，找到共同的目标，发挥聪明才智，进行合作等。

9. 分辨好坏，能先思考再行动。

10. 增强与朋友的关系，为他人考虑。

11. 通过与朋友愉快地生活，意识到规则的重要性，并注意遵守规则。

12. 爱护操场上的公共设备和工具，与朋友一起使用、玩耍。

13. 和与自己生活密切相关的人，包括社区的老人和工作人员等其他成员保持密切关系。

（三）领域内容实施策略

1. 幼儿在与教师的信任关系支持下逐步确立自己的生活。为了让幼儿通过自己主动与周围环境发生关联体会各种情感，包括失败但不气馁地完成任务体验、培养成就感，通过以积极的心态靠自己的力量完成自己想做的事情体验充实感，教师应关注、尊重幼儿的行动，并适当地给予帮助。

2. 建立每个幼儿都得到重视的集体，培养幼儿与他人交往的能力。在集体生活中，幼儿通过展示自己得到教师和其他幼儿的认可，发现自己的优势和特点，能自信地展开活动。

3. 为了促进幼儿加深彼此之间的关系，进行合作游戏，教师应注意培养幼儿积极主动地活动的能力，同时让幼儿通过包括试错在内的人际关系体验，体会与其他幼儿一起展开活动的快乐和实现共同目标的乐趣。

4. 为了培养幼儿的品德，应注意让幼儿形成基本的生活习惯，在与其他幼儿的交往中意识到他人的存在，尊重他人。此外，通过熟悉大自然和身边的动植物，培养丰富的人文意识。需要注意的是，幼儿们对人的信任与同情心，是在经历并克服冲突与困难的过程中产生的。

5. 幼儿通过集体生活加深与他人的联系，培养规则意识。幼儿在对教师信赖的基础上展示自己，阐述并协调自己与他人的想法，意识到规则的重要性，形成调节自己感情的能力。

6. 与以老年人为首的社区中形形色色的人保持密切关系，向他人表达自己的感情与思想，体验与大家同乐、共鸣的经历。通过上述体验体会与人交往的快乐和助人为乐的喜悦。同时，通过日常生活，幼儿认识到父母、祖父母和其他家庭成员的爱，学会珍惜家人。

三、环境

让幼儿对周围各种环境产生好奇心，培养幼儿融入日常生活中的能力。

（一）达成目标

1. 熟悉周围的环境，通过与大自然的接触，培养对各种现象的兴趣。

2. 主动参与到身边的环境中，分享、思考自己的发现，并尝试将其融入日常生活中。

3. 通过观察、思考和处理熟悉的现象，丰富对事物属性、数量和特征的感觉。

（二）领域内容

1. 让幼儿在生活中与大自然接触，认识到大自然的广阔、美丽和神奇。

2. 在日常生活中，接触各种物体，对它们的特性和机制产生兴趣。

3. 认识自然和人类生活随季节的变化。

4. 对自然界熟悉的现象产生兴趣并将其纳入游戏中。

5. 亲近熟悉的动植物，认识生命的宝贵，爱护珍惜生命。

6. 在日常生活中，熟悉国家和当地各种文化及传统。

7. 珍惜身边的物品。

8. 对身边熟悉的物品和操场设备充满兴趣，通过比较和关联等方式进行思考和尝试，开发自己独特的游戏方式。

9. 对日常生活中的数量和形状有兴趣。

10. 对日常生活中的简单标志和字母有兴趣。

11. 对与日常生活密切相关的信息和设施有兴趣。

12. 在幼儿园内外的活动中熟悉国旗。

（三）领域内容实施策略

1. 幼儿在游戏中与周围环境互动，逐渐对周围世界产生好奇心，对周围事物的意义以及操作方法等产生兴趣，认识到事物的规律，并能独立思考。此外，孩子们通过接触其他幼儿的想法，体会到创造新想法的快乐和喜悦，会萌生改进自己想法的意愿，教师应该在重视上述过程的基础上注意促进幼儿这种意愿的形成。

2. 大自然在幼儿期的教育意义是巨大的，大自然的广阔、美丽与神奇使幼儿的心灵得到安放，可以培养他们丰富的情感、好奇心、思维和表达能力的基础。基于此，教师应努力加深幼儿与大自然的关系。

3. 通过针对熟悉的现象、动植物促进幼儿间进行交流和共鸣，培养幼儿自发与周边环境进行互动的意愿，同时通过各种方式的互动，培养幼儿对周边环境的亲切感、敬畏感，以及对生命的尊重和公益意识、探究精神。

4. 在熟悉文化和传统时，要让幼儿熟悉元旦、端午节等季节性传统活动、国歌、民谣、童谣和日本的传统游戏，让他们接触不同文化的活动。通过以上活动，培养幼儿的社会意识和初步的国际视野。

5. 在数量、文字等方面，重视幼儿自身在日常生活中的需求感，通过体验到的需求感，培养他们对数量、文字等的兴趣、关注和敏感度。

四、语言

培养儿童用语言表达自己所见所想的能力，让儿童养成听别人说话的意愿和态度，培养儿童的语感和语言表达能力。

（一）达成目标

1. 体验用语言表达自己感受的乐趣。

2. 认真倾听他人的话语和故事，谈论自己的经历和想法，体验与他人交流的乐趣。

3. 掌握日常生活所需的语言，熟悉图画书和故事，丰富自己的语感，与老师和朋友交流。

（二）领域内容

1. 对老师和朋友的语言和故事感兴趣，并能友好地倾听和谈论。

2. 用自己的语言表达所做、所见、所闻、所感和所想。

3. 用语言表达想做的事和希望别人做的事，并对不懂的地方提出问题。

4. 善于聆听，用别人能理解的方式说话。

5. 了解并使用日常生活用语。

6. 在日常生活中以友好的方式问候他人。

7. 在日常生活中认识到使用语言的快乐和语言自身的优美。

8. 通过各种体验丰富自己的想象力和语言。

9. 熟悉图画书和故事，有兴趣听故事，享受想象的乐趣。

10. 享受在日常生活中通过信件和其他形式交流的乐趣。

（三）领域内容实施策略

1. 语言是通过与熟悉的人接触，传达自己的感受和意图，并听到对方对这些感受和意图的反应而逐渐获得的。因此，要通过幼儿与教师和其他幼儿的互动，为其提供感动的经验，使他们体会到交流的快乐。

2. 幼儿能够用语言交流表达自己的想法和感受，并通过有兴趣地倾听教师和其他幼儿所说的话，逐步形成对所听内容的理解，进而能用语言相互交流。

3. 幼儿在欣赏图画书、故事等时，把内容与自己的经历联系起来，发挥想象力，感受书本的乐趣，逐渐养成丰富的想象力，培养语感。

4. 幼儿在日常生活中，通过接触语言的声音、节奏、新词和表达方式，在日常生活中使用它们并感受到乐趣。同时，接触图画书、故事和文字游戏也让幼儿的语言更加丰富。

5. 让幼儿在日常生活中体验到用文字交流思想和想法的快乐和喜悦，培养其对文字的兴趣。

五、表现

孩子们通过使用文字和其他材料，用自己的方式来表达所感所想，形成丰富的感性和表达能力以及创新能力。

（一）达成目标

1. 发展欣赏各种事物之美的丰富感性。

2. 享受用自己的方式表达感受和想法。

3. 丰富幼儿在日常生活中的想象力，并让其在各种表达方式中享受乐趣。

（二）领域内容

1. 发现和感受日常生活中的各种声音、形状、颜色、质地和动作，并享受这种感觉。

2. 在日常生活中体验美好的事物和感动的心情，丰富他们的想象力。

3. 交流对各种事物的感动，并享受这种交流。

4. 通过声音和动作表达感受和想法，享受自由绘画和创作的乐趣。

5. 熟悉各种材料，并以自己的方式将其运用到游戏中。

6. 熟悉音乐，享受唱歌和使用节奏简单的乐器的乐趣。

7. 喜欢画画和制作东西，在游戏中使用它们、装饰它们等。

8. 喜欢通过动作、语言和其他方式表达自己的想象力。

（三）领域内容实施策略

1. 幼儿通过与周边环境互动接触到美丽、优秀和激动人心的事物，针对这些事物与其他幼儿和教师分享从中获得印象、感受，并且在分享过程中幼儿通过各种方式表达出来，在这个过程中培养丰富的感受力。同时，幼儿也会认识到自然界中的声音、形状和颜色，如风声和雨声，以及周围花草树木的形状和颜色等。

2. 由于幼儿经常以简单的方式表达自己，教师应接受这种表达方式，并鼓励幼儿努力地表达自己，使他们在日常生活中感受到各种不同的表达方式。

3. 鼓励幼儿根据自己的生活经验和成长阶段，能够充分发挥自己的表达欲望，展示自己，享受各种表达方式。教师应努力提供游戏设备和工具，重视幼儿的表达过程，让幼儿熟悉各种材料和表达方法，同时也能够接触到其他幼儿的表达方式，让幼儿享受表达的乐趣。

第三章　教育课程结束后相关教育活动等注意事项

一，根据本地区的实际情况和家长及监护人的要求，对希望在课后参加教育活动的幼儿，除考虑其精神和身体负担外，还应考虑到以下几点。

1. 应考虑基于课程的活动，开展适合幼儿的活动。开展课后活动时，应与负责课内课程的教师进行密切沟通。

2. 在准备课后教育活动计划时，应考虑到幼儿在家中和当地社区的生活。与当地社区密切合作，充分利用社区的各种资源，给幼儿创造多样化的体验。

3. 确保与家庭密切合作。增加与家长及监护人交流沟通信息的机会，增强家长与幼儿园共同培养孩子的意识。

4. 结合本地区的实际情况、家长情况和幼儿的生活节奏进行灵活管理，如开展天数和延时时间等。

5. 在制定适当的责任和指导制度的基础上开展活动。

二，在幼儿园的运营中，应适当开放幼儿园部分设备设施，支持当地育儿事业。在考虑幼儿园的运营体制、相关机构的协作与合作的同时，应提供关于幼儿教育的咨询及相关信息、允许幼儿及其家长入园参观、提供家长之间互动的机会等服务。幼儿园和家庭应共同推动幼儿教育，争取成为当地幼儿教育的据点。在此过程中，应与心理学和保健学领域的专家，以及社区内有育儿经验的人建立协作关系，积极开展教育活动。

附录六 《幼保一体型认定幼儿园教育与保育要领解说》(部分内容)

——婴幼儿期特征及幼保一体型认定幼儿园教育保育的作用

本章所示的“目标”是将第一章 1（2）中的保育目标更加具体化，从幼儿的日常生活姿态中捕捉到希望通过保育培养的资质和能力，以便幼儿在保育所中能够有安定的生活和充实的活动。另外，保育的“内容”是为了达成保育“目标”而进行的活动，包括保育员根据幼儿的生活及其实际状况进行的保育实践，也包括保育员积极帮助幼儿与周围环境产生关联的指导。

日本的幼儿保育含有“养护”与“教育”双重含义，“养护”是指为了保护幼儿的生命、照顾幼儿的情感等保育员所开展的活动，“教育”是指为了让幼儿茁壮成长、让他们的活动更丰富而开展的援助活动。在本章中，为了便于保育员更具体地把握“目标”与“内容”，主要围绕“教育”展开。但需要注意的是，在实际的保育工作中，“保育”与“教育”通常是同时开展的。

第一节 1 岁以下幼儿的保育目标与内容

一、基本事项

1. 0—1 岁的幼儿在发育上具有以下特点：首先，视觉、听觉等感觉器官变得敏锐；其次，坐、爬、行等运动能力也迅速发展；再次，通过和固定的大人交流形成情感上的依赖关系。基于以上特点，1 岁以下的幼儿保育中，给予幼儿充分的爱护、积极正面的回应是非常重要的。

2. 基于 1 岁以下幼儿的发展特点，在本项中通过以下三个视角对幼儿保育的目标与内容进行总结，即身体发展视角“茁壮自由地成长”、社会发展视角“与身边的人互相理解”、精神发展视角“关注身边事物，培养感性”。

3. 需要注意的是，本项中所指出的保育内容，与第一章（2）中提到的“保护生命”“照顾情绪”等保育工作是同时开展的。

二、目标与内容

（一）茁壮自由地成长

培养健康的身心，发展幼儿独立自主地构建健康安全生活基础的能力。

1. 目标

（1）培养敏锐的感官，在舒适的环境中能感受到身心愉悦。

（2）充分运动，有爬、走等欲望。

（3）养成良好的饮食、睡眠习惯。

2. 内容

（1）在保育员的关爱包容下，身心都得到满足，生活愉快舒适。

（2）根据每一个幼儿的发育情况，确保幼儿充分地活动身体，如爬行、站立、行走等。

（3）在奶粉喂养、断奶过程中，根据幼儿个体情况，让幼儿适应各种食物、享受食物。

（4）根据幼儿个体的生活节奏，让幼儿在感到安全的环境中进行午睡。

（5）通过换尿不湿、脱换衣服等，让幼儿体会到保持清洁的愉快。

3. 内容实施中的注意事项

在上述内容的具体实施中，需要注意以下事项：

（1）鉴于身心健康是紧密相关的，所以要在亲密接触中促进幼儿身心协调发展。根据幼儿的发育程度，在游戏中保障幼儿活动的机会，培养幼儿主动活动的意愿，特别是翻身、坐起、爬行、扶物站立、扶物行走等。

（2）鉴于良好的饮食习惯在培养幼儿健康身心方面的重要性，在辅食快要结束阶段，应让幼儿适应各种不同的食物，同时让幼儿体会在轻松愉快的氛围中品尝食物的喜悦，继而培养幼儿积极进食的意愿。此外，对于有食物过敏症状的幼儿，应在医生的指导与协助下采取适当措施。

（二）与身边的人互相理解

在宽容的、有回应的活动中，培养幼儿向别人传达自己想法的意愿以及与身边人的信赖关系，建立与他人交往的基础。

1. 目标

（1）感受在安全的关系中与亲近的人共度时光的快乐。

（2）尝试通过肢体动作、面部表情、发声等与保育员进行交流。

（3）与身边的人亲近、加深关系、产生情感且互相信赖。

2. 内容

(1) 对幼儿的需求给予相应的回应或者语言应答，让幼儿的需求得到满足，让幼儿有安全感。

(2) 幼儿的肢体动作、面部表情、发声、牙牙学语等都被宽容地对待，享受与保育员沟通的过程。

(3) 在生活与游戏中，注意到自己身边的人的存在，表现出亲近感。

(4) 通过保育员的语言、歌曲、对发声以及牙牙学语的回应等，培养幼儿理解语言的能力以及说话的意愿。

(5) 通过保育员亲切且宽容的接触，培养幼儿的自信。

3. 内容实施中的注意事项

在上述内容的具体实施中，需要注意以下事项：

(1) 考虑到与保育员建立的信赖关系是幼儿建立人际关系的基础，保育员应照顾到幼儿的多样性，怀着亲切宽容的心积极地与幼儿接触，为每个幼儿提供符合其特点的帮助。

(2) 幼儿一般与身边的人亲近，表达自己的情感，同时通过听辨对方的回应而积累自己的语言。考虑到这一点，保育员应该重视构建融洽的气氛，重视与幼儿的接触机会，放慢语速，亲切地与幼儿对话，让幼儿享受对话的过程。

(三) 关注身边事物，培养感性

让幼儿对身边的环境产生兴趣与好奇心，通过表达所感、所思锻炼幼儿的表达能力。

1. 目标

(1) 幼儿亲近身边的事物，对各种事物感兴趣。

(2) 通过观察、触碰、探索等行为主动接触身边环境。

(3) 身体感官敏锐，通过面部表情、手脚四肢、身体动作等表达自己。

2. 内容

(1) 对周边生活用品、玩具、绘本等有兴趣与好奇心。

(2) 通过日常生活与游戏接触各种事物，感受事物的声音、形状、颜色、触感等，丰富幼儿的感性。

（3）与保育员一起观察各种颜色与形状的事物、阅读绘本。

（4）通过捏、抓、敲打、拽等动作，用手玩耍身边的玩具和物品。

（5）能开心地回应保育员的哄逗，并随着歌曲和节奏活动手、脚和身体其他部位。

3. 内容实施中的注意事项

在上述内容的具体实施中，需要注意以下事项：

（1）根据幼儿的发育状态选择音质、形状、颜色、大小合适的玩具，并根据不同阶段幼儿的兴趣爱好，通过适当的游戏锻炼幼儿的感官。要注意检查幼儿周围的物品，为幼儿营造一个可以自由探索的安全环境。

（2）0 至 1 岁幼儿常通过面部表情、声音、身体动作来表达自己的感情。保育员要积极地理解幼儿，满足他们的表达欲望，让幼儿通过各种活动培养丰富的表达能力。

三、实施保育中的注意事项

1. 0 至 1 岁幼儿对疾病的抵抗力较低，身心都还不成熟，所以比较容易生病。鉴于这一特点，保育员要根据每个幼儿的发育状态以及健康状态进行适当判断和应对。

2. 留意每个幼儿的成长经历，恰当地满足每个幼儿的需求，同时争取做到固定的保育员给予幼儿积极回应。

3. 保育员之间以及保育员与医生之间进行信息共享，在第三章所提出事项的基础上适当应对。如果学校配有营养师和护士，要充分利用专业知识积极应对。

4. 与家长建立信赖关系，同时积极地接受家长咨询，给予家长相应的支援。

5. 若发生中途更换保育员的情况，需要特别留意幼儿的成长经历和发育情况，做到保育员之间共享信息。

第二节 1—3 岁幼儿的保育目标与内容

一、基本事项

1. 在这个阶段，幼儿从开始会走发展到行走、跑、跳等，已具备基本的运动能力，同时控制排泄的身体机能也逐步完善。捏东西、翻页等手指的功能逐步发达，可以在保育员的帮助下自己完成吃饭、穿脱衣服等动作。发声变得清晰，词汇量也逐步增加，可以用语言表达自己的思想与需求。这个时期幼儿自己能做的事情增多，因此保育员等相关人员应在确保幼儿生活稳定的基础上，尊重幼儿自己做事情的意愿，做好观察与守护，同时友爱地给予幼儿积极的回应。

2. 在本节中，基于 1—3 岁幼儿的发育特点，将保育的“目标”与“内容”总结为以下五点，即与身心健康有关的“健康”、与人交际有关的“人际关系”、与身边环境关系有关的“环境”、与语言获得有关的“语言”，以及与感性和表达有关的“表现”等。

3. 需要注意的是，本项中所指出的保育内容，与第一章（2）中提到的“保护生命”“照顾情绪”等保育工作是同时开展的。

二、目标与内容

（一）健康

培养健康的身心，发展独立自主地构建健康安全生活的能力。

1. 目标

（1）开心自在地生活，积极享受活动身体的乐趣。

（2）活动身体并尝试各种运动。

（3）认识健康安全生活所需的生活习惯，并尝试按照习惯生活。

2. 内容

（1）在保育员的关爱下，形成安定的生活。

（2）在保育设施中形成一定的生活习惯，如吃饭、午睡、玩耍、休息等。

（3）享受跑、跳、攀登、推、拉等活动全身的游戏活动。

（4）熟悉各种食物以及烹饪方法，在轻松愉快的氛围中享受美食（正餐与加餐）。

（5）体会到保持清洁的快乐，并逐步养成这一习惯。

（6）在保育员的帮助下，努力自己穿脱衣服。

（7）能够自己使用便器如厕。

3. 内容实施的注意事项

在上述内容的具体实施中，需要注意以下事项：

（1）身体与心理的健康是密切相关的，因此应充分考虑幼儿的情绪，给予幼儿充分的关爱，促进幼儿的身心发展。特别是应根据每个幼儿的发育情况，保障其锻炼机会，培养幼儿积极活动身体的意愿。

（2）鉴于良好的饮食习惯在培养幼儿健康身心方面的重要性，应让幼儿体会在轻松愉快的氛围中品尝食物的喜悦，继而培养幼儿积极进食的意愿。此外，对于有食物过敏症状的幼儿，应在医生的指导与协助下采取适当措施。

（3）在如厕习惯方面，应考虑到孩子的排尿间隔时间等，如果未排在尿不湿上，这时应锻炼幼儿使用便器。

（4）在平和的氛围中，根据每个幼儿的状态，锻炼幼儿饮食、如厕、睡眠、穿脱衣物、个人卫生清洁等生活基本能力，尊重幼儿自己完成以上事情的意愿。另外在养成以上基本生活习惯的过程中，还需考虑到幼儿的家庭生活经历，并与幼儿的家庭进行适当协作。

（二）人际关系

培养幼儿的独立精神、与他人相处的能力，让幼儿能够与人友好相处、互相帮助。

1. 目标

（1）享受利用保育设施生活，与身边的人交流有舒适感。

（2）对身边的幼儿产生兴趣，主动进行交流。

（3）习惯保育设施的生活方式，意识到纪律的重要性。

2. 内容

（1）与保育员以及其他幼儿关系稳定，对于集体生活感到舒适。

（2）保育员应宽容接纳、积极回应，让幼儿的需求得到满足，让幼儿有安全感。

(3) 认识到周围形形色色的人，逐步与其他幼儿互动，一起玩耍。

(4) 通过保育员的帮助，学会与其他幼儿交往。

(5) 习惯保育设施的生活方式，认识到纪律的存在及其重要性。

(6) 在生活与游戏过程中，模仿年长幼儿与保育员，习惯玩过家家游戏。

3. 内容实施的注意事项

在上述内容的具体实施中，需要注意以下事项：

(1) 幼儿在与保育员建立信赖关系的支撑下创建自己的生活。鉴于这个时期幼儿独立完成一些事情的心愿逐渐变强，保育员应尊重幼儿的意愿，在做好观察与守护的同时，友爱地给予回应及适当帮助。

(2) 幼儿在事情不按自己的意愿发展时会有情绪不稳定的现象，这时保育员应宽容耐心地帮助幼儿缓解这种情绪，同时帮助幼儿学会控制自己的情绪。

(3) 在这个时期，幼儿对于自我与他人的认识还不充分，保育员应对幼儿自我意识的发展进行观察与保护，同时向幼儿传达其他幼儿的想法以及与其他幼儿的交往方式，帮助幼儿认识到向他人表达自己心情以及理解对方心情的重要性。

（三）环境

对周围的环境充满好奇心与探索心，并将其融入自己的生活中。

1. 目标

(1) 在接触、熟悉周围环境的过程中，对各种事物产生兴趣。

(2) 在参与各种活动中享受发现的过程，积极思考问题。

(3) 通过看、听、触碰等体验，让感官变得敏锐。

2. 内容

(1) 通过在安全且适宜的环境中探索活动，培养幼儿看、听、触碰、闻、尝等感官的敏锐性。

(2) 对玩具、绘本、游乐设施感兴趣，并享受利用它们玩耍的乐趣。

(3) 通过与周围物体的接触，注意到物体的形状、颜色、大小、数量等。

(4) 培养环境意识，能够区分自己与他人的物品，能够辨别场所。

(5) 注意到周围的动植物，并产生亲近感。

(6) 对邻里生活以及季节性节日等感兴趣。

3. 内容实施的注意事项

在上述内容的具体实施中，需要注意以下事项：

(1) 根据幼儿的发育状态选择音质、形状、颜色、大小合适的玩具，通过适当的游戏锻炼幼儿的感官。

(2) 与身边动植物接触可以让幼儿感受生命、意识到生命的珍贵，所以保育员应引导幼儿与动植物接触。

(3) 通过接触当地生活与季节性节日，让幼儿意识到这些活动与本地的关联以及当地传统文化。通过保育活动以及与当地居民接触实现此目的。

(四) 语言

让幼儿形成用自己的语言表达自己所做、所感的能力，养成聆听对方语言的意愿与态度，培养幼儿的语言敏感度与表达能力。

1. 目标

(1) 感受使用语言以及用语言表达的乐趣。

(2) 聆听他人的语言，感知意图，表达自己的想法。

(3) 熟悉绘本、故事等，通过语言交流能与身边的人沟通。

2. 内容

(1) 通过保育员的积极回应与语言对话，让幼儿产生使用语言的意愿。

(2) 认识并听懂简单的日常生活用语。

(3) 友好地回应日常问候。

(4) 欣赏绘本以及图画故事表演，通过重复、模仿简单的语言进行游戏。

(5) 通过与保育员进行过家家游戏，享受语言交流的乐趣。

(6) 通过保育员的帮助，在生活与游戏中与其他幼儿进行语言交流。

(7) 对保育员与其他幼儿的语言有兴趣，积极地聆听或者交谈。

3. 内容实施的注意事项

在上述内容的具体实施中，需要注意以下事项：

(1) 幼儿一般与身边的人亲近，表达自己的情感，同时通过听辨对方的回应而积累自己的语言。考虑到这一点，保育员应为幼儿构建轻松愉快的对话环境。

(2) 幼儿用语言表达自己想法的同时，通过聆听其他幼儿的语言，逐步养成理解语言、使用语言交流的能力，因此保育员应在幼儿之间起到协调作用，帮助幼儿顺利地将自己的想法与经历转化为语言。

(3) 这个时期，幼儿从只言片语发展到可以输出短语、进行过家家游戏的沟通等，是语言功能发展较快的时期。因此，保育员应根据各个幼儿的发育情况，通过安排合宜的游戏等进行妥当的保育。

(五) 表现

通过用自己的语言表达自己的所见、所感，培养幼儿丰富的感受力和表达能力，丰富他们的创造力。

1. 目标

(1) 丰富身体的感官体验，体会各种各样的感觉。

(2) 有通过用自己的语言表达自己的所见所感的意愿。

(3) 通过生活与游戏中的各种经历，丰富幼儿的想象力，提高其敏感度。

2. 内容

(1) 接触并观察水、沙石、土、纸张、橡皮泥等各种材料。

(2) 享受音乐、节奏，随着音乐与节奏进行舞蹈等。

(3) 感知、认识并欣赏生活中的各种声音、形状、颜色、触感、变化、味道、气味等。

(4) 愉快地进行唱歌、手指游戏、各种运动等。

(5) 通过保育员的语言描绘以及生活与游戏中发生的事情，丰富幼儿的想象力。

(6) 在生活与游戏中，用自己的语言描述自己感兴趣的事情以及所经历的事情。

3. 内容实施的注意事项

在上述内容的具体实施中，需要注意以下事项：

(1) 幼儿的表达是在游戏与日常生活中体现出来的，保育员要包容地接受幼儿的表达，让这些表达成为丰富幼儿表达方式、锻炼幼儿感性的经历。

(2) 让幼儿在试错过程中体会到不同的表达方式，体会通过自己的力量完成任务的充实感。在此过程中，保育员要作为“保护者”，在适当的时候给予幼儿恰当的帮助。

(3) 在此时期，幼儿通过各种表达认知自己的心情与情感，因此保育员要注意让幼儿在宽容的环境中自信地表达自己、体会坚持不懈实现目标的成就感等。

(4) 完善保育环境，为幼儿提供可以锻炼各种感官的游戏与素材，让幼儿在接触大自然和周围事物的过程中有所发现并获得心灵感动。

三、实施保育中的注意事项

1. 本阶段幼儿容易感染疾病，保育员应注意观察幼儿身体状态、情绪、食欲等，根据状况进行恰当的判断并采取适当的应对方法。

2. 在预防事故发生的前提下，构建幼儿可以进行自由探索的游戏环境，同时设计让幼儿实现全身运动的游戏。

3. 本阶段中幼儿开始形成自我意识，认识到自己的感情与心情。保育员要在照顾幼儿情绪的同时，尊重并促进幼儿的自主活动。

4. 若发生更换保育员的情况，需要特别留意幼儿的成长经历和发育情况，保育员之间形成协作关系。

参考文献

一、中文文献

(一) 专著类

[1] 仓桥物（惣）三. 幼儿园真谛 [M]. 李季湄，译. 上海：华东师范大学出版社，2014.

[2] 仓桥物（惣）三. 保育的灵魂 [M]. 李季湄，译. 上海：华东师范大学出版社，2014.

[3] 陈幸军. 幼儿教育学 [M]. 北京：人民教育出版社，2003.

[4] 陈帼眉，刘焱. 学前教育新论 [M]. 北京：北京师范大学出版社，1996.

[5] 陈宝堂. 日本教育的历史与现状 [M]. 北京：中国科学技术大学出版社，2004.

[6] 辞海编辑委员会. 辞海 [K]. 上海：上海辞书出版社，1990.

[7] 大宫勇雄. 提高幼儿教育质量 [M]. 李季湄，译. 上海：华东师范大学出版社，2014.

[8] 杜成宪，单中惠. 幼儿教育思想史 [M]. 北京：人民教育出版社，2008.

[9] 冯晓霞. 幼儿教育 [M]. 长春：吉林教育出版社，2000.

[10] 高杉自子. 幼儿教育的原点 [M]. 王小英，译. 上海：华东师范大学

出版社，2014.

[11] 冈本定男．日本儿童教育之路［M］．郜宝文，译．天津：天津人民出版社，2010.

[12] 国家教委情报研究室．今日日本教育改革［M］．北京：北京工业大学出版社，1988.

[13] 梁忠义．日本教育［M］//顾明远，主编．世界教育大系．长春：吉林教育出版社，2000.

[14] 霍力岩，等．美、英、日、印四国学前教育体制的比较研究（上）［M］．北京：北京师范大学出版社，2011.

[15] 霍力岩，等．美、英、日、印四国学前教育体制的比较研究（下）［M］．北京：北京师范大学出版社，2011.

[16] 津守真．幼儿工作者的视野［M］．李季湄，译．上海：华东师范大学出版社，2014.

[17] 崛尾辉久．当代日本教育思想［M］．王智新，译．太原：山西教育出版社，1993.

[18] 李永连．日本学前教育［M］．北京：人民教育出版社，1991.

[19] 李永连．当代日本幼儿教育［M］．北京：人民教育出版社，2001.

[20] 国家教委情报研究室，编．日本教育法规选编［M］．李永连，张友栋，等，译．北京：教育科学出版社，1987.

[21] 梁忠义．战后日本教育研究［M］．南昌：江西教育出版社，1993.

[22] 梁忠义．日本教育文集［M］．长春：东北师范大学出版社，2001.

[23] 梁忠义．日本教育［M］．长春：吉林教育出版社，2000.

[24] 铃木镇一．早期教育与能力培养［M］．刘孟州，张锁柱，译．石家庄：河北人民出版社，1998.

[25] 木村久一．早期教育和天才［M］．河北大学日研所，译．石家庄：河北人民出版社，1998.

[26] 刘晓东，卢乐珍．学前教育学［M］．南京：江苏教育出版社，2009.

[27] 瞿葆奎，主编．钟启泉，选编．日本教育改革［M］．北京：人民教育

出版社，1991.
[28] 单中惠，刘传德. 外国幼儿教育史 [M]. 上海：上海教育出版社，1997.
[29] 石井透. 日本战后教育的回顾与反思 [M]. 王符，于兵，译. 广州：暨南大学出版社，1991.
[30] 水原克敏. 现代日本教育课程改革 [M]. 方明生，译. 北京：教育科学出版社，2005.
[31] 唐淑，钟昭华. 中国学前教育史 [M]. 2 版. 北京：人民教育出版社，1993.
[32] 滕大春. 外国教育通史 1—6 卷 [M]. 济南：山东教育出版社，1990.
[33] 滕大春. 外国教育史和外国教育 [M]. 保定：河北大学出版社，1998.
[34] 王智新，潘立. 日本基础教育 [M]. 广州：广东教育出版社，2004.
[35] 王智新. 日本城市教育制度 [M]. 上海：上海远东出版社，1997.
[36] 王桂. 日本教育史 [M]. 长春：吉林教育出版社，1987.
[37] 武文军. 古今日本新解读 [M]. 兰州：兰州大学出版社，2004.
[38] 杨晓. 中日近代教育关系史 [M]. 北京：人民教育出版社，2004.
[39] 友田滕正. 日本教育社会学 [M]. 于仁兰，译. 北京：春秋出版社，1989.
[40] 于洪波. 日本教育的文化透视 [M]. 保定：河北大学出版社，2003.
[41] 吴延璆. 日本史 [M]. 天津：南开大学出版社，1994.
[42] 中国社会科学院语言研究所词典编辑室，编. 现代汉语词典 [K]. 7 版. 北京：商务印书馆，2016.
[43] 徐征. 寻求超越：战后日本学力论争 [M]. 上海：上海社会科学院出版社，2008.
[44] 臧佩红. 日本近现代教育史 [M]. 北京：世界知识出版社，2010.
[45] 周念丽. 学前融合教育的比较与实证研究 [M]. 上海：华东师范大学出版社，2008.
[46] 祝士媛，唐淑. 幼儿教育百科辞典 [K]. 上海：上海教育出版

社，1989.

［47］朱永新，王智新. 当代日本道德教育［M］. 太原：山西教育出版社，1993.

［48］朱永新，王智新. 当代日本教育概况［M］. 太原：山西教育出版社，1993.

（二）论文类

［1］董梅. 日本学前教育对我国学前儿童社会教育的启示［J］. 徐州师范大学学报（教育科学版），2012，3（4）：66-68.

［2］段秋雨，魏秋雨，马金晶. 日本《特别支援学校幼稚部教育指导要领》特点及启示［J］. 现代特殊教育，2023（13）：75-79.

［3］郭晓倩. 日本学前儿童体育教育发展现状及实践启示［C］//中国教育发展战略学会教育教学创新专业委员会. 2019全国教育教学创新与发展高端论坛会议论文集（卷十二）. 中国教育发展战略学会教育教学创新专业委员会，2019：78-80.

［4］关松林. 杜威教育思想在日本的发展［J］. 教育研究，2011，32（1）：96-100＋105.

［5］胡洪强，索长清，陈旭远. 日本“幼保一体化”的发展及其启示［J］. 基础教育，2015，12（6）：102-108.

［6］蒋冰清，杨柳，李瑞娟. 日本学前教育师资队伍的培养及其对我国的启示［J］. 湖南人文科技学院学报，2020，37（4）：104-107.

［7］金熳然，柳海民. 日本《幼儿园教育要领》修订案的新动向［J］. 外国教育研究，2019，46（1）：78-91.

［8］李季湄. 从日本幼儿园教育大纲的修订看日本幼教的发展趋势［J］. 学前教育研究，2000（5）：69-72.

［9］李冬梅. 日本幼儿教育新趋势——基于新一期《幼儿园教育要领》的分析［N］. 中国教师报，2020-07-15（3）.

［10］李文英，唐钰滢. 幼儿教师角色意识与专业发展——仓桥惣三的幼儿教

师观及启示［J］．外国中小学教育，2016（6）：43-47.

［11］林钢．日本的幼儿园教育要领［J］．外国中小学教育，1993（5）：30-31.

［12］刘煜．和而不同：日本幼小衔接的历史路径与思想［J］．外国教育研究，2020，47（6）：67-79.

［13］罗向东．幼儿劳动教育的日本范式与启示［J］．内蒙古师范大学学报（教育科学版），2022，35（4）：29-36.

［14］裴培．幼儿园教师虐童问题治理路径探析——以日本经验为借鉴［J］．陕西学前师范学院学报，2020，36（4）：99-104.

［15］秦东兴．日本学力观的变迁对幼儿教育改革的影响研究［J］．外国教育研究，2023，50（6）：17-34.

［16］任丹萍．日本《幼儿园教育要领》（2017 版）指导下的日本幼小衔接策略研究［D］．长春：长春师范大学，2022.

［17］孙雪荧，李玲．日本学前教育免费制度：背景、架构与问题［J］．外国教育研究，2021，48（7）：101-111.

［18］山崎高哉，樊秀丽，杨奕．日本学前教育的新构想［J］．学前教育研究，2012（8）：19-29.

［19］施桂红，冯江英．日本幼儿食育的发展历程、实施特点和经验启示［J］．食品与机械，2022，38（12）：169-175.

［20］唐钰滢，郑越，张蒙蒙．新教育背景下日本保育实践及其当代教育价值［J］．文教资料，2022（2）：81-84.

［21］唐钰滢，郑越．日本大正儿童文化文艺教育的觉醒［J］．文学教育（上），2020（7）：142-143.

［22］唐钰滢，王校羽，何振海．仓桥惣三与杜威生活教育思想比较及其现实意义［J］．教育评论，2017（2）：148-151.

［23］唐钰滢，刘文静．日本幼儿园的潜在课程及其启示［J］．河北大学学报（哲学社会科学版），2016，41（2）：48-52.

［24］唐钰滢．仓桥惣三幼儿教育思想研究［D］．保定：河北大学，2017.

［25］田甜．日本幼小衔接课程建设及其启示［J］．教学与管理，2023（8）：72-76．

［26］王幡，刘在良．论日本学前教育经验与教训对我国学前教育立法的借鉴意义［J］．大连大学学报，2020，41（4）：119-124＋131．

［27］王幡，刘在良．20 世纪 80 年代末以来日本幼儿园课程标准的历史演进［J］．外国教育研究，2021，48（7）：87-100．

［28］王幡，刘在良．论日本幼儿园教育内容之演变历程［J］．外国教育研究，2018，45（8）：114-126．

［29］王幡，刘在良．日本学前教育保障幼儿游戏权利探索［J］．陕西师范大学学报（哲学社会科学版），2019，48（3）：141-148．

［30］王幡，刘在良．20 世纪末以来日本"幼小衔接"课程演进研究［J］．外国教育研究，2023，50（6）：3-16．

［31］王幡．论日本学前教育中的"五个领域"［J］．外国教育研究，2014（1）：84-92．

［32］王幡，刘在良．"少子化"社会背景下日本学前教育政策研究［J］．大连大学学报，2017，38（2）：124-133．

［33］王国华．日本女性劳动就业支持政策及影响分析［J］．长春大学学报，2017，27（9）：17-21．

［34］王贤德，唐汉卫．日本"生存力"教育及其省思［J］．比较教育研究，2018，40（3）：12-17＋97．

［35］王小英．日本幼儿教育今后发展的方向：整合性与连续性［J］．外国教育研究，2007（2）：48-51．

［36］王小英，刘思源．日本 2018 年实施的《幼儿园教育纲要》述评——基于日本《幼儿园教育纲要》五次修订的视角［J］．外国教育研究，2018，45（8）：105-113．

［37］王雅婧，王任梅．日本学前课程改革的特点及思考［J］．江苏教育研究，2019（Z4）：3-8．

［38］翁琳，赵秀丽，马早明．家长幼儿入学准备观念的差异——基于中美日

三国幼儿家长的实证比较［J］．教育学术月刊，2021（1）：57-63.
［39］吴桐．日本新修订《幼儿园教育要领》述评——基于教育政策分析理论视角［J］．现代教育科学，2019（12）：151-156.
［40］向海英．幼儿园课程创生的资源开发与利用策略［J］．学前教育研究，2013（10）：55-58.
［41］叶平枝．日本学前教育的特点及启示——基于对东京七所幼儿园的分析和思考［J］．教育导刊（下半月），2018（9）：5-8.
［42］于冬青，李红岩．日本“认定儿童园”制度探析［J］．教育科学，2014，30（5）：87-91.
［43］于洁，孙百才．学前教育供给侧结构特征与策略研究——日本“家园共育”的经验与启示［J］．教育学术月刊，2022（12）：48-56.
［44］张福平，刘兴凯，王凯．日本学前支援教育的措施及其对我国的启示［J］．教育探索，2019（5）：121-125.
［45］张挺．“保教一体”的立法表达——以日本战后学前教育法制史为鉴［J］．湖南师范大学教育科学学报，2019，18（3）：63-68＋75.
［46］张德伟．日本幼保一元化改革与“认定儿童园”制度的确立和实施［J］．外国教育研究，2012，39（2）：3-14.
［47］张德伟．分离式教育与统合式教育——日本特殊教育的两种形态［J］．日本问题研究，2001（4）：45-49.
［48］张艳辉．高等学校在终身教育与学习化社会中的作用［J］．西南交通大学学报（社会科学版），2004（4）：99-103.
［49］张燕．日本幼儿教育的特色及其启示［J］．教育科学，2003（2）：62-64.
［50］张月，姜露，吕小耘，等．日本幼儿食育活动的价值与思考［J］．宁波教育学院学报，2020，22（1）：110-113＋126.
［51］赵乐飞．基于儿童发展教育理念的幼儿园活动空间设计研究［D］．杭州：浙江大学，2020.
［52］郑鑫鑫，李爱秋．日本幼儿食育文化及幼儿园食育实践的启示［J］．辽

宁教育，2019（22）：89-91.

［53］周菁菁，罗小琴. 21世纪日本幼儿教育振兴改革探析——培养孩子成才的“生存力”［J］. 外国教育研究，2020，47（11）：117-128.

（三）电子文献类

［1］教育部关于《中华人民共和国学前教育法草案（征求意见稿）》公开征求意见的公告［EB/OL］.（2020-09-07）［2023-10-15］. https://www.gov.cn/xinwen/2020—09/07/content_5541349.htm.

［2］教育部关于大力推进幼儿园与小学科学衔接的指导意见［EB/OL］.（2021-03-31）［2023-10-15］. http://www.moe.gov.cn/srcsite/A06/s3327/202104/t20210408_525137.html.

［3］解读《幼儿园保育教育质量评估指南》［EB/OL］.（2022-02-15）［2023-10-15］. http://www.moe.gov.cn/jyb_xwfb/moe_2082/2022/2022_zl05/.

［4］教育部基础教育司负责人就《“十四五”学前教育发展提升行动计划》答记者问［EB/OL］.（2021-12-16）［2023-10-15］. http://www.moe.gov.cn/jyb_xwfb/s271/202112/t20211216_587725.html.

［5］政府工作报告——2021年3月5日在第十三届全国人民代表大会第四次会议上［EB/OL］.（2021-03-05）［2023-10-15］. https://www.gov.cn/zhuanti/2021qglh/2021zfgzbgdzs/img/2021e—book.pdf.

［6］习近平在全国教育大会上发表重要讲话［EB/OL］.（2018-09-10）［2023-10-15］. https://www.xuexi.cn/436d89821872601db191f2000c2117e5/e43e220633a65f9b6d8b53712cba9caa.html.

［7］中共中央　国务院关于学前教育深化改革规范发展的若干意见［EB/OL］.（2018-11-15）［2023-10-15］. https://www.gov.cn/zhengce/2018—11/15/content_5340776.htm.

［8］中共中央　国务院印发《中国教育现代化2035》［EB/OL］.（2019-02-23）［2023-10-15］. http://www.xinhuanet.com/politics/2019—02/23/c_1124154392.htm.

[9] 决胜全面建成小康社会 夺取新时代中国特色社会主义伟大胜利——在中国共产党第十九次全国代表大会上的报告［EB/OL］.（2017-10-27）［2023-10-15］. https://www.gov.cn/zhuanti/2017-10/27/content_5234876.htm.

[10] 奕阳教育. 学前教育立法特刊［EB/OL］.（2023-06-05）［2023-10-15］. https://mp.weixin.qq.com/s/8On468VroqGNQNJaAo5pmA.

[11] 倍乐生. 集团概要［EB/OL］.［2023-10-15］. https://www.benesse.com.cn.

二、日文文献

(一) 专著类

[1] 北野幸子. 保育の計画と評価［M］. 京都：北大路書房，2021.

[2] 長谷川良信. 社会政策大系第 8 巻［M］. 東京：日本図書センター，2002.

[3] 寺崎昌男. 战后教育改革构想［M］. 東京：日本図書センター，2001.

[4] 大日本学術協会. 日本現代教育学大系第 10 巻［M］. 東京：日本図書センター，1989.

[5] 岡田正章. 大正・昭和保育文集第 1-13 巻［M］. 東京：日本らいぶらり，1978.

[6] 海後宗臣，など. 教育学事典 5［K］. 東京：平凡社，1954.

[7] 荒井洌. 倉橋惣三——保育へのロマン［M］. 東京：フレーベル館，2011.

[8] 荒井洌，小田豊，森上史朗. 倉橋惣三と現代保育［M］. 東京：フレーベル館，2008.

[9] 加藤繁美. 保育・幼児教育の戦後改革［M］. 東京：ひとなる書房，2021.

[10] 教育制度研究会. 要説教育制度 [M]. 2 版. 東京：学術図書出版社，2008.

[11] 教育問題研究会. 教育問題研究 [M]. 東京：龍渓書舎，1989.

[12] 津守真. 保育の一日 [M]. 東京：フレーベル館，1989.

[13] 津守真，森上史朗. 子どもに生きた人〈上〉〈下〉[M]. 東京：フレーベル館，2008.

[14] 津守真. 儿童学入门 [M]. 東京：フレーベル館，1979.

[15] 瀧川光治. 日本における幼児期の科学教育史・絵本史研究 [M]. 東京：風間書房，2006.

[16] 米谷光弘，小田豊. 幼児教育法教育課程論 [M]. 東京：三晃書房，1994.

[17] 米谷光弘. 健康＜理論＞ [M]. 東京：三晃書房，1990.

[18] 米谷光弘. 健康＜実技＞ [M]. 東京：三晃書房，1990.

[19] 米谷光弘. 体育あそび [M]. 東京：ひかりのくに株式会社，1989.

[20] 米谷光弘. サーキットあそび [M]. 東京：黎明書房，1987.

[21] NPO 日本標準教育研究所. 今すぐできる幼・保・小連携ハンドブック——「小１ ギャップ」の克服を地域で支える [M]. 東京：日本標準，2009.

[22] 全国保育団体連絡会，保育研究所，編. 保育白書 2018 年版 [M]. 東京：草土文化，2017.

[23] 諏訪義英. 日本の幼児教育思想と倉橋惣三 [M]. 東京：新読書社，2007.

[24] 日本教育大学協会幼児教育部門会. 幼児教育研究 [M]. 東京：川島書店，1989.

[25] 日弁連. 子どもの貧困レポート——弁護士が歩いて書いた報告書 [M]. 東京：明石書店，2011.

[26] 森上史朗，若月芳浩，小林紀子. 保育原理 [M]. 京都：ミネルヴァ書房，2009.

[27] 三好信浩. 日本教育史（教職科学講座第 2 巻）[M]. 東京：福村出版，1993.

[28] 山崎秀則，片上宗二. 教育用語辞典 [K]. 京都：ミネルヴァ書房，2011.

[29] 上笙一郎. 日本の幼稚園 [M]. 東京：理論社，1965.

[30] 唐澤富太郎. 日本の近代化と教育 [M]. 東京：第一法規出版，1976.

[31] 湯川嘉津美. 日本幼稚園成立史の研究 [M]. 東京：風間書房，2001.

[32] 田村直臣. 児童中心のキリスト教 [M]. 東京：日本図書センター，2002.

[33] 文部省. 幼稚園教育百年史 [M]. 東京：ひかりのくに株式会社，1979.

[34] 文部省. 学制九十年史 [M]. 東京：梓書房，1964.

[35] 文部省. 幼稚園教育指導書 [M]. 増補版. 東京：フレーベル館，1989.

[36] 文部科学省. 幼稚園教育要領解説 [M]. 東京：フレーベル館，2008.

[37] 尾形裕康. 日本教育通史研究 [M]. 東京：早稲田大学出版部，1960.

[38] 無藤隆，汐見稔幸，砂上史子. 幼稚園・保育所・認定こども園 3 法令ガイドブック——新しい『幼稚園教育要領』『保育所保育指針』『幼保連携型認定こども園教育保育要領』の理解のために [M]. 東京：フレーベル館，2017.

[39] 小山静子. 子どもたちの近代 [M]. 東京：吉川弘文館，2002.

[40] 岩崎次男. 近代幼児教育史 [M]. 東京：明治図書，1979.

[41] 幼少年教育研究所. 幼稚園事典 [M]. 東京：鈴木出版，1994.

[42] 余公敏子，小田豊. 教育・保育の原理——幼稚園・保育所・認定こども園の文化をはぐくむために [M]. 東京：光生館，2017.

[43] 战后日本教育史料集成編集委員会，編. 战后日本教育史料集成 [M]. 東京：三一書房，1983.

[44] 中野光. 戦後の子ども史 [M]. 東京：金子書房，1988.

[45] 中野光．生活教育の探求［M］．東京：民衆社，1984.
[46] 宍戸健夫．日本の教育第11巻［M］．東京：新日本出版社，1981.
[47] 竹内通夫．現代幼児教育論史［M］．名古屋：風媒社，1981.
[48] 佐藤英一郎．日本の近代化と教育改革［M］．東京：金子書房，1987.

（二）论文类

[1] 泊明希佳．現在の就学前教育における「10の姿」取り扱いに関する一考察［J］．豊岡短期大学論集，2021（18）：235-243.
[2] 船勢肇．幼児教育者・倉橋惣三と児童虐待防止法［J］．阪南論集：人文・自然科学編，2014（10）：19-26.
[3] 大岡ヨト．GHQ及びCIEの戦後日本の保育内容への影響に関する一考察［J］．早稲田教育評論，2013，27（1）：97-106.
[4] 高橋純一，松崎博文．障害教育におけるインクルーシブ教育への変遷と課題［J］．人間発達文化学類論集，2014（19）：13-26.
[5] 教育改革国民会議．教育改革国民会議報告—教育を変える17の提案［R］．教育委員会月報，2001（2）：55-69.
[6] 清水一彦．教育における接続論と教育制度改革の原理［J］．教育学研究，2016（12）：4-13.
[7] 水原克敏．1989年以降の幼稚園教育課程の基準とモデルカリキュラム［J］．早稲田大学教育・総合科学学術院学術研究：人文科学・社会科学編，2016（64）：359-386.
[8] 湯川秀樹．家庭や地域との連続性を踏まえた幼稚園生活の充実［J］．初等教育資料，2012（3）：87.
[9] 小田豊．幼稚園における教育内容の変遷と今日的課題［J］．初等教育資料，2003（9）：78-84.
[10] 早瀬眞喜子，山本弥栄子．幼稚園教育要領・保育所保育指針の変遷と保育要領を読み解く［J］．プール学院大学研究紀要，2016（57）：365-380.

[11] 中村三緒子. 幼稚園教育要領・教育課程の変遷と課題［J］. 淑徳大学短期大学部研究紀要第 56 号，2017（2）：99-108.

[12] 中村勝美. 幼稚園教育要領（2017 年）改訂と接続期の学び［J］. 広島女学院大学人間生活学部紀要，2018（5）：64-71.

（三）电子文献

[1] ベネッセ教育総合研究所. 2019 第 3 回幼児教育・保育についての基本調査報［EB/OL］.（2019-11-05）［2023-10-15］. https://berd. benesse. jp/up_images/research/All_web. pdf.

[2] 初等中等教育局幼児教育課. 子どもを取り巻く環境の変化を踏まえた今後の幼児教育の在り方につて［EB/0L］. ［2023-10-15］. https://www. mext. go. jp/b _ menu/shingi/chukyo/chukyo0/toushin/attach/1420140. htm.

[3] 初等中等教育局初等中等教育企画課教育制度改革室. 幼児教育振興アクションプログラム［EB/OL］.［2023-10-15］. https://www. mext. go. jp/a_menu/shotou/youchien/07121721/001. pdf.

[4] 初等中等教育局初等中等教育企画課教育制度改革室. 幼児教育の充実のための具体的方策［EB/OL］.［2023-10-15］. https://www. mext. go. jp/b_menu/shingi/chukyo/chukyo0/toushin/attach/1420141. htm.

[5] 初等中等教育局初等中等教育企画課教育制度改革室. 幼稚園における学校評価の推進［EB/OL］.［2023-10-15］. https://www. mext. go. jp/a _menu/shotou/youchien/1409872. htm.

[6] 岡上直子. 外国人幼児の受入れにおける現状と課題について［R/OL］.（2019-11-26）［2023-10-15］. https://www. mext. go. jp/content/1422191 _02. pdf.

[7] 亀井浩明. 確かな学力と生涯学習の基礎（平成 19 年 3 月 3 日）［EB/OL］.（2007-03-03）［2023-10-15］. http://ejiten. javea. or. jp/contentb-dd6. html.

［8］厚生労働省. 2019 年　国民生活基礎調査の概況［EB/OL］.［2023-10-15］. https://www. mhlw. go. jp/toukei/saikin/hw/k－tyosa/k－tyosa19/index. html.

［9］厚生労働省. 2018 年　国民生活基礎調査の概況［EB/OL］.［2023-10-15］. https://www. mhlw. go. jp/toukei/saikin/hw/k－tyosa/k－tyosa18/index. html.

［10］教育再生会議. 社会総がかりで教育再生を～公教育再生に向けた更なる一歩と「教育新時代」のための基盤の再構築～（第一次報告）［EB/OL］.（2007-01-24）［2023-10-15］. https://warp. ndl. go. jp/info：ndljp/pid/12251721/www. kantei. go. jp/jp/singi/kyouiku/houkoku/honbun0124. pdf.

［11］教育再生会議. 社会総がかりで教育再生を～公教育再生に向けた更なる一歩と「教育新時代」のための基盤の再構築～（第二次報告）［EB/OL］.（2007-06-01）［2023-10-15］. https://warp. da. ndl. go. jp/info：ndljp/pid/998223/www. kantei. go. jp/jp/singi/kyouiku/houkoku/gaiyou0601. pdf.

［12］NHK 解説委員室. 障害のある子とともに学ぶために［EB/OL］.（2022-04-22）［2023-10-15］. https://www. nhk. or. jp/kaisetsu－blog/700/467428. html.

［13］内閣府. 令和 4 年版　子供・若者白書［R/OL］.（2017-06-02）［2023-10-15］. https://www8. cao. go. jp/youth/whitepaper/r04honpen/pdf_index. html.

［14］内閣府. 少子化社会対策大綱～結婚、妊娠、子供・子育てに温かい社会の実現をめざして～［EB/OL］.（2015-12-18）［2023-10-15］. http://www8. cao. go. jp/shoushi/shoushika/whitepaper/measures/w－2015/27webhonpe/html/furoku02－1. html.

［15］内閣府. 子供の貧困対策に関する大綱［EB/OL］.（2014-08-29）［2023-10-15］. https://www8. cao. go. jp/kodomonohinkon/pdf/

taikou. pdf.

[16] 内閣府. 幼保連携型認定こども園教育・保育要領告示文［EB/OL］.（2017-03-31）［2023-10-15］. https：//www8. cao. go. jp/shoushi/kodomoen/pdf/kokujibun. pdf.

[17] 内閣府. 幼保連携型認定こども園教育・保育要領解説［EB/OL］.（2017-03-31）［2023-10-15］. https：//www8. cao. go. jp/shoushi/kodomoen/pdf/youryou_kaisetsu. pdf.

[18] 中央教育審議会幼児教育部会. 幼児教育部会における審議の取りまとめ［EB/OL］.（2016-09-12）［2023-10-15］. https：//www. mext. go. jp/b_menu/shingi/chukyo/chukyo3/057/sonota/__icsFiles/afieldfile/2016/09/12/1377007_01_4. pdf.

[19] 中央教育審議会. 21 世紀を展望した我が国の教育の在り方について（第一次答申）［EB/OL］.（1996-07-19）［2023-10-15］. https：//warp. ndl. go. jp/info：ndljp/pid/11293659/www. mext. go. jp/b_menu/shingi/old_chukyo/old_chukyo_index/toushin/1309579. htm.

[20] 中央教育審議会. 21 世紀を展望した我が国の教育の在り方について（中央教育審議会第二次答申）［EB/OL］.（1997-06-01）［2023-10-15］. https：//warp. ndl. go. jp/info：ndljp/pid/11293659/www. mext. go. jp/b_menu/shingi/old_chukyo/old_chukyo_index/toushin/1309655. htm.

[21] 中央教育審議会. 幼稚園、小学校、中学校、高等学校及ひ“特別支援学校の学習指導要領等の改善及ひ”必要な方策等について（答申）［概要］［EB/OL］.（2017-01-10）［2023-10-15］. https：//warp. ndl. go. jp/info：ndljp/pid/11055964/home. soka. ac. jp/～ kiriyama/jugyou/jikisidouyouryounohaikei. pdf.

[22] 中央教育審議会. 子どもを取り巻く環境の変化を踏まえた今後の幼児教育の在り方について（答申）（平成 17 年 1 月 28 日）［EB/OL］.（2005-01-28）［2023-10-15］. https：//www. mext. go. jp/b_menu/shingi/chukyo/chukyo0/toushin/05013102. htm.

[23] 文部省．幼稚園教育要領（昭和 31 年度）[EB/OL]．[2023-10-15]．https://erid.nier.go.jp/files/COFS/s31k/index.htm.

[24] 文部科学省．幼児教育部会における審議の取りまとめ [EB/OL]．(2016-08-26) [2023-10-15]．https://www.mext.go.jp/b_menu/shingi/chukyo/chukyo3/057/sonota/1377007.htm.

[25] 文部科学省．これからの幼稚園施設 [EB/OL]．(2019-06) [2023-10-15]．https://www.mext.go.jp/b_menu/shingi/chousa/shisetu/044/toushin/1421996.htm.

[26] 文部科学省．学習指導要領「生きる力」[EB/OL]．[2023-10-15]．https://www.mext.go.jp/a_menu/shotou/new－cs/index.htm.

[27] 文部科学省．幼稚園施設整備指針 [EB/OL]．(2022-06-24) [2023-10-15]．https://www.mext.go.jp/a_menu/shisetu/seibi/main7_a12.htm.

[28] 文部科学省．幼稚園設置基準 [EB/OL]．(2022-06-24) [2023-10-15]．https://www.mext.go.jp/a_menu/shotou/youchien/08081205.htm.

[29] 文部科学省．幼稚園、小学校、中学校、高等学校及び特別支援学校の学習指導要領等の改善及び必要な方策等について（答申）（中教審第 197 号）[EB/OL]．(2016-12-21) [2023-10-15]．https://www.mext.go.jp/component/b_menu/shingi/toushin/__icsFiles/afieldfile/2016/12/27/1380902_1.pdf.

[30] 文部科学省．幼稚園幼児指導要録の改善について（通知）[EB/OL]．(2009-01-28) [2023-10-15]．https://www.mext.go.jp/b_menu/hakusho/nc/1232188.htm.

[31] 文部科学省．幼児の思いをつなぐ指導計画の作成と保育の展開 [EB/OL]．(2021-02) [2023-10-15]．https://www.mext.go.jp/content/20210301－mxt_youji－000013093_01.pdf.

[32] 文部科学省．幼児理解に基づいた評価 [EB/OL]．(2019-03) [2023-10-15]．https://www.mext.go.jp/a_menu/shotou/youchien/07121724/__icsFiles/afieldfile/2019/05/15/1296261_1.pdf.

［33］文部科学省．指導と評価に生かす記録［EB/OL］．（2021-10）［2023-10-15］．https：//www. mext. go. jp/content/20211213－mxt_youji－000004381_1. pdf.

［34］文部科学省．幼児教育推進体制の強化［EB/OL］．（2021-01）［2023-10-15］．https：//www. mext. go. jp/content/20210210－mxt－youji－000004376_1. pdf.

［35］文部科学省．幼稚園における子育て支援に関する研修について一研修プログラム作成のために［EB/OL］．（2006-11-20）［2023-10-15］．https：//www. mext. go. jp/component/a_menu/education/detail/__icsFiles/afieldfile/2009/03/16/1258023_1. pdf.

［36］文部科学省．幼稚園における子育て支援活動及び預かり保育の事例集［EB/OL］．（2009-03）［2023-10-15］．https：//www. mext. go. jp/a_menu/shotou/youchien/__icsFiles/afieldfile/2009/03/23/1258040_1_1. pdf.

［37］文部科学省．幼児期運動指針について（通知）［EB/OL］．（2012-03-28）［2023-10-15］．https：//www. mext. go. jp/a_menu/sports/undousisin/1319192. htm.

［38］文部科学省．「生きる力」と資質・能力について（平成 20 年中央教育審議会答申抜粋）［EB/OL］．［2023-10-15］．http：//www. mext. go. jp/b_menu/shingi/chousa/shotou/095/shiryo/attach/1329017. htm.

［39］文部科学省．特別支援教育の推進について（通知）［EB/OL］．（2007-04-01）［2023-10-15］．https：//www. mext. go. jp/b_menu/shingi/chukyo/chukyo3/044/attach/1300904. htm.

［40］文部科学省．特別支援教育について［EB/OL］．（2006-06-21）［2023-10-15］．https：//www. mext. go. jp/a_menu/shotou/tokubetu/material/010. htm.

［41］文部科学省．幼保小の架け橋プログラム［EB/OL］．［2023-10-15］．https：// www. mext. go. jp/a_menu/shotou/youchien/1258019_

00002. htm.

［42］文部科学省．共生社会に向けたインクルーシブ教育システム構築のための特別教育の推進［EB/OL］．（2012-07-23）［2023-10-15］．https：//www. mext. go. jp/b _ menu/shingi/chukyo/chukyo3/044/attach/1321669. htm.

［43］文部科学省．特別支援教育の在り方に関する特別委員会　論点整理［EB/OL］．（2010-12-24）［2023-10-15］．https：//www. mext. go. jp/b_menu/shingi/chukyo/chukyo3/044/houkoku/1300890. htm.

［44］文部科学省．共生社会の形成に向けたインクルーシブ教育システム構築のための特別教育の推進（報告）［EB/OL］．（2012-07-23）［2023-10-15］．https：//www. mext. go. jp/b_menu/shingi/chukyo/chukyo3/044/attach/1321669. htm.

［45］文部科学省．交流及び共同学習ガイド［EB/OL］．（2019-03）［2023-10-15］．https：//www. mext. go. jp/a_menu/shotou/tokubetu/__icsFiles/afieldfile/2019/04/11/1413898_01. pdf.

［46］文部科学省．障害のある幼児と共に育つ生活の理解と指導［EB/OL］．（2023-03-22）［2023-10-15］．https：//www. mext. go. jp/a_menu/shotou/youchien/1341233_00002. htm.

［47］文部科学省．特別支援学校学習指導要領等［EB/OL］．［2023-10-15］．https：//www. mext. go. jp/a_menu/shotou/new－cs/youryou/tokushi/1284518. htm.

［48］文部科学省．特別支援学校学習指導要領解説［EB/OL］．［2023-10-15］．https：//www. mext. go. jp/a_menu/shotou/new－cs/youryou/1278527. htm.

［49］文部科学省．外国人幼児等の受入れにおける配慮について［EB/OL］．（2020-03）［2023-10-15］．https：//www. mext. go. jp/content/20200306－mext_youji－000005738_01. pdf.

［50］文部科学省初等中等教育局幼児教育課．令和 3 年度幼児教育実態調査

[EB/OL]. [2023-10-15]. https://www. mext. go. jp/a_menu/shotou/youchien/20230308－mxt_kouhou02－1. pdf.
[51] 外務省. 障害者の権利に関する条約 [EB/OL]. (2023-02-07) [2023-10-15]. https: //www. mofa. go. jp/mofaj/gaiko/jinken/index_shogaisha. html.
[52] 28ルートサンプリング. 幼稚園へのアンケート調査報告 [EB/OL]. (2018-03) [2023-10-15]. https://routesampling. info/article2/kindergarten/report190509_kindergarten. html.
[53] 公文教育研究会. 会社概要 [EB/OL]. [2023-10-15]. https://www. kumon. ne. jp/corporate/company/index. html.
[54] 柏市子育て. かしわファミリー・サポート・センター [EB/OL]. (2023-05-15) [2023-10-15]. https://www. city. kashiwa. lg. jp/kosodateshien/haguhagu/navi/azukari/ichiji/familysupport－c. html.

(四) 相关法律

[1] 教育基本法(平成 18 年法律第百二十号)[L]. 2006-12-22.
[2] 学校教育法(平成 19 年法律第九八号)[L]. 2007-06-27.
[3] 子ども・子育て支援法(平成 24 年法律第六十五号)[L]. 2012-08-22.
[4] 障害を理由とする差別の解消の推進に関する法律(平成 25 年法律第六十五号)[L]. 2013-06-26.
[5] 幼稚園設置基準(平成 26 年文部科学省令第二三号)[L]. 2016-10-01.
[6] 障害者基本法の一部を改正する法律(平成 23 年法律第九〇号) [L]. 2011-08-05.
[7] 子どもの貧困対策の推進に関する法律(平成 25 年法律第六十四号) [L]. 2013-06-26.
[8] 生活困窮者自立支援法(平成 25 年法律第百五号)[L]. 2013-12-13.
[9] 母子及び父子並びに寡婦福祉法(昭和 39 年法律第百二十九号) [L]. 1964-07-01.